MUSÉE DE SAINT-GERMAIN-EN-LAYE

ANTIQUITÉS NATIONALES

CATALOGUE

PAR

SALOMON REINACH

ANCIEN MEMBRE DE L'ÉCOLE D'ATHÈNES
ATTACHÉ DES MUSÉES NATIONAUX

PRIX : 1 fr. 50

LIBRAIRIE DES IMPRIMERIES RÉUNIES
13, RUE BONAPARTE, 13
PARIS

CATALOGUE SOMMAIRE

DU

MUSÉE DES ANTIQUITÉS NATIONALES

AU CHATEAU DE SAINT-GERMAIN-EN-LAYE

7013. — BOURLOTON. — Imprimeries réunies, A, rue Mignon, 2, Paris.

LE CHATEAU DE SAINT-GERMAIN AU TEMPS DE LOUIS XIV
(CÔTÉ NORD)

D'après la gravure d'Israël Silvestre, 1658.

LE CHATEAU DE SAINT-GERMAIN AU TEMPS DE LOUIS XIV
(CÔTÉ OUEST)

D'après la gravure d'Israël Silvestre, 1658.

CATALOGUE SOMMAIRE

DU

MUSÉE DES ANTIQUITÉS NATIONALES

AU CHATEAU DE SAINT-GERMAIN-EN-LAYE

PAR

SALOMON REINACH

ANCIEN MEMBRE DE L'ÉCOLE D'ATHÈNES
ATTACHÉ DES MUSÉES NATIONAUX

LIBRAIRIE DES IMPRIMERIES RÉUNIES
13, RUE BONAPARTE, 13

PARIS

Monsieur le Conservateur,

J'ai l'honneur de soumettre à votre approbation le catalogue sommaire du Musée des Antiquités nationales installé dans le château de Saint-Germain. Cette notice doit être suivie d'un catalogue illustré en cinq volumes, dont la rédaction est déjà fort avancée; mais en attendant qu'une description plus complète puisse être mise entre les mains des spécialistes, il a paru utile de composer un guide élémentaire destiné aux visiteurs ordinaires de nos collections.

J'ai fait effort, Monsieur le Conservateur, pour que le caractère de ce guide répondît aux besoins du public qui cherche à s'instruire, sans pouvoir entrer dans le détail des controverses soulevées par l'archéologie, la topographie et l'histoire. Il m'a semblé qu'une sèche nomenclature serait insuffisante, qu'il fallait autre chose qu'un extrait de nos inventaires pour faciliter l'étude d'un Musée qui embrasse un si grand nombre de siècles et où les monuments de civilisations si diverses ont trouvé place. Le modèle dont je me suis inspiré, sans me flatter d'en égaler le mérite, est la notice sommaire des monuments égyptiens du Louvre par Emmanuel de Rougé. De courts préambules, placés en tête de la description de chaque salle, sont destinés à orienter le visiteur, à faire comprendre l'intérêt spécial de telle ou telle classe d'antiquités et le lien qui les rattache à l'ensemble, c'est-à-dire à l'étude de nos origines nationales depuis les temps les plus reculés jusqu'à Charlemagne. Tout appareil érudit — citations d'auteurs et renvois aux sources — a été banni de ces notices sommaires : on trouvera l'essentiel, à cet égard, dans le catalogue illustré en préparation.

Comme le cadre du présent catalogue m'obligeait à être bref, sans tomber dans une concision forcément obscure, j'ai dû me résoudre à beaucoup de suppressions et ne décrire que les objets importants. C'est par le même motif que j'ai renoncé, non sans regret, à mentionner les noms des donateurs dont la liste, heureusement pour notre Musée, est déjà longue et s'accroît sans cesse; mais ces noms sont inscrits sur les étiquettes qui accompagnent les objets et le public ne les ignorera point.

Veuillez agréer, Monsieur le Conservateur, l'hommage de mon respectueux dévouement.

SALOMON REINACH,
Attaché des Musées nationaux.

Monsieur le Directeur,

J'ai l'honneur de vous adresser, en vous priant de vouloir bien en autoriser le tirage, les épreuves du *Catalogue sommaire du Musée des Antiquités nationales*, rédigé par M. Salomon Reinach. Le catalogue illustré viendra plus tard.

Veuillez, Monsieur le Directeur, agréer l'expression de mes sentiments de haute considération.

Alexandre Bertrand,
Membre de l'Institut.

Vu et approuvé :
Le Directeur des Musées nationaux,
L. de Ronchaud.

AVIS

Les numéros entre parenthèses, reproduits sur les étiquettes des objets, sont ceux du registre d'entrée conservé à la bibliothèque du Musée. Chaque vitrine porte un numéro et chaque section de vitrine une lettre de l'alphabet.

Le visiteur est censé examiner les vitrines de gauche à droite et de haut en bas. Les indications 1°, 2°, 3°, etc., désignent l'étage supérieur et les étages suivants dans les vitrines verticales, la première division à gauche et les divisions suivantes dans les montres (vitrines plates).

Les objets dont le musée ne possède que des moulages ou des fac-similé sont marqués d'un astérisque (*).

CATALOGUE SOMMAIRE

DU

MUSÉE DES ANTIQUITÉS NATIONALES

AU CHATEAU DE SAINT-GERMAIN-EN-LAYE

Horaire.

Le Musée est ouvert au public les dimanches de dix heures et demie à quatre heures, les mardis et jeudis de onze heures et demie à cinq heures (du 1er avril au 30 septembre), et de onze heures et demie à quatre heures (du 1er octobre au 31 mars).

Les mercredis, vendredis et samedis sont réservés à l'étude. On sera admis au Musée, ces jours-là, sur la présentation d'un permis délivré par l'Administration. Toutefois, les personnes de passage à Saint-Germain pourront, en signant sur un registre spécial, se faire conduire à travers les salles par un gardien, *s'il s'en trouve un de disponible.*

Le Musée est fermé le lundi.

Conservateur du Musée : M. Aléxandre BERTRAND, membre de l'Institut.

Attaché à la conservation : M. Salomon REINACH, ancien membre de l'École d'Athènes.

Inspecteur des restaurations et des moulages, directeur des ateliers : M. Abel MAITRE, sculpteur.

Historique. — Distribution générale.

La partie la plus ancienne du château de Saint-Germain est la chapelle, qui date du temps de saint Louis ; elle est antérieure de quelques années à la Sainte-Chapelle de Paris. Les fossés et le donjon (au nord-ouest) sont de l'époque de Charles V. Le château lui-même fut construit par François Ier, mais défiguré sous le règne de Louis XIV par l'addition de quatre lourds pavillons, dont il ne subsiste plus qu'un seul (à l'ouest), condamné à disparaître prochainement.

Après avoir successivement servi d'école de cavalerie, de caserne et de pénitencier, le château a été l'objet d'une restauration complète, destinée à lui rendre l'aspect extérieur qu'il présentait du temps de François Ier. Commencés en 1862 par l'architecte Eugène Millet, les travaux de restauration sont très avancés à l'heure actuelle (1887) ; il ne reste plus à reconstruire que la façade de l'ouest et à terminer celle du sud avec la chapelle.

Un décret du 8 novembre 1862 fixa la destination du nouvel édifice, qui reçut le nom de **Musée gallo-romain**, puis celui de **Musée des antiquités nationales**, plus conforme à son véritable caractère. La formation du Musée fut facilitée par d'importantes donations, comme celles des collections de Boucher de Perthes, de Lartet et de Christy, ainsi que par les fouilles archéologiques qui furent entreprises, à cette époque, sur différents points de la France, notamment à Alise-Sainte-Reine (*Alesia*).

Le Musée a pour but d'offrir au public studieux une histoire de la Gaule par les monuments de l'industrie et de l'art, depuis l'époque la plus reculée jusqu'à celle de Charlemagne. On a cependant admis, à titre de *pièces de comparaison*, des objets provenant d'autres pays et d'époques plus récentes.

Les salles du rez-de-chaussée (**A, B, C,** etc.), contiennent des moulages de grands monuments romains, que leur poids ne permettait pas de transporter plus haut. À l'entresol, se trouvent les monuments de pierre (moulages et originaux) relatifs à la civilisation de la Gaule à l'époque romaine. Les salles du premier étage sont consacrées à la Gaule préhistorique et romaine; celles du second contiennent surtout des antiquités gauloises antérieures à la conquête de la Gaule par les Romains. Les salles de l'entresol et des deux étages supérieurs sont numérotées de I à XXV, suivant l'ordre historique.

La distribution des locaux n'a pas permis de suivre exactement cet ordre; mais en parcourant les salles depuis le numéro I jusqu'à XXV, le visiteur aura l'avantage de procéder suivant la succession des temps. C'est l'itinéraire que nous conseillons à ceux qui veulent se faire une idée exacte des transformations que l'ancienne Gaule a subies (1).

Une grande salle non numérotée du premier étage, dite *salle de Mars*, *salle des Fêtes* ou *salle de Comparaison*, est réservée à des antiquités de provenances diverses : l'installation n'en est encore que provisoire. Une autre, dite *salle d'Étude*, contient la bibliothèque, accessible aux travailleurs qui adressent une demande écrite à cet effet. Au deuxième étage, est une salle spéciale contenant des collections de monnaies et de petits objets en métaux précieux. Enfin, dans les fossés mêmes du château, on a installé un certain nombre de monuments importants, tels que l'allée couverte de Conflans-Sainte-Honorine, les fragments de l'inscription de la Turbie, la grande statue d'Apollon assis découverte à Entrains (Nièvre), et des moulages en galvanoplastie de la Colonne Trajane.

(1) Voyez, à la *Table des matières*, p. 491, l'indication des pages du catalogue correspondant aux salles rangées suivant l'ordre chronologique

REZ-DE-CHAUSSÉE

Vestibule.

A droite, sarcophages mérovingiens et inscriptions, dont une en caractères hébraïques, datant du quatorzième siècle : c'est l'épitaphe d'une Juive nommée Belnie (Mantes). Un des sarcophages, présentant la forme d'un cercueil avec une partie creuse pour la tête, est probablement carlovingien (17 302). — Au-dessus, moulages de deux scènes * de la **Colonne Trajane** (original en marbre à Rome, voy. plus loin p. 47) : 1° Embarquement des troupes romaines sur le Danube; Trajan tient le gouvernail du premier navire; 2° Trajan à cheval forçant les retranchements des Daces.

A gauche de l'entrée, scène * de l'arc de triomphe de Constantin à Rome, dont les bas-reliefs ont été empruntés à un arc de Trajan (voy. salle S, p. 18). Elle représente l'empereur haranguant les cohortes; la tête de Trajan a été remplacée, à l'époque de la Renaissance, par celle de Constantin (original en marbre).

Le visiteur entre dans la cour et pénètre dans le Musée par la première porte à sa gauche. En hiver et par temps de pluie, on peut entrer dans la salle S par une petite porte ouvrant sur le vestibule.

SALLE S

Moulages des bas-reliefs * de l'arc de **Constantin à Rome** (dédié en 315 ap. J.-C.), empruntés à un arc de Trajan (construit vers 116). La décadence de l'art à l'époque de Constantin (306-337) était telle, que l'on décorait les édifices nouveaux avec les dépouilles des monuments antérieurs.

Au milieu : 1° **Chasse à l'ours**, d'un très beau mouvement. A gauche : 2° **Sacrifice à Apollon**, représenté sur un piédestal, entre le trépied prophétique et un griffon. 3° **Retour de la chasse au lion**; le dessin du lion mort, étendu aux pieds des chasseurs, est très remarquable. 4° **Sacrifice à Mars**; le dieu Mars, représenté dans un nuage, a la même attitude qu'une célèbre statue de ce dieu, conservée à Rome dans la collection Ludovisi; on croit que c'est une copie d'un chef-d'œuvre de Scopas, sculpteur athénien qui vivait au quatrième siècle avant Jésus-Christ. A droite : 5° **Retour de Trajan à Rome** après la première guerre de Dacie; l'empereur est précédé de Rome personnifiée, accompagné de la Clémence et de l'Annone (abondance du blé); au-dessus de lui plane la Victoire. La tête (moderne) de Constantin a remplacé celle de Trajan. Au milieu : 6° **Sacrifice au dieu Silvain**.

Dans la seconde travée, à gauche : 7° **Parthamaspates reconnu roi des Parthes par Trajan** (116 ap. J.-C.). A droite : 8° **Départ pour la chasse**; remarquez la belle tête du jeune homme qui conduit le cheval de l'empereur; on a voulu y reconnaître le célèbre Antinoüs, favori de l'empereur Hadrien, mais cette identification est contredite par les dates. 9° **Chasse au sanglier**; ce médaillon est un des chefs-d'œuvre de l'art romain. 10° **Sacrifice à Diane**; la statue de la déesse de la chasse est sans doute la réplique d'un original grec, comme l'Apollon et le Mars des n°ˢ 2 et 4. La tête du sanglier abattu est suspendue à l'arbre comme un ex-voto.

Dans le corridor, sur le mur de gauche, bas-relief * de la **Colonne Trajane** : embarquement de l'empereur pour l'expédition de Dacie (voy. p. 47).

SALLE R

1re travée. — A gauche, grand bas-relief * de l'arc de Constantin à Rome (voy. p. 18), représentant Trajan vainqueur des Daces. Vis-à-vis, autre bas-relief* du même monument : Trajan ordonne la continuation de la Voie Appienne à travers les Marais Pontins, entre Bénévent et Brindes (109 ap. J.-C.). La figure de femme assise à ses pieds est la personnification de cette route, comme on le voit par la roue sur laquelle elle s'appuie. Contre le bas-relief est placé le moulage d'une monnaie de Trajan *, dont le revers porte une représentation analogue de la Voie Appienne. Les deux hommes debout auprès de la Voie sont les ingénieurs impériaux ; l'un d'eux est sans doute Apollodore, architecte du Forum et de la Colonne Trajane.

Plus loin, à gauche, contre le mur, restitution d'une pompe aspirante et foulante, d'après des fragments trouvés à Benfeld (Bas-Rhin) au milieu de constructions romaines.

Sur le ressaut, entre les deux travées, photographie d'ensemble de l'arc de Constantin vu de l'est, indiquant la position occupée par les reliefs.

Au milieu, pirogue antique creusée dans un chêne, trouvée à Paris dans la Seine. Époque antérieure à la conquête romaine.

2e travée. — De part et d'autre, moulages de bas-reliefs * de l'arc de Constantin : **Trajan reçoit et interroge un prisonnier dace ; il fait distribuer des vivres aux enfants orphelins.** — Au milieu, machine de guerre romaine, restituée d'après les descriptions et les bas-reliefs antiques par le général de Reffye ; c'est une grande *baliste*, sorte d'arbalète lançant des traits à une distance de 150 à 310 mètres.

Sur le devant, grande pirogue creusée dans un tronc de chêne, découverte au barrage de Saint-Albin, près Scey-sur-Saône (Haute-Saône). Époque antérieure aux Romains. C'est sur des barques semblables, achetées dans le pays, qu'Annibal passa le Rhône en 219 av. J.-C. (1).

Au milieu, moulage d'une magnifique **statue en marbre** * de l'empereur Auguste, découverte en 1863, près de Rome, dans la villa de l'impératrice Livie, épouse de l'empereur (original au Vatican).

3ᵉ travée. — Bas-reliefs * de l'arc de Constantin. A gauche, Parthamasiris, roi d'Arménie, venant redemander sa couronne à Trajan; à droite, Trajan haranguant les cohortes (voy. p. 17). Partout la tête de Constantin a remplacé (à l'époque de la Renaissance) celle de Trajan.

Au milieu, machine de guerre analogue à la précédente, mais plus petite, suivie du fourgon sur laquelle on la transportait. Restitution du général de Reffye.

Entre les deux travées, photographie de l'arc de Constantin vu de l'ouest.

4ᵉ travée. — Bas-reliefs * de l'arc de Constantin. A gauche, Trajan offre le sacrifice des Suovetaurilia, consistant en un porc, un bélier et un taureau; à droite, scène de bataille, défaite des Daces par la cavalerie de Trajan.

Au milieu, modèles restaurés de machines de guerre romaines: une petite baliste, un *onagre*, destiné à lancer des boulets en pierre à une distance de 100 à 160 mètres. Quelques-uns des boulets en pierre ont été trouvés dans les fossés d'*Alesia* (voy. p. 106).

Contre le mur, du côté de la cour, pilotis d'une station lacustre suisse (marais de la Thièle, voy. la salle IV) et fond d'une pirogue trouvée dans les marais de la Thièle (entre les lacs de Neufchâtel et de Bienne).

Le corridor suivant contient les moulages de deux scènes * de la Colonne Trajane: attaque d'une forteresse dace par les Romains; cavaliers daces culbutés dans le Danube (cf. p. 47).

---

(1) Voy. Polybe, *Histoire*, liv. III, chap. XLII.

SALLE A

Au milieu, pirogue en chêne découverte dans les travaux du canal de la Marne au Rhin; elle a servi de sépulture à l'époque gauloise et contenait un squelette avec des armes (voy. p. 109). Plus loin, modèle restitué d'un navire de guerre romain à trois rangs de rames, avec la tour centrale qui servait de réduit.

A droite, moulage de **trophées*** de l'arc d'Orange. Sur le premier, on voit des boucliers, des faisceaux de lances, des trompettes, une cuirasse, un casque; sur le second, on remarque surtout des proues de navires et des ornements en forme de palmes, nommés *aplustres*, qui décoraient les poupes des vaisseaux. — A gauche, moulage d'un bas-relief de Naples*, qui représente un navire de guerre romain. Au-dessus, bas-relief et inscription* du tombeau de Blussus (cf. p. 46); à gauche, bas-relief* du musée de Milan, représentant Charon dans la barque du Styx. — Près de la porte, inscriptions* et bas-reliefs* se rapportant à la flotte romaine dite *Britannique* qui stationnait à Gesoriacum (Boulogne-sur-Mer).

SALLE B

Moulages des bas-reliefs * de l'arc d'Orange. — Ces bas-reliefs, malheureusement très mutilés, ont pour sujet les victoires des Romains sur les Gaulois, à une époque voisine de l'ère chrétienne, mais qui n'a pas encore été déterminée avec certitude (1).

Les bas-reliefs présentent des trophées fort curieux à cause des renseignements qu'ils fournissent sur la forme des armes gauloises; on y voit le sanglier-enseigne, le casque à cornes, les grands boucliers oblongs, la trompette ou *carnyx*, les têtes coupées qui ornaient les trophées. Les Gaulois combattent tout nus, avec une sorte de *plaid* sur les épaules (le *sagum*). Remarquez, dans le bas-relief du fond, une selle en cuir gaufré et à pommeau saillant, analogue aux selles arabes actuelles. Les noms inscrits sur les boucliers semblent désigner des chefs gaulois, *Sacrovir*, *Mario* (noms au nominatif). L'inscription en lettres de bronze qui décorait l'architrave de l'arc a disparu, mais les trous de scellement subsistent et l'on s'est efforcé, d'après ces vestiges, de reconstituer la dédicace primitive. M. de Saulcy a pu retrouver ainsi la mention de l'empereur *Tibère, fils d'Auguste, petit-fils du divin Jules (César), Auguste.* L'inscription a probablement été gravée après coup, alors que le monument était déjà terminé.

Au milieu, médaillon d'une précieuse **mosaïque romaine** découverte en 1830 à Autun, représentant le héros mythologique Bellérophon monté sur le cheval ailé Pégase, vainqueur du monstre à trois têtes nommé la Chimère. C'est un bon travail

---

(1) Quelques savants pensent que l'arc d'Orange est le monument des victoires de Domitius Ahenobarbus sur les Allobroges, en 121 av. J.-C.; d'autres, avec plus de vraisemblance, croient qu'il est destiné à rappeler la soumission de l'Éduen Sacrovir et du Trévire Julius Florus, qui s'étaient révoltés sous Tibère, en l'an 21 ap. J.-C. Il est à remarquer que le nom de Sacrovir se lit sur un des boucliers gaulois.

du commencement de l'Empire (premier ou deuxième siècle ap. J.-C.).

Dans les embrasures des fenêtres, on remarque : 1° à gauche, des reproductions à l'aquarelle de la mosaïque de Grand (Vosges); 2° des gravures et des photographies de l'arc d'Orange (restitution, état au treizième siècle, état actuel).

Le long des murs, du côté des fossés, moulages partiels de l'arc de Saint-Rémy * (Bouches-du-Rhône, cf. p. 24); vis-à-vis, du côté de la cour, on a exposé, pour la commodité de l'étude, des moulages de certains détails d'armement : le sanglier-enseigne, le casque à corne et la grande trompette gauloise (voy. p. 22). Au-dessus de la porte du fond, buste d'une déesse entouré d'un voile, peut-être la Nuit, dont on trouve des représentations analogues sur la colonne Trajane (1) (médaillon * de l'arc d'Orange).

(1) Planches X et XL du meuble à volets (p. 47).

SALLE D

Moulages des bas-reliefs* du mausolée romain de Saint-Rémy, l'ancien *Glanum Livii* (Bouches-du-Rhône), appelé, d'après l'inscription (1) : **tombeau des Jules**. Il paraît remonter à l'époque républicaine (fin du premier siècle av. J.-C.).

Les scènes principales reproduites par les moulages sont malheureusement fort détériorées et d'une interprétation très difficile. On reconnaît : 1° à gauche, en entrant (face du nord) un **combat de cavalerie** entre les Romains et des Gaulois de la Provence; 2° un **combat d'infanterie** autour du corps d'un guerrier tombé (face de l'ouest); le Romain à l'extrême droite est armé du *pilum* (voy. salle XIII); à droite, 3° (face de l'est) un combat sur le bord d'une rivière, personnifiée par une divinité fluviale à gauche du spectateur. Auprès du Fleuve, un guerrier se défend avec son bouclier; plus loin, une Victoire ailée portant un trophée et un guerrier renversant une Amazone de son cheval.

Sur la paroi de droite, moulage de l'inscription de l'archivolte et de la frise, qui présente des motifs très gracieux, Tritons et Griffons marins. Au fond, 4° (face du sud) **chasse au sanglier**; quelques chasseurs sont à pied, d'autres à cheval. L'un d'eux a été blessé ou renversé par son cheval, qui se cabre à la gauche du spectateur; ses compagnons s'empressent autour de lui.

Remarquez aux quatre angles les moulages de chapiteaux* élégants appartenant au tombeau des Jules et à des monuments romains de Vaison. La niche du fond contient le moulage d'un chapiteau romain* engagé dans le mur du castrum de Jublains (Mayenne).

Dans l'embrasure de la fenêtre centrale, fragments de sculptures originales en pierre et en marbre provenant de Vaison (masque tragique, 20 343; Bacchus barbu, 20 355), de la forêt

---

(1) « Sextus, Lucius, Marcus, tous trois fils de Caïus Julius, à leurs parents. »

de Compiègne, de Bourges et d'Abbeville (tête de Jupiter, 10 800).

Le visiteur monte un étage et passe devant un palier où est exposé un autel gallo-romain à quatre faces (voy. p. 33). Il tourne à droite pour entrer dans la salle XIX.

ENTRESOL

Salle XIX. — Mythologie gauloise.

Cette salle est entièrement consacrée aux monuments de la mythologie gauloise. On sait que sous l'influence de la civilisation romaine, les Gaulois ont commencé à représenter leurs divinités par la sculpture; mais l'art de nos ancêtres était d'une extrême grossièreté. Les monuments religieux de la Gaule romaine, qu'il est souvent fort difficile d'expliquer, montrent un curieux mélange des types mythologiques indigènes avec ceux de la mythologie classique. C'est ce que l'on reconnaîtra facilement en commençant l'étude de cette salle par le 3e bas-relief (24 414)* placé à droite de la porte du fond. Il représente le dieu gaulois cornu, Cernunnos, les jambes croisées à l'orientale, pressant de la main un sac d'où sortent des graines (?), assis entre un Mercure et un Apollon de style grec, qui forment avec lui comme une triade. Au-dessous, on voit un cerf et un taureau; au-dessus, dans le fronton, un rat (musée de Reims). Ce bas-relief, qui est d'un assez bon travail, offre un exemple frappant d'une conception de la religion gauloise traduite au moyen de formes empruntées à l'art gréco-romain.

Nous continuons l'étude de la salle XIX en examinant d'abord les objets placés contre le mur du fond et dans le corridor, puis les trois rangées de bas-reliefs et de statues qui occupent le milieu de la pièce (*commencer à droite de la porte du fond*)

(24 567) Mercure barbu * du musée de Beauvais, coiffé des

ailerons, tenant la bourse et le caducée ; sur la tranche, dragon à tête de bélier (cf. plus bas; p. 30). — (26 244) Autel * de Vendœuvres (Indre) : le dieu cornu entre deux génies debout sur des serpents. La tranche de gauche porte un relief représentant Apollon Citharède (musée de Châteauroux). — (25 327) Autel* de Saintes (voy. plus bas, p. 34).

(11 374) Mercure tenant le caducée et la déesse Rosmerta *, sorte de Mercure femelle qui paraît associée à ce dieu comme Diane à Apollon. L'original de ce bas-relief a péri en 1870 à Strasbourg. — (1225) Faces d'un autel* (voy. plus loin, p. 33). — (25 904) Petit autel * à quatre faces, où l'on voit Mercure, deux vases et un dauphin. — (25 780) Mercure * tenant la bourse et le caducée, trouvé dans les fouilles du nouvel Hôtel-Dieu à Paris (musée Carnavalet). Au-dessus (27 313), face d'un autel* avec un serpent à tête de bélier, qui s'enroule autour d'un tronc d'arbre, et la partie inférieure de deux personnages (Savigny-sous-Beaune, Côte-d'Or).

Contre le mur en ressaut (25 779, 25 851), bas-reliefs* représentant Mercure avec un bouc à côté de lui (Langres et musée Carnavalet) ; dans le premier, Mercure est placé entre un bouc et un oiseau. — Au milieu (28 219), divinité assise, les jambes croisées, le cou orné d'un gros collier ou *torques* (Néris, Allier). — Dans la niche, inscriptions * contenant des dédicaces à Mercure, à Mercure et à Rosmerta, à Mercure et aux dieux Lares associés ; photographie des sculptures de la collection Engel-Dolfus à Dornach ; au fond, dans le corridor (27 590), autel de Dampierre (Haute-Marne), avec une dédicace à Mercure.

En rentrant dans la salle, remarquez à gauche une dédicace * à Mercure ATUSMERIUS, gravée au pointillé sur un vase de bronze découvert à Poitiers (27 294). — Dans la travée suivante, au milieu (24 928), autel* à Apollon Grannus et à la déesse Sirona ; sur les autres faces, Apollon Citharède et l'Abondance (musée de Munich).

A gauche, petits autels * avec dédicaces à Apollon, nommé *Abellio* ou *Abelio* dans les Pyrénées ; autel * à Apollon Virotutus (9645, musée d'Annecy). A droite (23 922), Apollon Citharède* tenant le plectre et la cithare (23 922, musée d'Épinal). — (9646) Autel* à la déesse Athubodua (musée d'Annecy).

SALLE XIX.

Dans le couloir, à gauche (1781), dédicace* à Apollon Cobledulitavus (château de Barrière à Périgueux), et ex-voto* (25 431) à Apollon Grannus (musée d'Autun); à droite (24 700), tête radiée d'Apollon * (musée d'Épinal) et dédicaces * à Apollon, gravées sur deux plats d'argent (24 880, musée d'Auxerre) (1).

Plus loin, à gauche, dans le corridor, ex-voto * trouvés dans les Pyrénées, petits autels dont plusieurs portent la représentation de la croix gammée ; ce signe est appelé *svastika* en Inde, où les Brahmines et les Bouddhistes le tiennent en grande vénération. On y reconnaît un symbole se rattachant au culte du feu et du soleil; il se retrouve sur les monuments d'un grand nombre de pays, depuis le fond de l'Asie Orientale jusqu'à la Gaule. — Face* d'un autel découvert à Paris en 1784 (voy. plus loin, p. 33). — (17 023) Jupiter debout * (musée d'Autun). — (14 841-43) Petits autels * portant un marteau en relief (musée de Nîmes).

Au milieu (11 058), autel au dieu Bélus d'Apamée, trouvé à Vaison vers 1810, avec une double inscription en vers latins et en vers grecs. L'inscription grecque se traduit ainsi : « A Bélus, arbitre de la Fortune, Sextus a élevé cet autel en souvenir des oracles rendus à Apamée (de Syrie). » Or on sait que Septime Sévère, étant en Asie, avait interrogé l'oracle d'Apamée, qui lui avait prédit qu'il deviendrait empereur. C'est un des soldats de Sévère qui a dû élever le monument de Vaison, après la victoire de son chef, en 197, sur son compétiteur Albinus (bataille de Lyon). Cette bataille, vérifiant la prédiction de l'oracle, donna l'empire à Septime Sévère.

Plus loin, à droite de la fenêtre (14 844 *, 20 687, 29 291 *) représentations du dieu gaulois avec le marteau, sans doute le Jupiter infernal ou Dispater, dont le musée possède un grand nombre de statuettes en bronze (salle XV, p. 125). A côté du dieu, dans deux exemplaires (14 844, Nîmes; 29 291, Montceau en Côte-d'Or) est un chien couché. — (1225) Apollon * (voy. plus bas, p. 33); petits ex-voto * pyrénéens avec *svastikas* et palmes (musée de Toulouse).

---

(1) Des fac-similés de ces plats sont exposés dans la salle XV, vitrine 15 (p. 122).

En rentrant dans la salle, sur le mur, ex-voto* à des divinités des Pyrénées : Baicorix, Ilixo, Erge, Mars Arixo. — Plus loin (27 354), femme* tenant un serpent (musée d'Épinal) et (18 715) autel à la déesse Lahe (musée de Toulouse). — Au milieu (356), autel* gaulois découvert à Saint-Landry (Paris); à droite, ex-voto* à la mère des dieux (musée de Toulouse), à la déesse Sirona (musées de Dinan et de Carlsruhe), à la déesse Tutela (musée de Périgueux), au dieu Rudianus (25 194, Saint-Michel de Valbonne, villa du duc de Luynes à Hyères), aux divinités *proxumes* (Montélimart).

Plus loin, dans le couloir à droite (26 247), ex-voto* à Apollon et à Sirona (musée de Mayence); au milieu (17 608), cippe* trouvé à la Malmaison (Aisne), surmonté du buste d'une divinité à trois têtes ou *tricéphale*, qui paraît répondre à la même conception mystique que la triade gauloise (plus haut, p. 27). La même travée contient d'autres divinités tricéphales : au fond, à droite (2807), un dieu tricéphale*, à côté de deux autres divinités l'une féminine et l'autre masculine (musée d'Autun); cinq autels* de Reims avec le buste du dieu tricéphale; un tricéphale* (9286) assis entre le dieu Cornu et un autre dieu (musée de Beaune); un tricéphale* debout, tenant le serpent à tête de bélier, sur un autel trouvé dans les fouilles du nouvel Hôtel-Dieu, à Paris ; sur une autre face de l'autel, un Amour portant le casque de Mars (25 774, musée Carnavalet).

Remarquez encore, au fond du corridor à gauche (10 598), trois Matrones (déesses-mères) assises sur un autel de Vaison et (8283) la même représentation sur un bas-relief d'Autun. — A gauche de la porte du couloir, divinité tricéphale* en bronze des environs d'Autun (14 658; l'original est dans la salle XV, cf. p. 123); un dieu assis* (8280), avec deux oiseaux au-dessous de lui (musée d'Autun). — Près de la porte opposée (2811), un dieu debout* tenant le serpent à tête de bélier, à côté d'une déesse assise (musée d'Autun); deux bas-reliefs d'Autun* et de Vitteaux (Côte-d'Or), représentant un dieu et une déesse tenant chacun une corne d'abondance.

Rentrant dans la salle, remarquons contre le mur (11 376, 20 219) des ex-voto* à la déesse Sirona (musées de Strasbourg et de Bordeaux); un autel* à la déesse de l'Ida, *Idaea Mater*, divinité asiatique introduite en Gaule à l'époque romaine (Vence, 25183); un ex-voto * aux déesses Junons, DEABUS IUNONIBUS (Ribeauvillé, Haut-Rhin, 24688); un autel* avec une inscription au dieu Baeserte (18708), trouvé au lieu dit Basert près de Huos (Haute-Garonne), qui a conservé, à travers les siècles, le nom de la divinité qui le protégeait (musée de Toulouse). Sur l'emplacement de l'ancien sanctuaire s'élève une chapelle consacrée à Notre-Dame-du-Basert.

Au milieu, autel * ayant servi de bénitier dans l'église de Virecourt (Meurthe), couvert de bas-reliefs inexpliqués; remarquez à droite la femme assise sur un petit quadrupède et tenant deux enfants emmaillotés entre ses bras (musée d'Épinal). — A droite (11 375), divinité asiatique *; génie ailé à côté d'un lion (musée de Strasbourg; original détruit dans l'incendie de 1870).

Dans la niche, on a réuni une série de bas-reliefs en pierre et en terre cuite (moulages et originaux) relatifs à la déesse Epona, protectrice des chevaux. — (26 248) Epona* assise sur un trône vers lequel s'avancent, de part et d'autre, des chevaux aux formes trapues; au-dessous, un char traîné par trois chevaux et une scène de sacrifice (musée de Stuttgard). — A droite, bas-reliefs représentant Epona à cheval ; elle est assise à droite, tandis que nos amazones montent à gauche. Dans un bas-relief* (2810, musée d'Autun), la jument que monte Epona est accompagnée de son poulain. — Vis-à-vis, à gauche, autres figures équestres d'Epona et bas-relief (14 243) représentant un personnage religieux, peut-être Apollon prophétique ou un prêtre-augure, entre deux oiseaux qui lui parlent à l'oreille et dont il semble interpréter les chants (forêt de Compiègne).

Au fond, autel élevé à Hercule Saxanus par la VIII® légion Augusta (découvert à Norroy, Meurthe). — A gauche, ex-voto * aux dieux gaulois Erumus, Esumus (original au Musée), Rudiobus (cf. p. 99), Sinquatus (original au Musée), Majurrus (original au Musée); à droite, ex-voto * au dieu Lavaratus (Alpes-Maritimes, original au Musée); divinités indéterminées* sur des bas-reliefs d'Alise-Sainte-Reine (Côte-d'Or) et des Pyrénées.

En rentrant dans la salle, contre le mur (25 182), ex-voto * à Mars Vintius (Vence, Alpes-Maritimes, original au Musée). Plus loin (25 188), ex-voto * à Mars Bolvinnus (Bouhy, Nièvre).

Remarquez la persistance des noms locaux, que nous avons déjà constatée pour l'autel du dieu Baeserte (p. 31).

(20 337) Ex-voto* à Mars Caturix (musée de Lausanne). — Au milieu (8289), autel* à trois faces avec trois divinités, dont l'une est Mercure (musée d'Autun); plus loin (18 716), ex-voto* à Mars Leherennus (musée de Toulouse). Dans la niche, à droite (20 374), autel élevé au dieu Orevaius par un centurion de la III° légion italique (Ville-Vieille près de Nice).

Contre le mur, ex-voto* découverts dans les Pyrénées; ex-voto à la déesse Némétona, gravé sur métal (musée de Mayence); ex-voto* en argent trouvés aux sources de Vichy, où ils étaient offerts par des malades (originaux dans la salle de numismatique). — (25 155) Ex-voto* à Apollon, Mercure, Sinquatus. — (27 950) Anneau votif* en bronze avec dédicace à Mars Vorocius, de Vichy (original au Musée).

(21 079) Ex-voto* en argent trouvé à Neuwied, près Coblence, représentant Mercure sous un édicule, avec un bouc, et au-dessus Mars et l'Abondance. Plus loin, ex-voto trouvés aux sources de la Seine, jambes, mamelles, pied, etc.; les parties du corps ainsi représentées sont celles qui avaient été l'objet de la guérison. — (26 991) Genou avec inscription*, ex-voto du temple d'Essarois (Côte-d'Or). — (23 882) Pierre avec la représentation de deux mamelles (dolmen de Léry, Eure). — (4782) Fragment d'une statue de femme trouvée dans le sanctuaire des sources de la Seine; une dédicace* à la déesse Sequana est placée sur le mur opposé (20 339).

(20 373) Autel* élevé au dieu Albinius par un centurion de la III° légion italique. — (20 324) Autel* à quatre faces trouvé près des sources du Mesvrin (Saône-et-Loire); on y voit un dieu tenant une coupe et une déesse dans l'attitude de la Vénus pudique (musée d'Autun).

Plus haut, contre le mur, réplique grossière d'un motif grec connu, Vénus nue dénouant sa sandale (Alise-Sainte-Reine). — Au-dessus de la porte, ex-voto* aux divinités Bormo et Damona, trouvé à Bourbon-Lancy.

En rentrant dans la salle, nous voyons contre le mur divers ex-voto, entre autres (25 187) une dédicace* à la déesse Clutonda et aux divinités protectrices du *vicus* de Masava (Mesves;

musée de Nevers). — Au-dessus (25 775-77), Amours portant les armes de Mars, bas-reliefs* découverts dans les fouilles du nouvel Hôtel-Dieu à Paris (musée Carnavalet). — Près de la cheminée (22 876), un fragment de la balustrade en terre cuite découverte à Lezoux (Puy-de-Dôme) : ce sont des bustes de divinités en relief posés sur des globes.

Partant de là pour examiner la première rangée à l'intérieur de la salle, nous signalerons (352) un autel gallo-romain* découvert à Saint-Landry (Paris), où l'on voit Diane tenant une torche et deux guerriers (musée de Cluny). — (353) Autel* mutilé de même provenance.

Les n°ˢ 350, 354, 355 appartiennent à une même trouvaille faite en 1710, à Paris, sous le chœur de Notre-Dame; les originaux sont au musée de Cluny. — (350) Autel* à quatre faces représentant Vulcain (VOLCANVS), Jupiter (IOVIS), Esus (ESUS), qui semble couper le gui sacré dans une forêt, et un taureau surmonté de trois grues, image singulière à laquelle répond l'inscription TARVOS•TRIGARANVS (*taurus, tres grues*). — (1225) Voy. plus loin. — (354) Deux moitiés supérieures d'autels*; sur le premier, Castor et Pollux avec leurs chevaux, le dieu Cornu, Esus avec sa cognée (cf. le n° 350, p. 33); sur le second, Mars et Minerve, Apollon et Vénus, Diane et la Fortune, Junon (?) et Mercure. — (355) Autel* portant une dédicace des bateliers de la Seine, NAUTAE PARISIACI, à l'empereur Tibère (14-37 ap. J.-C.). Sur les autres faces, procession de guerriers et de prêtres.

L'autel* du milieu, que nous n'avons pas décrit (1225), et dont l'original se trouve sur le premier palier (plus haut, p. 25), a été découvert à Paris en 1784; on y voit Mercure avec le caducée, le coq, la bourse et le bouc; Apollon avec le dauphin dans sa main droite, le carquois, l'arc et la lyre; un Amour ailé, avec les ailerons de Mercure, le pied posé sur un autel, tenant une pomme ou une sphère dans la main droite; Rosmerta (cf. p. 28) tenant le caducée.

(24 436) Le dernier monument de cette rangée est un autel* à quatre faces, découvert en 1877, avec dédicace des habitants du *quartier neuf* de Mayence à Jupiter et à Junon; les reliefs représentent Apollon, avec la couronne de rayons, la lance et le

2.

fouet; Cérès avec deux torches; la Fortune avec la corne d'abondance et le gouvernail.

Remontant de là pour examiner la rangée suivante, nous voyons d'abord, dans un meuble à volets, les fac-similé d'inscriptions romaines trouvées en Gaule et relatives à des divinités (1). Plus loin (25 327), le célèbre autel de Saintes, portant d'un côté le dieu Cornu, assis les jambes croisées, tenant un *torques* et une bourse, associé à une déesse drapée qui tient une corne d'abondance; à gauche de la déesse est une petite divinité féminine tenant une corne d'abondance et un fruit. De l'autre côté, on voit encore le dieu Cornu, assis les jambes croisées sur un siège orné de deux têtes de taureau, tenant une bourse et un objet indistinct; à sa gauche est Hercule nu, sur une base ornée d'une tête de taureau, appuyé sur sa massue et tenant une pomme (?) dans la main gauche; à sa droite est une divinité féminine drapée.

(24 510) Femme assise tenant une corne d'abondance et sur ses genoux un panier avec le serpent à tête de bélier (musée d'Épinal). — (27 312) Grand autel* de Savigny-sous-Beaune (Côte-d'Or), en deux tronçons qui ne se rajustent que sur la face antérieure; les représentations sont encore inexpliquées. On y voit: 1° un dieu assis au-dessus d'un dieu nu debout, avec l'aigle à sa droite et le dauphin sur son bras gauche; 2° un dieu nu debout ailé, au-dessus de deux déesses, dont l'une (Cérès?) semble pleurer, tandis que l'autre tient un vase; celle-ci est accompagnée d'un aigle et d'un chien; 3° une divinité féminine tenant une corne d'abondance, vers laquelle s'avance un petit génie nu; au-dessous, un personnage drapé qui paraît tenir une cognée et une branche de gui (cf. p. 33, n° 350); 4° deux divinités (?) drapées, l'une mâle, tenant des tenailles (Vulcain?), l'autre femelle; au-dessous, un dieu debout, tenant la lance et le bouclier (Mars); à sa droite est le serpent à tête de bélier, que nous avons déjà rencontré plusieurs fois; à sa gauche, une divinité féminine.

---

(1) Aime en Tarentaise, Auriol, Bagnères de Bigorre, Belley, Bonn, Bordeaux, Bourbon-Lancy, Bourbonne-les-Bains, Brumath, Cologne, Dijon, Épinal, Lectoure, Leyde.

(2751) Dieu assis* tenant sur ses genoux deux dragons à tête de bélier (musée d'Épinal). — (17 321) Autel* gallo-romain trouvé à Lifrémont, avec une Vénus à sa toilette, à laquelle un Amour tend un peigne, grossière copie d'un type grec connu (musée de Rouen). — Plus loin, dans un meuble à volets, fac-similé de dédicaces trouvées en Gaule et d'inscriptions relatives au culte de Rome et d'Auguste, dont le centre était Lyon (cf. p. 36) (1).

(18 579). Entre la cheminée et la porte, fragment d'une balustrade en terre cuite découverte à Lezoux (Puy-de-Dôme), représentant un petit dieu et une déesse nus. — Au-dessus de la porte (24 684), bas-relief* représentant un lion et un taureau (?), avec l'inscription inexpliquée BELLICVS · SVRBVR (musée d'Épinal); plus loin, au premier rang, ex-voto* aux dieux Edelatus et Sex Arbor (musée de Toulouse). — (26 249) Autel* à quatre faces (Junon, Mercure, Hercule, Minerve), surmonté d'un octogone à sept niches, contenant les bustes des divinités des sept jours de la semaine caractérisées par leurs attributs (musée de Mayence).

(27 591) Grossière statue de Mercure assis, avec un bouc à ses pieds (Dampierre, Haute-Marne). — (26 250) Autel* à Jupiter Conservateur, avec Mercure et le coq, Hercule portant les pommes des Hespérides, Minerve (musée de Mayence). — (18 709) Autel* à la divinité SEX ARBORES (musée de Toulouse). — (18 710) Autel* à la déesse Lahé (*ibid.*). — (25 826) Autel* aux matrones Némétiales (musée de Grenoble).

Cette salle, que nous avons cru devoir décrire avec détail, est l'une des plus intéressantes du Musée; les monuments qu'elle renferme offrent beaucoup de problèmes qui attendent encore leur solution.

(1) Arles, Avignon, Leyde, Lyon, Mayence, Metz, Narbonne, Nevers, Nimègue, Nîmes, Poitiers, Seyssel, Soissons, Strasbourg, Suèvres, Vienne.

Salle XVIII. — Inscriptions romaines. — Cités gauloises.

On a placé dans cette salle les moulages d'importantes inscriptions de l'époque romaine, relatives à la constitution des cités de la Gaule, à leur organisation politique et religieuse.

En face, en entrant, piédestal quadrangulaire * dit *marbre de Thorigny* (musée de Saint-Lô), découvert au seizième siècle à Vieux en Normandie, chef-lieu du pays des Viducasses. Les inscriptions gravées sur les quatre faces, dont une traduction (en partie hypothétique) est inscrite dans un cadre, contiennent des témoignages en l'honneur de Titus Sennius Sollemnis, ami de plusieurs grands personnages romains, auquel le *Conseil des trois provinces de la Gaule*, réuni à Lyon, éleva une statue placée sur ce piédestal, au mois de janvier 238 après Jésus-Christ. Il est probable que Sollemnis était prêtre de l'autel de Rome et Auguste à Lyon. Par le texte du côté gauche du piédestal, on apprend ce fait très important que les députés des soixante cités de la Gaule formaient une assemblée nationale ou *concilium*, qui était admise à formuler les griefs du pays contre les gouverneurs impériaux et, au besoin, à les mettre en accusation devant l'Empereur. C'est la première trace du gouvernement représentatif sur le sol de la France.

A droite, contre le mur, entre la porte et la cheminée, dédicace * des habitants de Marsal (*Marosallenses*) à l'empereur Claude, en 43 après J.-C. (musée de Metz). Plus loin, de l'autre côté de la cheminée, est la série des inscriptions en langue celtique *, écrites en caractères romains ou grecs. La langue de ces textes ressemble au latin et aux langues congénères, mais ils n'ont pas encore été interprétés d'une manière certaine (1).

---

(1) Provenances : San Bernardino (cloître de la cathédrale de Novare en Italie); Vieux Poitiers (menhir du); Nîmes (bains de Diane); Alise Sainte-Reine; Todi (musée Grégorien à Rome); Volnay (musée de Beaune); Nîmes; Vaison (musée d'Avignon); Autun; Malaucène en Vaucluse. Dans la niche, inscription * sur plomb de la collection Vacquer; inscription * sur bronze de Neuvy-en-Sullias (musée d'Orléans); inscription * sur une

Au fond, moulage en galvanoplastie des *Tables de Claude*, inscription sur bronze trouvée en 1524 à Lyon, dans la Saône. Elle contient un important fragment d'un discours prononcé par l'empereur Claude, Lyonnais de naissance, devant le sénat romain, afin de faire ouvrir aux notables provinciaux de la Gaule l'accès de cette assemblée et celui des magistratures romaines (40 ap. J.-C.). L'intervention de l'Empereur est racontée par Tacite, qui a refait le discours à sa manière. Ici nous avons sans doute un extrait du discours impérial tel qu'il a été recueilli par la sténographie, avec toutes les bizarreries et les incohérences du style de Claude, qui répond à ce que nous savons de son caractère.

Au-dessus, moulage et restitution partielle d'un fragment de l'inscription* de la Turbie en Savoie, entre Villefranche et Monaco. L'inscription entière, gravée sur un monument colossal dit *Trophée des Alpes*, a été reproduite par le naturaliste romain Pline (mort en 79 ap. J.-C.). Elle contient une dédicace à l'empereur Auguste, datée de l'an 7 avant Jésus-Christ, en mémoire de la soumission des peuplades des Alpes qu'elle énumère. On en a retrouvé neuf fragments conservés dans les fossés du château, avec un morceau assez considérable des bas-reliefs du trophée. Le moulage du fragment le plus important, accompagné de la restitution des lettres voisines, mentionne la peuplade alpestre des *Trumpilini*, nom que les manuscrits de Pline écrivent *Triumpilini*.

Parmi les autres inscriptions de cette salle, signalons encore les suivantes (contre le mur, à partir des *Tables de Claude*) : (20 323) Dédicace* de la cité des Cadurques à un prêtre de l'autel d'Auguste « au confluent de la Saône et du Rhône » (Cahors); (25 107) inscription* portant le nom de Ratumagus (Hermes, Oise); (23 930) inscription* mentionnant la cité des Senons (Sens); (24 308) inscription* de la Forclaz (Haute-Savoie), fixant, au nom de l'empereur Vespasien, les limites territo-

---

patère de bronze de Gissey-sur-Ouche (Côte-d'Or, original dans la salle XV); inscription sur* manche de patère (musée de Dijon); inscription* du Vieil-Évreux (Évreux); inscription* du Puy (Haute-Loire).

(1) Tacite, *Annales*, liv. XI, chap. XXIV.

riales entre les Viennois et les Ceutrons (74 ap. J.-C.). — (25 171, 24 686) inscriptions* donnant les noms de *Soliciæ* (Soulosse?) et des *Solimariacenses;* (25 140) inscription* trouvée au faubourg Saint-Vincent à Orléans, portant le nom ancien de cette ville, GENABVM; (1221) pierre sépulcrale en marbre de Julius Martianus, décurion de la colonie de Lyon, avec la hache ou *ascia* figurée en bas à gauche; cette représentation, fréquente sur les tombes gallo-romaines, et parfois accompagnée de la mention « un tel a dédié (ce monument) sous l'*ascia* », paraît signifier que le tombeau n'a pas encore servi, qu'il est encore, en quelque sorte, sous la hache du tailleur de pierres. — (25 184, 25 190) Dédicaces de deux autels élevés par les habitants de Vence, *Vintienses*.

A l'intérieur de la salle (25 825), inscription* d'un monument élevé à Grenoble en l'honneur de Claude II le Gothique, par les détachements, le corps de cavalerie, les officiers et les tribuns des cohortes prétoriennes cantonnées dans la Province Narbonnaise; (26 880) dédicace* d'une table circulaire offerte par un certain Sabinus aux habitants du faubourg Florentinus (Saint-Bertrand-de-Comminges). — (9601) Célèbre autel* découvert à Narbonne en 1564; l'inscription, datée du 23 septembre de l'an 11 ap. J.-C., nous apprend que sous le consulat de T. Statilius Taurus et de L. Cassius Longinus, le peuple de Narbonne érige dans le forum de la ville un autel à la divinité d'Auguste et règle les sacrifices annuels qui doivent y être célébrés.

A côté du marbre de Thorigny, inscription* celtique découverte à Nîmes (23 196) et cippe funéraire mentionnant le *pagus Deobensis,* près de Vaison (original dans les fossés du château).

Au milieu, dans un meuble à volets, fac-similé d'inscriptions romaines trouvées en Gaule, dédicaces en l'honneur de divinités, d'empereurs, de fonctionnaires romains, de magistrats municipaux, etc. (1).

Dans le couloir, pierre tombale de Julia Paulina, découverte à Bourges en 1704; médiocre travail romain.

(1) Provenances : Aime (Tarentaise), Aoste, Autun, Avenches, Avignon, Bordeaux, Briançonnet, Carpentras, Feurs, Lyon, Limoges, Mayence, Metz, Morat, Narbonne, Nîmes, Poitiers, Rancon, Rennes, Trèves, Vienne.

Salle XVII. — Colonnes milliaires.

Lorsqu'un empereur faisait construire ou réparer une route, il rappelait ce travail par des colonnes placées de mille en mille sur la voie. Le mille romain équivaut à 1481^m,50 et l'ancienne lieue gauloise ou *leuga*, moitié de l'ancienne lieue légale de France, est de 2222^m,50. Ainsi trois milles romains équivalent exactement à deux lieues gauloises.

Remarquez que les inscriptions des colonnes et bornes milliaires sont de plus en plus grossières et négligées à mesure qu'on s'éloigne de l'époque florissante de l'Empire. La décadence n'atteint pas seulement les mœurs, la politique et les lettres : elle se trahit jusque dans l'épigraphie. On peut comparer, à cet égard, le milliaire de Redessan* (Gard), à gauche de la cheminée, qui porte le nom de Tibère (32 ap. J.-C.), et celui de Vence* (Alpes-Maritimes), qui porte le nom de Maximin, un peu plus loin contre le même mur (235 ap. J.-C.).

Au fond, dans l'embrasure de la fenêtre, deux belles cartes de France donnent l'une la géographie physique, l'autre la géographie politique de la Gaule à l'époque romaine. A droite, dans le corridor, carte de la Gaule dressée par M. de Villefosse, indiquant les localités où l'on a trouvé des bornes milliaires. Au milieu de la salle, dans un meuble à volets, fac-similé des principales bornes milliaires trouvées en Gaule.

Dans le couloir, deux colonnes votives * *jumelles*, élevées l'une par les Marseillais et l'autre par les Cemenelenses (habitants de Cimiez?).

Le visiteur revient sur ses pas, traverse le palier et entre dans la salle XX.

Salle XX. — Légions romaines.

Les quatre travées de cette salle contiennent des monuments relatifs aux légions romaines stationnées sur les frontières de la Gaule et de la Germanie. Nous décrirons plus loin le corridor du fond.

1re rangée (en longueur). — (26 245) Pierre tombale* d'un soldat de la IIe légion, avec la courte épée, la ceinture et le tablier de cuir qui protège le ventre (musée de Strasbourg). — (20 326) Voy. 20 328. — (24 430) Pierre tombale* (cénotaphe) de M. Caelius, centurion de la XVIIIe légion, tué pendant la campagne de Varus qui se termina par le désastre de Teutobourg, où trois légions romaines furent anéanties par les Germains (9 av. J.-C.). De part et d'autre du mort sont les bustes de deux de ses affranchis. Lui-même porte la couronne civique, récompense accordée à ceux qui avaient sauvé un citoyen à la guerre, un collier ou *torques*, deux *armillae*, un anneau, cinq phalères en métal ou décorations (analogues à nos médailles militaires) et deux têtes de lion qui sont aussi des marques honorifiques; il tient à la main un sarment de vigne, insigne des centurions. L'inscription autorise à ouvrir le cénotaphe pour y placer les ossements de Caelius, le jour où l'on viendrait à les retrouver. L'original de ce précieux monument est au musée de Bonn.

(20 327) Voy. 20 328. — (20 325) Pierre tombale* d'un cavalier auxiliaire germain, incorporé dans l'aile des Asturiens (Espagne). La cavalerie auxiliaire des légions romaines se recrutait dans les provinces (original à Châlon-sur-Saône). — (20 328) Ce monument*, ainsi que les n°s 20 326-7, découverts ensemble en 1817, fait partie d'un trophée élevé par les Gaulois à Entremont, près d'Aix, en mémoire d'une victoire remportée par eux sur d'autres barbares. On y voit la représentation grossière de cavaliers et de têtes coupées (comparez les trophées de l'arc d'Orange, p. 22). Un des cavaliers porte à la ceinture

la longue épée gauloise. Ce trophée paraît antérieur à la conquête de la Gaule par César (musée d'Aix). — (24 427) Pierre tombale* du dalmate Andes, cavalier auxiliaire de l'aile claudienne, foulant aux pieds un Germain abattu qui tient un glaive recourbé (musée de Mayence).

Contre le mur, cinq pierres tombales* de cavaliers auxiliaires analogues aux précédentes. Remarquez les selles des chevaux et les rosaces en métal ou phalères qui font partie de leur harnachement (musées de Wiesbaden, Worms, Bonn, Mayence). Dans deux exemplaires (27 462, 2251), le cavalier est suivi d'un fantassin portant deux lances; dans un autre (24 428), le cavalier qui écrase deux Germains est un porte-enseigne de l'aile espagnole.

Au revers des nos 3 (24 430) et 5 (20 325) de la 1re rangée, on a placé les moulages de deux bas-reliefs : (2253) soldat* avec lance, bouclier et poignard, d'un style très barbare; à côté de lui est une enseigne surmontée d'un coq (musée de Strasbourg). — (4203) Fragment d'un bas-relief de la *Porte Noire* de Besançon : on y voit un soldat armé du *pilum* à côté d'un personnage assis.

2e rangée (au milieu). — (25 772) Cavalier gaulois* des troupes auxiliaires, bas-relief découvert à Paris en 1877 (musée Carnavalet à Paris).

A droite et à gauche sont deux meubles à volets contenant des fac-similés d'inscriptions romaines relatives aux légions.

3e rangée. — (24 425) Pierre tombale* d'un porte-enseigne de la XIVe légion *gemina*. Remarquez le casque à visière sur son épaule gauche. L'enseigne est beaucoup trop longue (Mayence). — (24 441) Plaque de poitrine* ornée de cercles métalliques qui portent des figures en relief (voy. plus haut, n° 3 (24 430) de la première rangée; Mayence). — (24 426) Pierre tombale*-de Daverzus, soldat de la 3e cohorte des Dalmates, richement armé et tenant deux lances à la main. Sur chaque tranche de la stèle est représentée une divinité funéraire orientale (Bingen).

(24 424) Pierre tombale* d'un porte-aigle de la XIVe légion *gemina*. Comparez sa cotte d'armes ornée de bracelets et de

disques métalliques, qui sont les récompenses d'actions d'éclat, au n° 2 (24 441) de la même rangée et au n° 3 (24 430) de la 1ʳᵉ (Mayence). — (24 438) Bas-relief* du tombeau d'un cavalier auxiliaire, conduisant un cheval à la main (Mayence). — (26 251) Monument funéraire * d'un cavalier auxiliaire de l'aile du Norique (Autriche). Dans le registre inférieur, un valet nu marchant derrière un cheval. Au-dessus, le mort est représenté couché sur un lit, tenant un rouleau à la main, devant une table garnie, avec un esclave drapé debout à côté de lui (Trèves).

Sur le mur du fond, à gauche, bas-reliefs funéraires* d'un porte-enseigne, d'un soldat de la XIV° légion *gemina* et d'un soldat armé du *pilum* (comparez plus haut, p. 41). Originaux à Mayence.

Avant d'entrer dans le corridor latéral, signalons, sur la saillie des murs qui séparent les travées, trois bas-reliefs funéraires* : un soldat de la XX° légion préposé à la garde des troupeaux (1224, Cologne); un soldat de la 1ʳᵉ cohorte des Ituréens (Palestine, n° 2230, original à Mayence); un musicien de la 1ʳᵉ légion (1220, Cologne).

La salle XXI, annexe de la salle XX, contient deux pierres tombales* de légionnaires (2247, 2248; musées de Wiesbaden et de Mayence). Ils sont l'un et l'autre armés du *pilum*.

CORRIDOR.

Revenons sur nos pas jusqu'au fond de la salle XX pour traverser le corridor latéral. On y a réuni des spécimens des modes de sépulture pratiqués en Gaule à l'époque romaine.

Ce sont d'abord les tombeaux *à incinération*, où les morts étaient brûlés et leurs cendres placées dans des urnes cinéraires en verre, en argile ou en plomb. Parfois, comme dans le Lot (Douelle), le Puy-de-Dôme, l'Indre (La Châtre) (1ʳᵉ travée, à gauche), le réceptacle de l'urne est une sorte de cylindre en pierre avec couvercle conique; ailleurs (2° travée à

SALLE XX. 43

droite), l'urne en verre contenant les cendres, avec une petite fiole en verre et une lampe en argile, est placée dans une amphore en terre fendue dans le sens de la longueur.

Remarquez dans la même travée des pierres creusées pour recevoir des cendres (cimetière de Saulzais-le-Potier, Cher). — (20 350) Stèle funéraire de Catius Modestus (Vaison), indiquant les dimensions de l'emplacement occupé par son tombeau. — Dans la niche (11 710, 25 021) dédicace* des légionnaires de la XXI° légion à Hercule Saxanus (Norrois, Meurthe; cf. p. 31), et dédicace* des fabricants de cuirasses domiciliés dans le pays Éduen (musée d'Autun).

La 3° travée présente de petites caisses en pierre contenant les cendres (Orange, Vaison, Saint-Rémy). Dans la 4° on voit une tombe romaine en briques (20 964) avec les vases de terre et de verre placés à l'intérieur (Mayence). Remarquez aussi (20 375) une pierre tombale du cimetière de Saverne, caractérisée par une ouverture qui semble indiquer une idée religieuse.

Dans la niche (25 057)*, épitaphe d'un soldat de la 17° cohorte lyonnaise préposée à la garde de la Monnaie (trouvée à Vichy; musée de Moulins).

Les sépultures *à inhumation* occupent les travées suivantes. (19 938) Tombeau en plomb en forme de cercueil (Rouen); (26 584) tombeau en briques avec le squelette, dans l'état où il a été découvert (Beaulieu près Villefranche, Alpes-Maritimes). — Au fond, coupes en terre trouvées dans les tombeaux, contenant des ossements d'animaux sacrifiés au mort, des objets de fer et de bronze; remarquez un œuf dans une petite tasse en plomb (Compiègne) et des fragments de sarcophages en plomb ornés de reliefs.

Revenons sur nos pas jusqu'à la 6° travée et pénétrons dans la salle XXII. (Pour la salle XXI, voy. p. 42.)

Salle XXII. — Costumes, arts et métiers des Gaulois.

Le peuple gaulois, avant la conquête de César, était sous la domination des nobles (*equites*) et des Druides. La conquête romaine, en modifiant cet état de choses, profita surtout au tiers état, qui s'enrichit par le commerce et par l'industrie.

Cette salle contient les moulages de pierres tumulaires et votives ainsi que d'enseignes de boutiques qui représentent des Gaulois dans l'exercice de leurs différentes professions. Commençons à droite de la cheminée pour faire le tour de la salle.

(23 937) * Cabaretier gaulois (Sens). — (27 921) * Divinité protectrice (?) d'une boutique de pharmacien, entourée de fourneaux et d'alambics; derrière elle, une femme triture quelque préparation dans un mortier (Épinal). — Au-dessus (8284) *, ouvrier tenant une pince et un vase (Autun).

(17 320) * Fabricant ou marchand assis à son comptoir; il se retourne pour décrocher un marteau. Au-dessus sont des étagères avec des fioles et des amphores (Lillebonne; musée de Rouen). — (3275) * Sabinianus, peaussier, avec un étau et un maillet (Autun). — (23 945, 23 946) * Foulon et tondeur de drap (Sens). — (23 950) * Ouvrier en bois (Sens).

Mur parallèle au couloir et niche adjacente. — (8281) * Cabaretier versant à boire (Autun). — (8276) * Personnage tenant un éventail et un petit pot (Autun). — (25 773) * Cippe du tailleur Geminius, trouvé au faubourg Saint-Jacques à Paris (musée Carnavalet). — (25 902) * Pierre sépulcrale avec deux bustes : la femme porte des boucles d'oreilles et un *torques* (Cazarilh, Hautes-Pyrénées). — (25 326) * Tonnelier (Autun). — (8285) * Ouvrier en bois (Autun). — (23 934) * Gaulois dans son atelier (Sens). — (8287) * Ouvrier ou architecte tenant une truelle et un ciseau. Sur le bord du cadre, une scie et une hache (Autun). — (25 849-50) * Attelage de mules et chariot gaulois; un tonneau est placé sur le chariot (Langres). — (23 935) * Épitaphe mutilée d'un marchand de capuchons; ces objets sont représentés sur la tranche (Sens). — (23 948) * Palefrenier conduisant un cheval sellé (Sens). — (23 942) * Voiturier conduisant une voiture légère à deux roues (Sens). — (23 940) * Peintres en bâtiment, debout sur un échafaudage (Sens). Au-dessus, fac-similé de deux inscriptions de Lyon relatives à des femmes qui exerçaient la médecine. — (25 428) * Musicien (Autun). — (23 951) * Scène d'atelier (Sens). — (28 729) Gaulois tenant une bourse et une hache (Compiègne). — (22 656, 8277 *) Chasseurs (Mont-Saint-Jean, Sarthe; Autun).

Mur oblique du fond. — (23 944) * Oiseleur (Sens). — (22 260) * Chien de chasse et armes de chasse, entre autres un coutelas dans sa gaine et une arbalète (Puy). — (25 429) * Gaulois en costume civil avec une sacoche et une épée (Autun).

Dans la niche adjacente (25 192 A), arbre avec deux oiseaux, face postérieure de l'inscription 25 194 de la salle XIX, p. 30. — (26 879) * Bas-relief funéraire avec un buste viril et deux chariots (Saint-Bertrand-de-Comminges). — (28 218) Statue de femme assise, découverte dans les travaux du canal de la Marne à la Saône.

En rentrant dans la salle (23934) * famille gauloise représentée sur un tombeau : l'enfant, le père et la mère. L'enfant tient un oiseau (?), le père une bourse et un objet indistinct (rouleau?), la mère une cassette et un éventail? (Sens). — (20 332-3) * Chasseurs (Épinal). — (8278) * Chasseur avec son chien, portant au cou le collier de métal nommé *torques* (Autun). — (8279) * Autre chasseur portant le *torques* (Autun).

Dans la niche (23 078), homme drapé (Bourges). — (27 314) * Groupe de quatre personnages indistincts, dont l'un paraît tenir une hache (Pierre-Écrite, Nièvre). — (28 731) Statuette d'enfant, avec vêtement collant (Compiègne). — (27 517) * Pilastre orné de reliefs, découvert en 1829 dans un puits à la Malmaison (Meuse, musée de Bar-le-Duc). On a voulu recon-naître, sur la face principale, un oculiste examinant l'œil d'une femme et un médecin auprès du lit d'un enfant; les représen-tations de la face adjacente sont encore inexpliquées. — (23 077) Homme tenant une bourse, sous un édicule à colonnettes (Bourges).

Mur de droite. — (8286)* Pierre tombale de Priscilla, avec deux bustes (Autun). — (23 955)* Femme gauloise tenant un coffret à serrure (Sens). — (23 954)* Homme tenant une pièce d'étoffe ou de cuir? Une pièce analogue est suspendue à une planche (Sens). — (23 936)* Homme assis dans un fauteuil d'osier, tenant une cassette, entre deux personnages debout (Sens). — (23 956)* Deux femmes gauloises en costume de ville; celle du registre supérieur tient une sacoche et un petit pot (Sens). — (23 957)* Paniers remplis de raisins, cuves, hachette et récipients divers (Sens). — (23 942).* Gaulois portant l'épée, tenant un petit panier à la main; il semble prendre congé d'un personnage placé à sa gauche (Sens). — (23 918)* Ouvrier gaulois et sa femme; il tient une pince et un marteau (Nancy). — (23 919)*. Gaulois portant un ceinturon, tenant un arc et une bourse(?); à côté de lui, une femme, qui paraît tenir des fruits et une corne d'abondance? (Nancy). — (11 366)* Femme tenant un sanglier-enseigne et une patère (Metz). — (23 920)* Vétérinaire (?) portant suspendue à son bras l'*hipposandale* ou chaussure des chevaux malades (Nancy). — (24416)* Gaulois en tenue de voyage (Sens).

A gauche de la cheminée (25 324)*, personnage barbu avec attributs indistincts (Autun). — (23 953)* Écrivain ou copiste, avec la boîte à manuscrits à côté de lui. Il ne reste que la partie inférieure du bas-relief (Sens).

A l'intérieur de la salle sont placées trois rangées d'objets que nous examinerons de long en large à partir du mur.

1° (24 415)* Sabotier gaulois travaillant sur un banc (Sens). — (23 941)* Pierre tombale d'un Gaulois assis sur un fauteuil d'osier (Sens).

2° (23 938)* Famille gauloise; sur le devant, le père et la mère; sur les tranches, deux enfants ou serviteurs (Sens). — (24 437)* Célèbre pierre tombale de Blussus et de sa femme Menimani, élevée par leur fils Primus (découverte en 1848 à Weisenau, aujourd'hui au musée de Mayence). Blussus, comme nous l'apprend l'inscription des deux faces (celle du revers es surmontée d'un bateau en relief), était entrepreneur de transports sur le Rhin. Il tient une sacoche à la main. Sa femme, richement vêtue et ornée de colliers et de bracelets, tient un fuseau, une pelote de laine et un fruit; un petit chien familier est assis sur ses genoux. Primus porte le petit médaillon appelé *bulla*, parure des jeunes Romains jusqu'à l'âge de seize ans.

3° (23 933) * Stèle funéraire du forgeron Bellicus; remarquez sa coiffure qui rappelle la tresse chinoise. Il tient d'une main un marteau, de l'autre une barre de fer qu'il appuie sur une enclume; à ses pieds est un chien de chasse en arrêt sur un lièvre. Un des pieds est nu, comme dans la figure sur la tranche gauche du n° 23 938 (Sens).

A côté, **meuble à volets** contenant les reproductions en fac-similé de diverses inscriptions romaines de la Gaule relatives à des professions ou à des métiers (Arles, Avignon, Belley, Bonn, Carpentras, Cologne, Limoges, Lyon, Mayence, Narbonne, Nîmes, Vienne). — Remarquez (D) l'épitaphe du philosophe Egrilius, se disant *ami de Salvius Julianus*, qui fut légat de Germanie inférieure en 179 ap. J.-C. (Bonn). — (G) Épitaphe en vers d'un Biturige, professeur de grammaire (Limoges). — (I) Épitaphe d'un verrier de Carthage, établi à Lyon. — (K) Épitaphe d'un marchand de saies, c'est-à-dire de gros manteaux (Lyon). — (L) Épitaphe d'un batelier de la Saône (Lyon). — (M) Épitaphes de ciseleurs en argent (Lyon). — (V) Base d'une statue élevée à leur patron par les marchands de vin de Lyon. — (AA) Enseigne d'un marchand de pommes; à côté du personnage, qui tient un panier de pommes, on lit l'inscription : *Mala! mulieres, mulieres meae!* c'est-à-dire : « Voici des pommes, mesdames! »

(23 939) Tombeau d'un Gaulois ; sur la face latérale, deux serviteurs, dont l'un tient un strigile ou racloire, une ampoule à huile et une sandale? (objets en usage dans les bains), l'autre des tablettes ou une étoffe? (Sens).

Le visiteur revient sur ses pas et, traversant la salle XXI, monte l'escalier à droite et s'arrête au palier.

Colonne Trajane.

Dans un meuble à volets, placé sur le palier, on a disposé d'excellentes photographies d'après les bas-reliefs de la colonne Trajane, dont les moulages en galvanoplastie sont exposés dans

SALLE XXII.

les fossés du château. — Construite en 113 après Jésus-Christ la colonne Trajane, qui est un des chefs-d'œuvre de l'art romain, renferme plus de 2500 figures sculptées en relief; ces sculptures racontent les deux campagnes de Trajan contre les Daces (habitants de la Roumanie actuelle), de 101 à 107 après Jésus-Christ. Cette guerre se termina par la victoire complète des Romains, qui subjuguèrent tout le pays. Le chef des Daces, Décébale, se donna la mort. Chaque planche du meuble à volets est accompagnée de son explication, extraite d'une notice spéciale que nous avons publiée et qui nous dispense d'entrer ici dans les détails (1).

En continuant à monter, le visiteur arrive au 1er étage. Il tourne à droite pour entrer dans la salle I.

(1) Voy. S. Reinach, *La Colonne Trajane*, Paris, Leroux, 1886. — En vente dans les salles du Musée. Prix : 1 fr.

1er ÉTAGE

Salle I. — La Gaule avant les métaux.

Dans cette salle et dans les salles II-V, les objets les plus importants sont signalés à l'attention des visiteurs par de petits carrés de papier doré ou argenté. La présence du papier doré indique qu'une gravure de l'objet paraîtra dans le catalogue illustré en préparation. Le visiteur fera bien de se transporter d'abord devant la vitrine centrale, n° 17, puis à l'angle nord-est de la salle, devant la vitrine n° 1.

ON SAVAIT depuis longtemps, par la découverte d'ossements fossiles, que la Gaule, à une époque reculée, a été habitée par des animaux appartenant à des espèces aujourd'hui éteintes, et par d'autres dont les représentants actuels se sont retirés sur nos montagnes ou ont émigré vers d'autres climats. Parmi les grands animaux qui ont disparu, et qui vivaient il y a des milliers d'années sur les rives de la Seine, on peut citer l'éléphant antique, supérieur en taille à l'éléphant actuel, le mammouth ou éléphant à longs poils, le rhinocéros à narines cloisonnées, le grand hippopotame, l'ours des cavernes, le grand chat-tigre des cavernes, le bœuf primitif, le grand cerf d'Irlande. Les principaux animaux qui ont émigré sont le renne, aujourd'hui commun en Laponie, le bison, le lion, le bouquetin et le chamois ; ces deux dernières espèces se sont réfugiées dans les montagnes. Une peinture à l'huile de M. le vicomte Lepic, à droite de la carte, représente le grand cerf d'Irlande, dont on peut voir, au milieu de la salle, la tête et l'énorme ramure.

Il ne faut pas oublier qu'à côté de ces *quelques* espèces éteintes ou émigrées, la Gaule nourrissait, à l'époque du mammouth et du renne, *un très grand nombre* d'espèces qui subsistent encore sur notre sol, telles que le cheval, la chèvre, le cerf, plusieurs variétés de bœufs, et la majorité de nos petits animaux sauvages, comme le rat, la martre, l'écureuil, la taupe le mulot, le hérisson, etc.

CE QU'ON NE SAVAIT PAS il y a cinquante ans, et ce qui a été définitivement établi vers 1860 par les travaux de Boucher de Perthes et de Lartet, dont les bustes en marbre décorent le fond de la salle, c'est qu'à l'époque où le mammouth et le rhinocéros buvaient dans la Seine, un grand nombre de dizaines de siècles avant Jésus-Christ, l'homme vivait et se multipliait à côté de ces redoutables voisins. La salle I du Musée est comme la démonstration de cette vérité, une des plus belles conquêtes scientifiques du dix-neuvième siècle. On y voit les outils en pierre, en os et en corne dont se servait l'homme primitif, qui ignorait encore l'usage des métaux; les traces qu'il a laissées tantôt à la surface du sol, tantôt dans les sables des rivières et dans les cavernes où il cherchait un refuge ; les rares ossements de l'homme qu'on peut attribuer à cette période éloignée, à côté de ceux des animaux ses contemporains; enfin, les premiers essais d'un art naïf qui se complaisait à graver sur l'os ou la corne des dessins au trait parfois d'une exactitude surprenante.

Pêcheur ou chasseur, l'homme, en ces temps reculés, ne connaissait ni les animaux domestiques, ni la culture des céréales et des plantes textiles. Vêtu de peaux de bêtes, il était dans le même état de dénûment que certains sauvages, qui vivent aujourd'hui dans les îles du Pacifique.

L'industrie humaine particulière à cette période, dont on ne peut fixer ni la date ni la durée, est celle de la *pierre taillée par éclats*; elle a été suivie par l'industrie de la *pierre polie*, dont on trouvera des spécimens dans la salle II, et qui commence *en Gaule* après la disparition des animaux aujourd'hui éteints ou émigrés.

Les antiquités réunies dans cette salle se divisent naturellement en deux séries : l'une contient les objets recueillis dans les alluvions des rivières et d'autres semblables découverts sur les plateaux; la seconde renferme les outils et ossements que l'on a extraits des cavernes ou abris sous roche, premiers refuges des hommes contre les intempéries et les bêtes fauves.

I. ALLUVIONS ET PLATEAUX.

Vitrine 1. — Au-dessus, coupes des alluvions quaternaires de Menchecourt et de Saint-Acheul (Somme), montrant la profondeur où l'on a recueilli les outils en silex taillés.

A, B, C. — Molaires d'éléphant, ossements de mammouth, de rhinocéros, de grand bœuf et de grand cerf, recueillis dans les sablières de la Somme et de la Seine, à côté de silex taillés.

D. — Haches en silex recueillies à Chelles (Seine-et-Marne). La forme dominante de cet ancêtre des outils humains est celle de l'amande. Quelques spécimens * (en bas, à droite) sont déjà taillés avec une grande perfection. Si loin que nous puissions remonter dans l'histoire de l'industrie, le sentiment de l'art n'est pas étranger à l'homme.

E. — L'abbé Bourgeois, mort en 1878, a cru constater dès 1867 la trace du travail humain sur des silex recueillis par lui à une grande profondeur, dans le terrain dit *tertiaire* de Thenay (Loir-et-Cher). A l'époque *tertiaire*, aucun des mammifères actuels n'existait encore, et rien ne prouve que l'homme fasse exception à cet égard. Les silex de Thenay paraissent trop petits pour avoir servi d'outils; les traces de travail qu'on y a signalées sont d'ailleurs douteuses. Mais la question soulevée par l'abbé Bourgeois reste ouverte et chacun peut se former une opinion devant la vitrine, où l'on a réuni d'autres silex tertiaires, avec prétendues marques de travail, provenant de Saint-Prest et d'Aurillac (**F**, à droite).

F. — D'autres savants ont cru reconnaître des traces de l'homme tertiaire dans les incisions ou les cassures que présentent certains os d'animaux de cette époque; mais ces entailles résultent probablement des morsures d'autres animaux, de phénomènes géologiques et de frottements divers. Les os incisés le plus souvent cités ont été recueillis à Pouancé (Maine-et-Loire) et à Monte Aperto * (Toscane).

Vitrine 2. — Haches de types divers (Somme, Seine-et-Oise, Oise, Aisne). Remarquez le n° 23 488 (Hesdigneul), qui présente une sorte de *talon*.

Vitrine 3. — Haches de Saint-Acheul (Somme), généralemen en forme d'amandes (dites *langues de chat* par les ouvriers du pays). Cette localité a été particulièrement étudiée par Boucher de Perthes. — Au milieu, polypiers fossiles de la craie troués naturellement ayant pu servir de grains de colliers (Saint-Acheul).

Vitrine 4. — Au-dessus, front de *bœuf primitif* trouvé dans la Haute-Marne. — Spécimens choisis de haches du département de la Somme ; quelques-unes présentent une belle patine ou une couleur blanche dite *cacholong*, caractères auxquels on distingue les haches authentiques de celles que fabriquent les faussaires.

Cette vitrine permet d'étudier les formes diverses de l'outil de Saint-Acheul ; à côté de nombreux spécimens en amande, on en voit d'ovoïdes (18 875, 18 915), de circulaires (18 870), d'effilés (18 878). Une hache présente déjà l'aspect d'une pointe de lance (18 877). Les dimensions varient beaucoup, mais sont toujours assez fortes ; les petits outils délicats sont rares.

Vitrine 5. — Haches de l'Aisne, d'Indre-et-Loire, du Pas-de-Calais et de la Somme (gisement de Theunes). Remarquez la belle hache* en forme d'amande, en haut et à droite (Vaudricourt, 29 686).

Vitrine 6 (plate). — Haches de Saint-Acheul.

Vitrine 7 (plate). — Haches de Saint-Acheul ; dents de rhinocéros et de mammouth trouvées tout auprès. Remarquez à gauche de la section B quelques haches célèbres dans l'histoire de la science. Ce sont les premières où Boucher de Perthes ait reconnu le travail de l'homme (n°° 7061-63, 18 883). Sur l'arête, dents de rhinocéros et de mammouth (sablières d'Abbeville).

Vitrine 8 (plate). — Haches d'Abbeville et de Montguillain (Oise). A côté des haches triangulaires, on voit des lames ou éclats, des racloirs et des pointes. — Sur l'arête, extrémité supérieure d'une défense d'éléphant (Abbeville).

Vitrine 9 (plate). — Outils en pierre des environs de Paris

(Clichy, Levallois, Bois-Colombes, le Pecq). Les spécimens sont beaucoup moins beaux que ceux de Saint-Acheul. A droite de la section A, remarquez des polypiers et autres fossiles troués ayant pu servir d'ornements (Le Pecq; cf. vitrine 3). — Sur l'arête, dents d'hippopotame (Levallois) et de rhinocéros antique (Poissy).

Vitrine 10. — Plaque de brèche ou conglomérat ossifère de la caverne des Eyzies. (Dordogne). On voit les outils en pierre, les os de renne et d'autres animaux, encore engagés dans la couche terreuse qui formait le sol de la caverne. Tout autour sont des morceaux d'os ou de pierre qui se sont détachés pendant le transport.

Vitrine 11. — Cette vitrine, ainsi que les vitrines 14 et 15, contient des instruments en silex recueillis sur les plateaux, souvent presque à fleur de terre; ils ne peuvent être classés que par comparaison avec ceux des alluvions et des cavernes, dont le mode de gisement est bien déterminé. — Outils en pierre de Fumérault (Yonne) et de Pontlevoy (Loir-et-Cher). Les types sont différents de ceux de Saint-Acheul; on trouve surtout des lames et des pointes.

Vitrine 12. — Au-dessus, humérus d'éléphant*, trouvé à Montreuil (Seine). — Choix d'outils en silex de diverses provenances, indiquant les variétés de formes et de patines. Les types sont ceux dits de Saint-Acheul et du Moustier (cf. vitrine 16). Les silex des alluvions de Saint-Acheul, ceux des cavernes du Moustier et de Solutré (vitrine 21), se distinguent par des formes caractéristiques; on dit, en conséquence, *silex du type de Saint-Acheul, du Moustier*, etc., même pour désigner des outils similaires qui ne proviennent pas de ces localités.

Vitrine 13. — Crânes humains qui paraissent appartenir à l'époque quaternaire. Les plus remarquables sont ceux* de la 1re rangée à droite (trouvés en 1864 dans la caverne belge dite *Trou du Frontal*) et le 3e de la 2e rangée (trouvé en 1856 au Néanderthal, près de Dusseldorf; musée de Bonn). La forme de ce crâne rappelle celui du gorille, dont on voit un moulage au-dessous; mais cela peut bien n'être qu'un hasard, car on rencontre encore aujourd'hui des hommes dont le crâne est conformé de même. Toutefois, l'on incline à admettre, sur la foi de découvertes récentes, l'existence d'un type *néanderthaloïde* caractérisant l'une des plus anciennes races de l'Europe. — De part et d'autre du crâne du Néanderthal, crâne * d'Engis découvert en 1833 dans une grotte avec des débris de mammouth, et crâne * d'Eguisheim trouvé en 1866 avec des ossements de mammouth dans le dépôt argilo-sableux du Rhin (musées de Liège et de Colmar). — A droite du crâne d'Engis (18 738), crâne * découvert en 1863 à Olmo, près d'Arezzo (Toscane), dans une argile bleue quaternaire, avec un silex taillé et une défense d'éléphant (musée de Florence).

Remarquez encore (21 386) le moulage du crâne* de Canstadt original au musée de Stuttgart), découvert en 1700 au milieu d'ossements d'animaux fossiles. MM. de Quatrefages et Hamy ont appelé *race de Canstadt* la plus ancienne race fossile de l'Europe; elle est caractérisée par la longueur du crâne (*dolichocéphalie*) et la saillie de l'arcade sourcilière, traits communs aux crânes de Canstadt et du Néanderthal. — Plus bas (29 760) moulage d'une mâchoire inférieure * trouvée en 1865 dans la caverne de la Naulette, près de Furfooz (Belgique), avec une saillie maxillaire très prononcée, et (17 043) moulage de la mâchoire* trouvée par les ouvriers de Boucher de Perthes à Moulin-Quignon, près Abbeville, en 1863. Ces deux mâchoires sont célèbres dans l'histoire de la science par les hypothèses et les discussions auxquelles elles ont donné lieu.

Vitrine 14 (plate). — Outils en pierre des Côtes-du-Nord, des Landes, de la Haute-Garonne, de la Vienne (cf. vitrine 11).

Vitrine 15 (plate). — Outils en pierre de la Vienne, de Loir-et-Cher, de l'Allier, de la Nièvre. Plusieurs sont analogues aux haches de Saint-Acheul (cf. vitrine 11).

Les vitrines suivantes (sauf le n° 17) sont consacrées à l'époque des cavernes.

II. ÉPOQUE DES CAVERNES.

Les cavernes ou abris ont été habitées de tout temps, mais l'on entend spécialement par *époque des cavernes* la seconde phase de l'âge de la pierre taillée, lorsque l'homme, contemporain du mammouth et du renne, élut domicile sous les abris naturels. L'industrie, à l'époque des cavernes, nous est mieux connue que celle des peuplades dont on a trouvé les outils dans les alluvions des rivières. Les habitants des cavernes sont moins anciens que les riverains de la Somme, dont les haches de Saint-Acheul font connaître l'industrie ; l'animal dont ils se nourrissaient principalement, qui semble avoir joué le plus grand rôle dans leur civilisation matérielle, était le renne, et bientôt (vitrine 21) ils commencèrent à se servir d'os de renne pour se façonner des outils. La présence de nombreuses aiguilles, de perçoirs et de racloirs prouve que l'homme des cavernes savait préparer les peaux et les faire servir à son vêtement.

Vitrine 16 (plate). — Choix d'instruments en pierre recueillis dans les cavernes, notamment au *Moustier* (Dordogne) et à *Chez-Pouré* (Corrèze). Parmi les silex taillés des cavernes, on rencontre encore des haches du type de Saint-Acheul, mais on trouve aussi en plus grand nombre des pointes retaillées d'un seul côté, des lames et des racloirs, qui caractérisent l'industrie dite *du Moustier*. La vitrine 16 en contient de bons spécimens. Remarquez, à droite de la section A, les pointes taillées en quartz transparent ou hyalin. — Sur l'arête, dents de bœuf, de cheval, de renne et lamelles d'une molaire de mammouth (le Moustier). Le mammouth est relativement rare dans les cavernes ; c'est l'époque où il commence à disparaître.

Vitrine 17. — Ossements d'animaux d'espèces éteintes associés à des outils en pierre trouvés dans les alluvions des rivières et les cavernes. Remarquez, en haut de la vitrine, l'énorme tête du grand cerf d'Irlande ; à l'intérieur, celle du bœuf primitif*, du grand ours, du chat-tigre des cavernes, du rhinocéros aux narines cloisonnées * ; puis la mâchoire inférieure d'un grand éléphant * et la défense d'un mammouth. Le mammouth avait

6 mètres de haut, le grand cerf 3 mètres. Et certains animaux de l'époque précédente ou *tertiaire*, tels que le dinothérium, étaient plus énormes encore!

Vitrine 18 (plate). — **A.** Pointes, lames et racloirs de diverses provenances (Charente, Somme). — **B.** Silex et ossements des cavernes (Soyons, Ardèche). La caverne dite *Trou du renard*, à Soyons, a surtout servi de repaire à des bêtes féroces. A droite, os long brisé par l'homme pour en extraire la moelle, dont les sauvages de nos jours sont encore friands.

Vitrine 19. — Outils divers en pierre taillée (Aube, Eure-et-Loir, Corrèze, Vienne).

Vitrine 20. — Objets recueillis en 1868 dans l'abri de Cro-Magnon (Dordogne), qui a servi de sépulture. Signalons le crâne de femme * portant la trace d'une large blessure faite avec une arme de pierre, et le crâne de vieillard *, remarquable par sa vigoureuse conformation. Ce vieillard devait avoir environ 1^m,80 de haut; la race à laquelle il appartenait, et dont on a retrouvé des ossements en d'autres pays, a été appelée par les anthropologistes *race de Cro-Magnon* (cf. p. 54). — Un collier en coquilles marines trouvé au cou d'un des squelettes prouve que les hommes ou les femmes de ce temps-là avaient déjà le goût de la parure (cf. vitrines 3 et 9).

Vitrine 21. — Au-dessus, front de grand bœuf. — Objets en bois de renne travaillé et en silex (Dordogne, Haute-Garonne, Alpes-Maritimes, Ardèche, Vienne). Remarquez en bas à gauche les belles pointes de lance * trouvées en 1873 sur les berges de la Saône à Volgut (Saône-et-Loire), qui trahissent une industrie déjà fort habile. D'autres pointes analogues ont été trouvées à Solutré (même département).

Vitrine 22. — Au-dessus, fragments* d'un vase en argile destiné à être suspendu, retiré de la caverne belge dite *Trou du Frontal*. On n'est pas encore certain, toutefois, que l'homme contemporain du renne ait su fabriquer de telles poteries; il est toujours difficile de savoir s'il n'y a pas eu de remaniements dans les cavernes, qui ont été habitées à des époques fort différentes. — En bas, à gauche, est le célèbre *renne de Thaïngen* * découvert en 1874 dans une caverne près de Schaffhouse ; c'est une silhouette de renne paissant gravée sur un bois de renne avec une correction et une sûreté de main merveilleuses (1). Le reste de la vitrine contient des lames, couteaux et instruments divers de la grotte du Placard (Charente).

Vitrine 23 (plate). — **A.** Poinçons, harpons et pointes de flèche en bois de renne (grotte d'Excideuil, Dordogne). — A gauche, pointes de flèche en silex. Remarquez aussi des canines de renard percées qui ont servi de pendeloques, suivant un usage superstitieux qui existe encore chez les sauvages et même chez quelques paysans de nos contrées. — Objets analogues de la gorge d'Enfer (Dordogne); pointes en silex du type de Solutré (Saussaye, Landes).

B. Objets provenant de la même grotte d'Excideuil. A côté des outils en silex, on trouve de curieuses lames de jaspe et des grattoirs en quartz hyalin. Le travail est beaucoup plus perfectionné qu'au Moustier (vitrine 16) et qu'à Saint-Acheul (vitrines 3 et 4). — Sur l'arête, canines de grand ours ; molaires de cheval et d'aurochs (bison européen); mâchoire de renne.

Vitrine 24. — Outils en silex de Solutré (Saône-et-Loire), de Badegols et de Laugerie-Haute (Dordogne). Remarquez (**A** à gauche) les pointes à fines retailles qui ressemblent à celles de Volgut (vitrine 21), et, dans la section **B**, les lames à patine blanche de Solutré. — Sur l'arête, molaire de mammouth.

Vitrine 25 (plate). — Instruments en silex et en os, provenant de la caverne de la Madeleine (Dordogne). Ici nous touchons à une civilisation supérieure; les outils en silex sont finement taillés; les poinçons, les pointes de flèche, les harpons barbelés en bois de renne sont en grand nombre et habilement exécutés. Mais ce qui est particulièrement digne d'attention (section **A**), c'est la série de bois de renne percés de trous et ornés de dessins, qui représentent principalement des

---

(1) L'authenticité de cette gravure, qui a soulevé des controverses assez vives, ne peut plus être révoquée en doute.

animaux. Ces objets ont été appelés *bâtons de commandement*, parce qu'on suppose qu'ils servaient à distinguer les chefs, comme cela se voit encore chez les Indiens d'Amérique ; mais eur véritable destination est encore problématique, aucune hypothèse n'expliquant la présence des trous.

Remarquez, de gauche à droite : les aiguilles en os avec chas ; es os de renne, de loup, de renard, de cheval, ayant servi de pendeloques ; le bâton de commandement * orné de poissons suivis d'un cheval (29 762) ; plusieurs autres portant des rennes 29 765) *, une vache (29 764) *, des chevaux (8162), des poissons (20 053), des renards (20 055). — Vers la droite (n°s 8163, 8166), deux curieux morceaux portant l'un la représentation grossière d'un homme avec un serpent et des chevaux, l'autre plusieurs mains opposées deux à deux par le poignet. La pièce capitale * (29 763) est un mammouth gravé sur un fragment de défense (Muséum de Paris) ; cette gravure suffirait à attester la contemporanéité de l'homme avec le grand éléphant velu qui a disparu de notre globe.

Vitrine 26 (plate). — Objets analogues à ceux de la vitrine 25, provenant des abris de Laugerie-Basse (Dordogne) et de Massat (Ariège). — **A.** Sifflet formé d'une phalange de renne trouée (8155) ; pointes de flèches, harpons, dents-pendeloques, bois de renne avec ornements et gravures. Remarquez à droite les gravures représentant un cheval (14 870) *, l'arrière-train d'un bison (20 766) *, des bouquetins (8146, 14 877) *, une loutre chassant un poisson (14 880) *, des rennes (14 872 *, 22 612) *.

Un bois de renne * (14 881) porte un homme rampant qui paraît à l'affût d'un bison ; ici, comme dans l'art primitif de tous les peuples, l'homme est toujours plus mal dessiné que les animaux. Remarquez encore (8150) le renne sculpté * formant e manche d'un poignard en bois de renne et (14 883) un taureau et une vache * adossés sur un fragment de bâton de commandement.

B. Objets en os, bois de renne gravés, silex taillés. Au milieu de la vitrine, fragment d'os* trouvé à Laugerie-Basse (Dordogne) sur lequel on aperçoit les jambes de derrière d'un renne et le bas du corps d'une femme, très grossièrement dessiné (24 624). — De part et d'autre, astragale et molaires de grand bœuf.

Vitrine 27. — Fragment de brèche analogue à celui de la vitrine 10.

Vitrine 28. — Outils en silex et en bois de renne des départements de la Corrèze, de l'Aude, du Finistère, des Hautes et Basses-Pyrénées, de la Vienne, de Saône-et-Loire, de la Charente et de la Dordogne.

Vitrine 29. — Spécimens classés par types de silex taillés recueillis dans les cavernes des bords de la Vézère (Dordogne). — Ossements travaillés de même provenance.

Vitrine 30. — Objets en silex taillés, provenant de la Corrèze, de la Dordogne, du Lot, etc. Les types dominants sont ceux de la Madeleine (vitrine 25).

Vitrine 31 (plate). — Objets du type de la Madeleine, provenant des cavernes de Bruniquel (Tarn-et-Garonne), des Eyzies (Dordogne), d'Aurensan (Hautes-Pyrénées), etc.

A. Mammouth * (8292) taillé dans un bois de renne (Bruniquel) ; chat des cavernes ou grand tigre * (29 767), gravé sur un bois de renne (même provenance). — Lames, grattoirs et perçoirs des Eyzies ; aiguilles à chas ; têtes de bœuf et de cheval, bouquetins gravés sur pierre et sur os. — Têtes de bouc * (14 651) gravées sur bois de renne (Aurensan, Hautes-Pyrénées).

B. Deux rennes * sculptés dans l'ivoire (Bruniquel). Ces deux figures (8290, 8291) sont peut-être les chefs-d'œuvre de l'art des *Troglodytes* (habitants des cavernes). — Sur l'arête, molaires de cheval, phalanges unguéales de grand bœuf.

Vitrine 32 (plate). — A. Spécimens de silex des cavernes de Belgique (Montaigle, Hastière, Goyet, Trou-Magrite, Chaleux) et d'autres gisements de la Vienne (Chaffaux), de la Haute-Garonne (Aurignac), etc.

B. Objets en pierre et en os provenant des cavernes de Baoussé-Roussé, près Menton. Le travail des petites lames de silex et de jaspe est très soigné.

Vitrine 33. — Collection considérable d'outils en silex et d'ossements d'animaux découverts dans la grotte de Néron

SALLE I.

(commune de Soyons, Ardèche). On peut étudier dans cette vitrine les ossements du renard, du loup, de la hyène, de l'ours, du cheval, du bœuf, du grand cerf, du mammouth, du rhinocéros, du bouquetin et du renne.

Au-dessus de la vitrine 33, on a placé une belle carte de la Gaule à l'époque des cavernes, indiquant les localités où l'on a recueilli des produits de l'industrie quaternaire (alluvions, plateaux, cavernes).

Sur le mur du côté de la cour, on a exposé dans cinq cadres: 1° des vues photographiques de deux cavernes ou abris du Périgord (roc de Plantade et roc de Lafaye à Bruniquel); 2° une aquarelle d'après des silex de Genay près Semur; 3° une belle planche en couleurs indiquant les différentes patines que prennent les silex de Saint-Acheul, suivant la profondeur du gisement (travaux de M. d'Acy); 4° la vue photographique d'une coupe prise dans une sablière de Saint-Acheul; 5° une gravure d'après des haches en silex recueillies dans une sablière à Hoxne (Angleterre), en 1797; cette découverte passa inaperçue (cf. plus loin, p. 89).

Salle II. — La Gaule avant les métaux (*suite*). — Monuments mégalithiques. — Pierre polie.

Nous entrons dans une nouvelle phase de l'âge de la pierre. Les outils sont généralement polis avec soin ; à côté d'instruments en pierres communes comme le silex, on en rencontre qui sont taillés artistiquement dans des minéraux comme le jade et la jadéite, dont on ne connaît pas actuellement de gisement en France et qui venaient peut-être de l'Orient. Les hommes de cette époque construisaient des monuments en pierres énormes, affectant tantôt la forme de tables précédées de galeries couvertes (*dolmens*), tantôt celles de colonnes grossières ou d'obélisques (*menhirs*). Les *dolmens* sont des chambres sépulcrales, où l'on a souvent trouvé un grand nombre de squelettes réunis ; les *menhirs* sont, d'une façon générale, des *pierres de souvenir*, et peuvent marquer l'emplacement d'un tombeau, d'une bataille, la limite de deux régions, etc. Les dolmens et les menhirs ne sont pas propres à la France ; on les trouve dans l'Allemagne du Nord, en Danemark, en Angleterre et en Irlande, en Espagne, en Portugal, au Maroc, en Algérie, en Tunisie, en Syrie, dans le Caucase et jusque dans l'Inde. En France, ils sont particulièrement nombreux en Bretagne et dans les Cévennes, rares dans les Pyrénées, très rares dans la région des Alpes.

On croyait autrefois que les dolmens étaient des autels élevés par les Druides, prêtres des peuples celtiques au temps de César ; en vérité, ils sont bien antérieurs, car les Gaulois de César connaissaient les outils en métal, dont il n'y a pas trace dans les plus anciens dolmens. Il n'est cependant pas improbable que les Celtes, en occupant la Gaule, aient adopté et imité pendant quelques siècles les constructions funéraires qu'ils trouvèrent en usage dans le pays. D'ailleurs les populations plus anciennes et plus nombreuses, subjuguées et non anéanties par les Celtes, n'auront sans doute pas renoncé brusquement à ce genre d'architecture, intimement lié à des idées religieuses qui furent peut-être reprises et développées par les Druides, comme les vieux cultes chthoniens de la Grèce avant les Grecs ont refleuri dans le mysticisme des Orphiques.

Faut-il admettre l'existence d'une race unique qui se serait répandue dans l'ancien monde, principalement le long des côtes, en laissant sur son passage comme une traînée de *monuments mégalithiques* (1)? Vaut-il mieux supposer que les mêmes idées religieuses, ou simplement des instincts communs, ont suggéré ces constructions à des races différentes? Ce sont là des questions encore insolubles. Il est certain, d'autre part, que, dans plusieurs pays, l'érection des dolmens et des menhirs a continué jusqu'à une époque relativement récente, très postérieure à l'emploi des métaux pour la fabrication des outils.

De l'époque de la pierre polie datent l'introduction en Gaule des céréales et des animaux domestiques, les pratiques religieuses, le culte des morts, la première organisation des sociétés. A la fin de cette époque on voit arriver en Gaule les instruments en métal (voy. plus loin la notice de la salle III).

Vitrine 1. — Au-dessus, peinture à l'huile représentant une des allées de Carnac, dans le Morbihan. Ce sont des alignements de grosses pierres, au nombre de 4000, qui, chose singulière, n'ont guère été remarqués avant le commencement du dix-huitième siècle.

A. Objets en pierre polie de Spiennes (Belgique) et du champ des Marettes (Seine-Inférieure).

B, C. La fabrication de la poterie à peut-être commencé à l'époque de la pierre éclatée (voy. p. 56), mais elle ne s'est développée qu'à l'époque suivante. La terre de ces anciens vases est grossière, mal cuite, travaillée à la main, sans l'aide du tour; la décoration, souvent tracée à l'ongle, se compose de points, de chevrons, d'ornements géométriques, parfois remplis d'une matière blanche (cf. vitrine 3). Les spécimens* réunis ici proviennent de Münster (Westphalie), de Hildesheim (Hanovre), de Monsheim près Worms, etc.

D. Marteaux et haches-marteaux, disques ovales et circulaires

(1) *Mégalithique*, adjectif formé de deux mots grecs, signifie « en grandes pierres ». *Dolmen* et *menhir* sont des mots bas-bretons qui ne sont guère usités que depuis un siècle.

ayant pu servir de casse-tête. Remarquez au second rang les marteaux en forme de nacelles (Nièvre, Loire-Inférieure, Morbihan). En bas, à gauche, grand disque circulaire troué retiré de la Seine en amont de Paris.

E. Haches polies en silex emmanchées dans des gaines de bois de cerf, pourvues elles-mêmes d'un trou où s'emmanchait une tige de bois. Ces outils sont identiques à ceux qu'emploient encore aujourd'hui les sauvages. Remarquez, en haut à gauche (24 013), une hache complète avec emmanchure * trouvée à Pénhouët (Loire-Inférieure).

F. Outils pointus, pics, crochets et poinçons en bois de cerf et en os. Le renne n'existe plus à cette époque en Gaule, et l'art de graver des dessins sur bois de renne a disparu en même temps, peut-être par l'effet de l'émigration d'une des races d'hommes quaternaires vers le Nord. — A droite, défenses de sanglier percées pour servir d'amulettes ou de parures (Picquigny, Somme).

Vitrine 2. — Fragment de brèche ossifère de la grotte de Lombrive (Ariège); pendeloques et disques percés * de la grotte du Pontil (Hérault).

Vitrine 3. — Spécimens de la poterie grossière que l'on recueille sous les dolmens et les autres monuments mégalithiques (cf. vitrine 1, B, C).

Vitrine 4. — Spécimens de poterie, anneaux en bronze recueillis dans les dolmens de Roknia (Algérie). Cette poterie est certainement très postérieure à celle des dolmens de la Gaule.

Vitrine 5. — Réduction au 20e du dolmen de Mané-er-H'Roeck en Lokmariaker (Morbihan). Les dimensions de la figurine humaine font comprendre celles de la table du dolmen.

Vitrine 6. — Réduction au 20e de l'allée couverte de Kercado en Carnac (Morbihan).

Vitrine 7. — Allée couverte de Bagneux près Saumur (Maine-et-Loire), au 20e.

De pareils travaux ne pouvaient s'exécuter que dans une

société organisée hiérarchiquement, où les prêtres-chefs jouissaient d'une grande autorité.

Vitrine 8. — Allées couvertes de Plouharnel (Morbihan), au 20°.

Vitrine 9. — Objets provenant de dolmens explorés scientifiquement; beaucoup d'autres sépultures mégalithiques ont été mises au pillage plutôt qu'explorées.

A, B, C, D, E, F, G, H. Poteries des dolmens. Les vases n'ont jamais de pied ni de couvercle; quand ils ont une anse, elle est trop petite pour y introduire le doigt : on ne pouvait y passer qu'une ficelle. — A l'étage supérieur, fac-similé en métal de trois grands anneaux en or* (21 862, 21 863, 21 864) découverts à Plouharnel (Morbihan); ils sont probablement postérieurs à la construction du monument et témoignent d'un ensevelissement secondaire.

I. Instruments en pierre polie du camp Barbet (Oise). Remarquez la patine blanche ou *cacholong* (plus haut, p. 52).

J. Poteries, poinçons en os et silex provenant du Peurichard (Charente-Inférieure). Plusieurs fragments de vases (à gauche) présentent des ouvertures propres à l'insertion d'une ficelle ou d'une tige de bois flexible. Remarquez aussi leur décoration circulaire.

K. Haches provenant des départements de l'Ouest et des environs de Paris. Remarquez, en bas à gauche, les belles haches de Rocquencourt, du Vésinet et de Conflans-Sainte-Honorine (Seine-et-Oise); dans cette dernière localité était une allée couverte transportée en 1872 dans les fossés du château (vis-à-vis de la gare).

L. Outils en pierre et poteries trouvés dans les dolmens de Meudon (fouillé en 1845) et d'Argenteuil (fouillé en 1867). Remarquez à droite la hache en silex dans sa gaine en bois de cerf provenant du dolmen d'Argenteuil (23 166).

M. Magnifiques haches polies* en matières rares (fibrolithe, jadéite), trouvées en 1864 dans le dolmen de Mané-er-H'Roeck en Lokmariaker (Morbihan). Ces haches, polies avec tant de soin,

SALLE II.

n'ont guère pu servir aux usages de l'industrie; ce sont des objets religieux, des ex-voto, que l'on ensevelissait avec les morts. Aujourd'hui encore des superstitions populaires sont attachées à ces haches, que l'on appelle *Pierres de foudre* et auxquelles on attribue des propriétés surnaturelles. — Remarquez à gauche les grains de collier* d'une matière verte analogue à la turquoise, que l'on croit être la *callaïs* des Romains, mais dont le gisement actuel est inconnu.

N. Objets* trouvés sous les dolmens du Mont-Saint-Michel et de Tumiac (Morbihan), de Bougon (Deux-Sèvres). On voit encore ici des perles en callaïs (Mont-Saint-Michel), des haches en fibrolithe et en jadéite. Le dolmen de Bougon a donné des ciseaux et des poinçons en os, des canines d'ours ayant servi de pendeloques.

O. Silex et poteries du fort de Roppe, près Belfort, et de la station de Campigny (Seine-Inférieure).

P. Haches polies et ébauches de haches recueillies à Marly et au Pecq près de Saint-Germain.

Vitrine 10. — Réduction au 20° de l'allée couverte dite *Table de César* ou *Table des marchands* en Lokmariaker (Morbihan).

Vitrine 11. — Au-dessus, dessins de dolmens présentant un ou deux trous pratiqués dans la dalle antérieure. Ces monuments sont connus sous le nom de *dolmens troués*. Une des faces du dolmen de Conflans, dans les fossés du Château, est percée de même; la grosse pierre qui servait d'obturateur est à côté. On remarque cette particularité dans plusieurs dolmens de l'Inde, du Caucase, de l'Angleterre, de la France, etc. Elle semble bien indiquer une communauté d'origine, ou tout au moins de civilisation et de croyances entre les peuples constructeurs de mégalithes. Le trou, qui pouvait être fermé par une grosse pierre, a peut-être pour but de laisser sortir, à certaines époques, les esprits des morts ensevelis sous le dolmen; un usage analogue existait en Italie (1). D'autres ont pensé que

---

(1) *Mundus patet.* Voy. Festus, *s. v.*

cette ouverture servait à l'introduction des nouveaux cadavres, qui n'étaient ensevelis dans le dolmen qu'à l'état décharné.

La vitrine contient des spécimens de la céramique des dolmens, analogues à ceux de la vitrine 3.

Vitrine 12. — Au-dessus, polissoir* en grès de Saint-Ustre (Vienne ; original dans les fossés du Château). On polissait les haches en les frottant dans les rainures de ces pierres, où l'on versait préalablememont de l'eau avec du sable de quartz. D'autres polissoirs plus petits servaient à aiguiser des aiguilles et des objets en os.

A, B. Objets recueillis dans le dolmen de la Justice, à Presles (Seine-et-Oise), méthodiquement exploré en 1867 par M. Maître, au profit du Musée. A gauche sont les objets de la partie la plus ancienne, où se trouvaient les squelettes et les instruments en silex : fragments de poteries, pendeloques et perles, lances, haches polies, scies, éclats, pointes de flèche. Au milieu, gaines de hache en bois de cerf, poinçons en os. — A droite, objets trouvés dans un dépôt postérieur, où avait eu lieu une inhumation de l'époque gallo-romaine : poterie rouge grossière, ampoule de verre, anneaux de bronze, monnaies impériales depuis Vespasien (69-79 ap. J.-C.) jusqu'à Théodose (379-395 ap. J.-C.), anses de vases de fabrique romaine. C'est un curieux exemple de superposition de sépultures. On voit combien on peut être induit en erreur sur la date des dolmens par le fait des inhumations secondaires qui en ont enrichi le mobilier.

Vitrine 13. — Au-dessus, moulage du polissoir de Mesnil-Bruntel, près Péronne (Somme), appelé dans le pays *Pierre Sainte-Radegonde*. Dans la vitrine, fragments de meules en granit et en grès ; égrugeoirs, broyeurs, percuteurs, polissoirs, amulettes, meules fixes servant à broyer le grain.

Vitrine 14. — Réduction au 20e du dolmen de Bougon (Deux-Sèvres).

Vitrine 15. — Réduction au 20e du dolmen de la Justice (Seine-et-Oise), d'où proviennent les objets de la vitrine 12.

SALLE II.

Vitrine 16. — Réduction au 20ᵉ du grand menhir de Lokmariaker (Morbihan), état actuel. Un modèle restauré du menhir, tel qu'il était avant la chute qui l'a brisé, est placé sur un socle à droite de la porte. Ce menhir avait plus de 20 mètres de hauteur.

Vitrine 17. — Classification des spécimens les plus remarquables de l'industrie de la pierre polie en Gaule.

A, B, C, D, E, F. Séries de haches polies (originaux et moulages) en silex, en diorite, en basalte, en aphanite, en dolérite, en grès lustré, en serpentine, en jadéite, en jade, en chloromélanite, etc. Les dimensions exiguës de quelques-unes de ces haches prouvent qu'elles sont des objets votifs, et non des outils usuels; d'autres, au contraire, portent des traces d'usure qui témoignent d'un emploi prolongé.

Remarquez : C. en haut, au milieu (18 977), hache en silex d'Auvillers (Somme), d'une longueur exceptionnelle; dans la rangée du bas (18 973), une admirable hache en chloromélanite de Sarzeau (Morbihan), une des pièces les plus précieuses du Musée, et, tout auprès (18 968), une hache en jadéite de Maismy près Noyon (Oise).

D. Haches percées au sommet, sans doute pour être suspendues (Vieille-Toulouse, Mont-Saint-Michel, Tumiac).

E. A la seconde rangée (1190), belle hache en jadéite du Mont-Saint-Michel (Morbihan); à la rangée inférieure (22 926), hache en jadéite du plateau de Soyons (Ardèche); (2151) magnifique hache en jadéite trouvée dans la forêt de Sénart. A gauche (5046, 5047), moulage des deux plus grandes haches connues (musée de Vannes), trouvées dans les dolmens de Mané-er-H'Roeck et de Tumiac (Morbihan).

G. Percuteurs en silex, servant à la fabrication des haches et d'autres objets en pierre dure : *nuclei*, c'est-à-dire noyaux de silex dont on a détaché des lames par percussion. On s'est parfois servi de cailloux naturels roulés comme de percuteurs (en haut à gauche).

H. Série de très grands *nuclei* provenant de l'atelier de Preslong (commune de Leugny, Vienne). Au-dessus, *nuclei* de plus petites dimensions.

I. Disques taillés de l'atelier de Preslong (Vienne). — Spécimens de *bulbes* ou *conchoïdes de percussion;* on désigne par ces mots la surface convexe déterminée par la frappe sur la partie détachée du silex; sur le *nucleus*, il se produit une concavité correspondante. C'est un des caractères de la frappe intentionnelle, bien que des chocs et des frottements naturels puissent quelquefois produire le même effet. — Couteaux en silex; en cristal de roche. — En bas, *nuclei* du Grand-Pressigny (Indre-et-Loire), de la Charente et des Landes. — A droite, en haut, petits couteaux en cristal de roche (Camp de Chassey, Saône-et-Loire).

J. Scies et grattoirs en silex.

K. Perçoirs et tranchets; pointes de flèche avec ou sans pédoncule, avec ou sans barbelures. Les pointes de flèche en pierre ont été employées jusqu'à une époque récente.

L. Pointes de lance en silex. — Objets de parure: perles de callaïs (p. 65), grains de colliers, coquilles percées ayant servi de pendeloques, croissants et anneaux en schiste, en jadéite, en néphrite. Remarquez au milieu (11 632) une hache* en jadéite, découverte en 1864 dans le dolmen de Mané-er-H'Rœck (Morbihan), appuyée sur un anneau plat* en jadéite (4219), dans la direction de l'Orient. — A droite, deux beaux anneaux en néphrite découverts en 1885 à Quiberon (29 682).

Vitrine 18. — Au-dessous, fragments de polissoirs et de meules. La vitrine contient des haches polies de diverses provenances (*installation provisoire*).

,, 19 (Socle). — Polissoir en jaspe et grès lustré de Châtellerault (Vienne). Au-dessous, meule fixe et meule mobile de Chassemy (Aisne).

Sur les murs, en commençant par la cheminée, où l'on voit un buste de Henry Christy, amateur anglais qui aida Lartet à fouiller les cavernes du Périgord : 1° vue des alignements de Carnac (voy. p. 62), peinture à l'huile de Richner (année 1878);

2° dolmens troués (p. 65); 3° polissoirs de Saint-Ustre et de Mesnil-Bruntel (p. 66); 4° plan des alignements de Carnac et dessin du dolmen dit *Table de César* (voy. vitrine 10, p. 65); 5° carte de la Gaule indiquant l'emplacement des dolmens et allées couvertes; 6° dessin du dolmen de Korcono ou Krukenho (Morbihan); 7° seconde carte des dolmens et allées couvertes de la Gaule, avec l'indication de la ligne frontière des monuments mégalithiques, très rares dans la vallée de la Durance, dans les Alpes, la vallée de la Saône, celles de la Meuse, de la Moselle et du Rhin; 8° au-dessus de la porte, hache emmanchée gravée sur une pierre du dolmen dit *Table de César* ou *Table des marchands* (voy. vitrine 10, p. 65).

Salle III. — Monuments mégalithiques (*suite*).

ANNEXE DE LA SALLE II

La civilisation dolménique était en pleine floraison lors de l'introduction du bronze et du fer en Gaule ; elle ne disparut pas brusquement, parce que les métaux arrivaient par la voie du commerce, apportés par quelques tribus pacifiques et peu nombreuses, et non par l'effet d'une invasion et d'une conquête. Les plus riches sépultures mégalithiques de la Bretagne sont celles où le bronze apparaît à côté de la pierre polie et de la poterie indigène. Toutefois, sur certains points, en particulier dans le Finistère et les Côtes-du-Nord, on constate une modification sporadique des rites funéraires, l'incinération substituée à l'inhumation. Cet indice, joint à l'apparition des métaux, fait conclure à la présence, sur le territoire de la Gaule, de quelques groupes d'étrangers encore clairsemés appartenant à une civilisation différente et dominés par d'autres idées religieuses. Ces immigrants, qui sont peut-être des Celtes eux-mêmes, forment en tout cas l'avant-garde de l'immigration celtique dont nous étudierons les monuments dans la salle V.

Vitrine 1. — Au-dessus, pierres avec gravures grossières (entre autres des canards?) provenant du tumulus des Lisières, à Pamproux (Deux-Sèvres).

A. Moulages peints d'objets * en bronze et en fer, recueillis dans les dolmens de la Lozère (bracelet, grand bouton en forme de coupe, lame de poignard, couteau à douille, fibule).

B, C. *Nuclei*, lames, scies, grattoirs, ébauches d'outils divers, provenant de l'atelier du Grand-Pressigny (Indre-et-Loire). Les *nuclei* sont appelés dans le pays *livres de beurre* ; le plus grand que l'on connaisse a $0^m,59$ de long.

D. Objets en pierre polie trouvés dans le département de la Vienne. Au-dessous, ébauche de hache polie * de Menchecourt (Somme) ; long instrument en silex * trouvé dans le Gers.

rie de pointes de flèche, quelques-unes d'un travail très remarquable, trouvées dans les dolmens. A gauche, pointes de lance, scies, lames de poignard en silex ; remarquez aussi une lame de poignard* en bronze, trouvée dans un dolmen de Tarn-et-Garonne. L'introduction des armes de bronze en Gaule commence à l'époque de la pierre polie ; pendant longtemps, plusieurs siècles peut-être, on se servit concurremment de la pierre, qui était commune, et des outils en métaux, qui étaient apportés par le commerce et encore rares. — A droite, boutons et anneaux en bronze (Lozère, Gard) ; petit polissoir de grès pour polir et affiler les os (Lozère, 21 914).

F. Objets de parure recueillis dans les dolmens : disques, pendeloques, dents percées, grains de colliers, perles en os, en jais (?), en albâtre, en stéatite ; pendeloques de bronze et de schiste (Aveyron), fragments de vases. — A droite, fragments d'armes en fer recueillies dans les dolmens de l'Aveyron ; couteaux, scies et pointes de flèche ; poteries et colliers. Remarquez tout à droite (22 079) une lame de poignard en bronze provenant du dolmen de Gourillac'h (Finistère), et deux admirables pointes de flèche en silex, trouvées dans le même dolmen ; l'une d'elles (7920) a été donnée au Musée par Prosper Mérimée.

Vitrine 2. — Au-dessus, réduction du menhir du Vieux-Poitiers, qui porte une inscription celtique en lettres latines. — L'intérieur de la vitrine est provisoirement inoccupé.

Vitrine 3. — Réduction au 20° de l'allée couverte dite *Les pierres plates*, en Lokmariaker (Morbihan).

Vitrine 4. — Réduction au 20° du dolmen de la Pierre-Turquaise (Seine-et-Oise).

Vitrine 5. — Réduction au 20° du grand tumulus-dolmen de Gavr'inis-en-Baden, petite île du golfe du Morbihan. Ce monument est construit en pierres énormes, dont 23 sur 28 portent de bizarres gravures en creux, cercles concentriques, chevrons, flots et spirales, entremêlés d'incisions triangulaires ressemblant à des haches polies. Les moulages de ces pierres sont placés sur le pourtour de la salle. On en connaît de semblables en Irlande. M. Maître a pensé que les modèles de ces gravures n'étaient autres que les lignes intérieures de la main, dont l'étude et l'explication font l'objet d'une très ancienne pratique superstitieuse appelée *chiromancie*.

Vitrine 6. — Allée couverte du Mané-Lud en Lokmariaker (Morbihan), réduite au 20°.

Vitrine 7. — Prosper Mérimée pensait que les gravures de Gavr'inis (vitrine 5, p. 71) n'avaient pu être exécutées sans l'aide d'instruments en métal. Une expérience, que rappelle cette vitrine, a prouvé qu'il se trompait. M. Maître a gravé un bloc de granit breton à l'aide d'outils en silex, alors qu'une hache de bronze antique s'écrasait sans l'entamer.

Sur les murs, en commençant par la gauche, moulages des pierres de Gavr'inis (voy. vitrine 5); au-dessous, série de dessins au fusain d'après les monuments mégalithiques de la Corrèze.

À droite de la porte de la salle d'Étude, deux gravures coloriées figurant 1° des pointes de flèche en silex, une hache et des poignards en bronze trouvés dans le tumulus de Portz-ar-Saoz en Tremel (Côtes-du-Nord); 2° quatre beaux poignards, une spirale et un groupe d'anneaux en bronze trouvés dans le tumulus-dolmen de la forêt de Carnoët (Finistère). Ces découvertes sont très importantes, comme témoignant de l'introduction des plus anciennes armes en bronze dans les sépultures mégalithiques (cf. p. 70).

À gauche de la fenêtre donnant sur le parterre, moulages de pierres gravées des dolmens du Petit-Mont à Arzon (11 880, Morbihan), des Pierres-Plates (11 881, 11 882; voy. vitrine 3), du Mané-er-H'Rœck (11 879, cf. salle II, vitrine 5, p. 63), sur lesquelles on remarque des haches emmanchées analogues à celle de Gavr'inis (plus loin, n° 11 877), et d'autres gravures inexpliquées. — Au-dessous, plan et coupe du *tumulus* de Mané-Lud (cf. vitrine 6). C'est une butte artificielle longue de 80 mètres sur 50 de large, haute de $5^m,50$ seulement. Les fouilles (1864) ont fait découvrir à l'est un alignement curviligne de petits menhirs juxtaposés, hauts de $0^m,40$ à $0^m,50$, et noyés, à $4^m,50$ au-dessous du sommet, dans les vases desséchées qui composent la tombelle. Sur chacune des cinq pierres debout formant l'extrémité nord on a trouvé le squelette d'une tête de cheval. Une seconde rangée de pierres espacées, parallèle à la première, faisait avec elle une sorte de couloir. Plus loin vers l'ouest, M. R. Galles a rencontré le sol naturel recouvert d'une couche de pierres sèches sur une surface à peu près ovale, longue de 40 mètres sur 18 de largeur moyenne. Au-dessous de ces pierres étaient des monceaux de charbon de bois et d'ossements. A l'endroit même où l'on a découvert les ossements, la couche de pierres s'élève et se bombe de manière à former un monticule pierreux ou *galgal*, occupant à peu près le milieu de l'énorme tombelle de vase qui constitue le *tumulus*. Au centre du *galgal*, qui a 10 mètres de rayon à sa base, on voit une crypte longue de 2 mètres dont les parois sont formées d'une grossière maçonnerie en pierres sèches. La voûte était composée d'un grand nombre de dalles plates. La crypte contenait deux squelettes qui avaient été repliés sur eux-mêmes. Vers le milieu de la chambre étaient un petit tas de charbon de bois et quelques fragments d'os calcinés, à l'autre extrémité un petit couteau en silex et des débris de poterie grossière. L'angle ouest du *tumulus* est occupé par l'allée couverte dont une réduction figure dans la vitrine 6 (p. 72); elle était connue depuis longtemps. Les parois sont recouvertes de signes bizarres, analogues à ceux que l'on a constatés sur les monuments irlandais et d'autres mégalithes de Bretagne (cf. p. 72). Le tumulus-dolmen du Mané-Lud, si habilement exploré et décrit par M. R. Galles, est incontestablement la sépulture d'un grand chef, appartenant à un état social relativement avancé; les têtes de chevaux, les ossements d'animaux, le monceau de charbon, sont les restes des sacrifices qui ont été accomplis sur la tombe.

Entre les deux fenêtres donnant sur la cour, photographie du menhir-autel de Kernuz, découvert en 1878 à Kervadel en Plobannalec (Finistère), sur la base duquel sont sculptées des figures mythologiques, entre autres Mercure, datant certainement de l'époque gallo-romaine. — Au-dessus, moulage d'une pierre de Gavr'inis (11 877, cf. vitrine 5), sur laquelle est gravée une hache emmanchée.

SALLE D'ÉTUDE

A la salle III est contiguë la *salle d'Etude* ou *Bibliothèque*, accessible avec un permis spécial. La bibliothèque contient plusieurs milliers de dessins, de plans, de photographies classés par départements ou par pays, et quelques précieuses séries de publications scientifiques, telles que les *Comptes rendus de l'Académie des sciences*, la *Revue d'anthropologie*, les *Matériaux pour servir à l'histoire de l'homme*, le *Bulletin* et les *Mémoires de la Société des antiquaires de France*, la *Revue* et la *Gazette archéologique*, la collection des *Congrès archéologiques de France* et des *Congrès internationaux d'anthropologie*, les *Annuaires de l'Association française pour l'avancement des sciences*, la *Revue scientifique*, le *Bulletin monumental*, les *Annuaires des Antiquaires du Rhin*, l'*Archaeologia* anglaise, le *Bulletin de paléontologie italienne*, etc. On y trouve aussi le grand recueil des inscriptions latines publié par l'Académie de Berlin et quelques ouvrages de luxe avec planches, comme *Ninive et l'Assyrie* de Place, l'*Art égyptien* de Prisse d'Avennes, l'*Antiquité expliquée* de Montfaucon, le *Musée de sculpture* de Clarac, les *Monuments de l'art antique* de Rayet, l'*Iconographie grecque et romaine* de Visconti, le *Musée étrusque du Vatican*, les *Arts et métiers des anciens* de Grivaud de la Vincelle, les *Monuments antiques d'Orange* de Caristie, la *Colonne Trajane* de Frœhner, la *Chartreuse de Bologne* de Zannoni, les *Monuments inédits* de Raoul Rochette, l'*Album Caranda* de F. Moreau. Mais la principale richesse de la bibliothèque consiste dans les séries de mémoires archéologiques et de tirages à part, souvent publiés à un très petit nombre d'exemplaires, que l'on ne trouverait réunis et classés dans aucun autre dépôt.

Le mur de la salle d'Étude est orné d'une peinture à l'huile de X. Hellouin, représentant une scène de funérailles dans la Gaule préhistorique.

SALLE DE COMPARAISON

De la salle III, on passe dans la grande *salle de Comparaison*, dont l'architecture intérieure date de l'époque de François Iᵉʳ. Nous conseillons vivement de ne parcourir cette salle qu'après avoir visité toutes les autres. Le classement n'en est encore que provisoire et subit de fréquentes modifications. A côté d'objets de comparaison qui doivent y rester, il y en a beaucoup d'autres, appartenant à diverses séries, pour lesquels cette salle tient actuellement lieu de magasin. Par ce motif, nous nous contenterons de la décrire brièvement.

Le visiteur est censé faire le tour de la salle en commençant par la gauche et en longeant les murs; puis, dans le même sens, celui des vitrines placées à l'intérieur.

Vitrine 1. — Poterie romaine rouge des cimetières de la Marne, de l'Oise, de Champdolent (Seine-et-Oise) et d'autres provenances. Le cimetière bas-romain de Champdolent a été fouillé en 1866-1867. — A droite, amphore romaine trouvée à Vaison. Elle était plantée en terre.

Vitrine 2. — Poterie romaine rouge et noire, de la Marne, de l'Oise, de Seine-et-Oise, de Suèvres (Loir-et-Cher), etc. Remarquez (8ᵉ) quelques spécimens avec reliefs (fouilles de Compiègne, 1863-1870) et (9ᵉ au milieu) une belle gourde avec bas-reliefs mythologiques des deux côtés et inscription (9684, provenance inconnue). Tous ces vases appartiennent à l'époque de l'empire romain et quelques-uns ressemblent déjà aux produits des fabriques mérovingiennes.

A droite, meules de moulins et moulins de l'époque gallo-romaine.

Vitrine 3. — Poterie romaine rouge et noire du mont Chyprès (forêt de Compiègne), de la Marne, de Seine-et-Oise, etc. — A droite, dans l'embrasure de la fenêtre, tuiles gallo-romaines.

Vitrine 4 (plate). — A gauche, agrafes en bronze; deux garnitures de cointuron en bronze (12567, 12568) trouvées à Champdolent (Seine-et-Oise); épée en fer romaine (?) de la Côte-d'Or (4744); appliques en bronze * avec une tête cornue et une tête de Méduse en relief (musée de Rouen, 18 250-51); pointes de flèche de Porrentruy (Suisse); collier et bracelets en verre de la Marne.

A droite, figurine de bœuf en bronze (Égypte?); curieuse statuette de bronze* d'un personnage à deux têtes (musée de Sens, 23 960); figurine d'Amour en bronze (Compiègne); plaque d'argent * avec reliefs : Mercure avec un bouc sous un édicule et au-dessus deux autres divinités plus petites, Mars et l'Abondance (camp romain de Neuwied, près de Coblentz); poêle à frire en fer (provenance inconnue).

Au-dessous, vase et plats en bronze; série de poids en pierre et en bronze; fléaux de balance romains. Remarquez au milieu (27 294) un vase en bronze * avec dédicace à Mercure Atesmerius (cf. p. 28), gravée au pointillé sur le col (Poitiers).

Vitrine 5. — Moulages d'objets * provenant des cimetières de l'Allemagne du Nord. — *Rang supérieur.* 1° Poteries des nécropoles de Saxe et de Silésie.

2° Vases en bronze * avec figures gravées provenant du Hanovre.

3° Vases d'argent ornés de reliefs*, découverts en 1869 à Hildesheim (Hanovre), aujourd'hui au musée de Berlin. On a pensé qu'ils faisaient partie du service de table de Varus, le général romain défait et tué par les Germains en l'an 9 avant Jésus-Christ (cf. p. 40); mais ni le lieu de la découverte, ni le travail des vases, qui n'appartiennent pas tous à la même époque, ne permettent d'admettre cette hypothèse. — Remarquez le grand cratère décoré de feuillages et d'enfants pêcheurs, le gobelet avec une zone d'animaux (grossier) et, à la 6e rangée de la même vitrine, des vases à reliefs qui sont autant de chefs-d'œuvre : coupes avec les bustes d'Atys (dieu lunaire) et de Cybèle tourelée; coupes décorées de masques; coupe avec l'image de Minerve assise au fond, la plus belle de toutes; coupe avec le buste du jeune Hercule étouffant les serpents, le sourire aux lèvres. L'ensemble de la trouvaille paraît dater de l'époque des Antonins.

Signalons encore, à la troisième rangée, un curieux chariot votif* en bronze, trouvé en 1843 dans un *tumulus* à Peccatel près de Schwerin (Mecklembourg), et un collier à pendeloques* (coquilles méditerranéennes et bronze) d'Ober-Olm (Hesse Rhénane).

4° Gros anneaux* en bronze avec gravures (Hesse-Cassel); anse de vase* en bronze, formée de deux lutteurs, beau style italique (forêt de Borsdorf près de Nidda). — Colliers en bronze et en fer.

5° Mousses d'espèces polaires recueillies à Schussenried (Wurtemberg), station de l'époque du renne. On en a conclu que le climat du Wurtemberg aurait été, à cette époque, plus froid qu'aujourd'hui.

Vase peint* avec ornement en S, appelé *triquètre* (Silésie); vase en or* avec ornements repoussés (Holstein); masque de théâtre* en argile blanche (Wiesbaden); masque* en argent recouvert d'une couche d'or, en deux pièces, l'une pour le visage, l'autre pour la tête (marais de Torsberg, Schleswig); vases en or* (Holstein); patère* à manche en bronze émaillé (Pyrmont, Waldeck).

6° Objets d'Hildesheim* (voy. plus haut, p. 76, la description de la troisième rangée).

7° Épée* en fer du Hanovre; épée* en bronze et *umbo* de bouclier, trouvés en Hesse Rhénane; épée* en fer d'un tumulus de Bavière sur le Danube; deux épées* en bronze (musées de Munich et de Schwerin); poignard* en bronze (24 999), trouvé, dit-on, en Macédoine, dans la Grèce du Nord (musée de Berlin).

8° Fourreau* d'épée en bronze avec reliefs (Wiesbaden); seau ou *ciste* de bronze à côtes, type fréquent dans l'Italie du Nord (Bavière); épée* en bronze d'un tumulus des bords du Rhin.

9° Moules de couteaux* en pierre (Brandebourg); chariot* en bronze avec son conducteur debout (musée de Mayence); poignards* en fer et moules de haches* en bronze.

Au-dessus de la vitrine, bouclier* en bronze avec ornements circulaires repoussés (musée de Halle).

Vitrine 6 (plate). — Antiquités préhistoriques d'Espagne : haches et outils en pierre polie d'Andalousie; fragments de poterie de la *Cueva de la Mujer* (caverne de la femme), près Alhama de Grenade. Poterie de la *Cueva Lobrega*, en Vieille-Castille ; cette poterie est très analogue à celle de nos dolmens (salle II, vitrines 3 et 9).

Au-dessous, série d'objets en bronze, notamment de patères, trouvés pour la plupart en France. Remarquez à gauche un casque* en bronze aux yeux émaillés (musée de Rouen); au milieu, la plaque centrale * avec *umbo* d'un bouclier romain du deuxième siècle, portant des figures incrustées d'argent; l'inscription indique que ce bouclier appartenait à un soldat de la VIIIe légion (lit de la Tyne, Angleterre). — Moulages de disques en terre cuite * avec figures et inscriptions (Hongrie, Gard, Vichy). En bas, patères, casseroles, cuillers à sacrifices, passoires en bronze.

Vitrine 7. — *Allemagne du Sud, époque celtique.* — Compartiment de gauche, 4e étage au milieu : brassard ou ceinture * en argent avec bouts ornés (Hongrie). Au-dessous (5°-9°), vases de bronze*, haches, pointes de lance, bracelets et spirales en bronze de Hongrie (originaux et moulages).

Plus bas, 10°, ornements * en bronze avec pendeloques, peigne * d'ivoire à clous d'argent, bracelets * et collier * en or (Hongrie). Tout à droite, bijoux* en or de style mérovingien (cf. p. 182), ornés de grenats de l'espèce dite *zirconite* (Hongrie). Aux trois étages inférieurs, plaques de ceinturon * et faucilles, bouterolles à ailettes * d'épées en bronze, provenant de la vallée du Danube; roue * en bronze (musée de Munich); épées et fourreaux en fer * de la Hongrie et de l'Allemagne du Sud.

Compartiment de droite : en haut, série d'épées * en bronze et en fer, de poignards* et de pointes de lance * en fer, provenant de Hallstatt, près de Salzbourg (Autriche), localité où l'on a exploré une vaste nécropole antérieure au quatrième siècle avant Jésus-Christ, caractérisée par le mélange d'armes en bronze avec des armes en fer (cf. p. 156). Remarquez à gauche l'épée en fer * avec poignée d'ivoire émaillée (objet de parade); les poignées d'épée* en bronze avec antennes (croissant) et bouton, qui rappellent vaguement la forme humaine; à droite, un poignard* en or dans une gaine* également en or.

Au-dessous, objets divers*, fibules, pendeloques, épingles, bracelets, plaque de ceinturon en bronze estampé, haches, pierre à aiguiser, également trouvés à Hallstatt. Remarquez à droite (16 616) une petite hache * surmontée d'un cheval grossièrement dessiné, qui sert de poignée.

Plus bas (16 607), plat circulaire * en bronze, orné d'oiseaux en relief, et (16 591) casque * à deux crêtes, provenant de Hallstatt; phalères* de bronze avec têtes en relief (musée de Vienne); (29 719) couvercle* d'un vase en bronze de Hallstatt, avec des animaux gravés ou repoussés de style oriental; fragment de vase en argile * avec ornements incisés (Hallstatt).

Au-dessous, ceinture * en bronze estampé de Hallstatt, ornée de chevaux grossièrement dessinés (16 606).

Plus bas (29 587), plaque de ceinturon * en bronze, ornée de guerriers et de cavaliers en repoussé (cimetière gaulois de Watsch en Carniole); armes en fer et fibules en bronze du même cimetière; *torques**(colliers) en bronze (musées de Darmstadt et de Stuttgard); ornement en bronze, composé de trois doubles enroulements en spirale avec cinq longues chaînes terminées par des glands (Hongrie).

En bas, remarquable chariot votif* en bronze, trouvé près de Gratz, en Styrie, représentant une divinité féminine debout, qui soutient un plateau (détaché de la figurine dans notre moulage); elle est entourée de guerriers à cheval, de femmes et d'hommes nus, rangés à droite et à gauche de deux cerfs.

Objets provenant des mines de sel de Hallein (Autriche), exploitées très anciennement : manche de hache en bois; morceau de cuir conservé dans le sel gemme.

Au milieu (29 693), restitution, par M. Delafontaine, d'un poignard de Hallstatt avec sa gaine; remarquez les incrustations en pierres de couleur et les deux figurines grossièrement dessinées du manche.

A droite, reconstitution d'une tombe de Golasecca (ancienne

nécropole gallo-italique sur les bords du Tessin), ouverte en juillet 1873 par les soins du Musée (huitième ou neuvième siècle av. J.-C.). La tombe est formée de grandes plaques schisteuses; les vases, ornés de dessins géométriques, sont bien cuits et modelés au tour.

Vitrine 8. — *Allemagne du Sud, époque celtique.* — Remarquez à l'étage supérieur, au milieu, un casque* romain à grande visière, orné de figures, trouvé en Bulgarie; deux boucliers * en bronze de Bingen et de Spalt (Bavière); un plat en bronze* orné de têtes de griffons (musée de Nuremberg).

Plus bas, 2°, rangée d'anneaux* en or et de *torques** provenant de l'Allemagne occidentale, en particulier du Wurtemberg. Au-dessous, 3°, anneaux*, bracelets * et poignards * en bronze ou en fer, provenant, les premiers de Bohême, les autres du Wurtemberg. Remarquez (26 234) un poignard en fer*, dont le manche est orné de bronze à la manière d'une damasquinure (musée de Carlsruhe). A droite, ceinturons * en bronze (Wurtemberg, Westphalie) et très grand anneau * creux en bronze avec dessins incisés (Bohême).

En bas, série d'épées * en bronze de provenance allemande (Bavière, Hongrie, Wurtemberg). La plupart sont caractérisées par une poignée pleine surmontée d'un disque évasé et d'un bouton; l'extrémité inférieure de la poignée, d'où se dégage la lame, est une ligne droite interrompue par un renfoncement triangulaire, en demi-cercle ou en fer à cheval. Remarquez une épée * en fer roulée sur elle-même (Hesse Rhénane).

A droite, contre la fenêtre, briques avec marques de fabrique (Constantinople, Dax).

Vitrine 9. — Armes et autres objets modernes provenant d'Australie. Remarquez en bas des haches emmanchées dans du bois et une grande hache ou casse-tête en pierre verte de la Nouvelle-Zélande.

Vitrine 10. — Armes et objets modernes d'Océanie, parmi lesquels des haches emmanchées suivant des modes différents et des javelots munis de cordes rappelant l'*amentum* (p. 113). Dans le bas, haches en jade de la Nouvelle-Calédonie. Remarquez des massues en bois garnies de pointes qui rappellent les têtes de massue en bronze de la vitrine 48 (p. 93).

Vitrine 11. — Objets de diverses provenances (*installation provisoire*). En haut, à gauche (22 773), tête humaine en pierre de Porto-Rico ; vases du cimetière mérovingien de Waben (Pas-de-Calais). — Au-dessous, instruments en pierre et en côtes de cétacés provenant de Californie. — Dans le bas, haches en pierre et pilons de Californie ; remarquez au milieu (27 048) une très curieuse hache-pilon de Zarzis, dans le Sud tunisien, vis-à-vis de l'île de Djerba (*île des Lotophages* d'Homère).

Au-dessus de la vitrine, grand cadre divisé en six compartiments, contenant des étoffes de lin des nécropoles de Thèbes, de Sakkara et des Pyramides de Gizeh en Égypte (3000 ans av. J.-C.).

Vitrine 12. — Poterie noire et rouge, d'époque gallo-romaine, découverte dans les fouilles de la forêt de Compiègne (1863-1870).

Vitrines 13, 14, 15. — *Provisoirement inoccupées.*

A droite, sur le mur, moulage d'un bouclier en bronze de Chypre (musée du Louvre). Au-dessous, trois bas-reliefs archaïques d'un tombeau trouvé en 1844 près de Pérouse ; il contenait des armes en fer et des ossements. Les bas-reliefs représentent une tribu en marche et des scènes de banquets.

Au-dessous, moulage développé d'un seau en bronze trouvé dans la nécropole de la Chartreuse (*Certosa*) de Bologne ; même style que le couvercle de Hallstatt et la ceinture de Watsch (vitrine 7, p. 79). Dans le haut, cortège militaire ; au-dessous, procession religieuse, apprêts de sacrifice, jeux ; en bas, rangée d'animaux fantastiques faisant bordure, à l'imitation des tapisseries orientales. Les animaux féroces sont naïvement distingués des autres par une jambe humaine qui leur sort de la bouche ; le même détail se remarque sur le couvercle de Hallstatt (vitrine 7, n° 29 719). Remarquez la forme étrange des chapeaux et des casques. Cet objet paraît remonter au cinquième siècle avant Jésus-Christ.

Plus loin, deux cartes des enceintes fortifiées et des bornes milliaires de la Gaule (cf. p. 39).

Vitrine 16 (plate). — Objets en pierre des Antilles, de la Colombie et des États-Unis d'Amérique. Remarquez à gauche (22 774) une tête grotesque, sculpture caraïbe (Antilles), et des haches polies de formes particulières en usage chez le même peuple.

Plus loin, sur le mur, stèle grossière * de granit, trouvée par le duc de Luynes à Saint-Michel-de-Valbonne, près d'Hyères, portant des têtes coupées (?) que l'on a rapprochées des trophées d'Orange et d'Entremont (p. 22 et 40). — Carte archéologique de la Gaule mérovingienne, dressée par la Commission des Gaules.

Un peu en arrière, gros caillou de la Guadeloupe (Antilles), creusé en bassin pour servir de meule fixe.

Vitrine 17. — Vases provenant de Retkine Lager, en Transcaucasie. Les trois rangées inférieures sont occupées par une très importante collection d'objets de bronze, provenant de la nécropole de Koban, dans le Caucase. Les types présentent quelque analogie avec ceux de Hallstatt (p. 79, cf. vitrine 65).

Plus loin, à gauche, aquarelles représentant des Indiens de l'Amérique du Nord broyant le grain. On conçoit par là l'usage des broyeurs et des meules dormantes de la salle II (p. 66). Au-dessus, deux fragments de bas-reliefs de l'Équateur (Amérique).

Vitrine 18. — Pointes de flèche et haches polies de l'Amérique du Nord (Pensylvanie).

Vitrine 19. — Importante collection de pierres taillées, pointes de flèche, lames, haches, etc., recueillie dans le Sahara algérien, avec une carte (à gauche) indiquant les gisements (Ouargla, Aïn-Taiba, la vallée de l'Igharghar, etc.). Remarquez en haut, à droite (26 163), une hache en jade néphrite ayant servi de percuteur (Hassi-Rhatmaia). Dans le bas, silex recueillis en Tunisie.

Sur le devant, stèle étrusque * du cimetière de la Chartreuse de Bologne (4 ou 500 av. J.-C.). Le style trahit des influences orientales. Au-dessous, Triton et cheval marin ; dans le registre du milieu, Charon conduit aux enfers le mort assis dans un char, s'abritant sous un parasol et précédé d'un génie ailé qui plane sur les chevaux. La scène du bas représente des athlètes avec un juge du concours.

Au revers de la stèle (1), dessin de Geslin représentant la ciste de Bologne développée (cf. p. 81).

Vitrine 20. — Objets* provenant de Russie. Crâne de rhinocéros aux narines cloisonnées (espèce disparue). Au-dessous, collection de haches* en pierre, de pointes de flèche* et de lance*. Remarquez (4° au milieu, n° 7758), une hache* en jade de Nertchinsk. — En bas, objets* analogues en bronze, haches, marteaux, poignards et épées.

A gauche, dessins d'après des objets découverts en 1873 dans le cimetière de Golasecca, en Italie (cf. p. 80). — Plus loin, moulage de la stèle dite *Guerrier de Marathon* (2)*, œuvre signée d'Aristoklès. C'est un bas-relief funéraire, aujourd'hui conservé à Athènes, qui représente un guerrier grec vers 500 avant Jésus-Christ. Il est intéressant d'en comparer le style avec celui des stèles étrusques. L'original, découvert en 1838 à Velanideza (Attique), porte des traces encore vives de peinture.

Vitrine 21 (plate). — Échantillons de revêtement en mortier peint avec coquilles incrustées ; époque romaine (Hillion, Côtes-du-Nord). — Enduits peints provenant d'un édifice romain au Bois-Gautier (forêt de Fontainebleau). — A droite, fragments de vases peints de Mycènes ; pesons de fuseaux et contrepoids de métiers, provenant de Grèce et d'Asie Mineure (Cyzique, Imbros, Assyrie). — Au-dessous, deux cadres contenant l'un, des spécimens de l'époque de la pierre taillée aux environs de Rome ; l'autre, des pointes de flèche* de l'époque de la pierre polie, trouvées dans une tombe de Cantalupo-Bardella (environs de Rome).

Sur le mur de droite, épitaphe* grecque du musée de Bor-

(1) Sur la face opposée de l'original est sculpté un autre bas-relief don le Musée ne possède pas de moulage.

(2) Cette appellation populaire est erronée, car la sculpture paraît antérieure aux guerres médiques.

deaux, provenant d'Athènes ; dessins d'objets du cimetière de Golasecca (tombes fouillées en 1873 au profit du Musée, cf. p. 80).
— Au-dessous, moulage d'une stèle étrusque* de la Chartreuse de Bologne (vers 450 av. J.-C.); remarquez, en bas, la louve allaitant *un seul* enfant (et non deux, comme dans la légende classique de Romulus et Rémus).

Au milieu, stèle analogue*, mais plus grande, ornée de reliefs sur les deux côtés. D'une part (vers la fenêtre), un génie ailé donnant la main au défunt; de l'autre, un cheval marin luttant contre un serpent; le défunt conduit par Mercure aux Enfers, sur un char traîné par des chevaux ailés et précédé de Mercure; dans le bas, combat d'un cavalier étrusque (?) et d'un fantassin gaulois (?).

Vitrine 22. — Au-dessus, trompette en bronze italienne (*cornu*). — A l'intérieur, très beaux spécimens d'armes en bronze grecques et romaines : casque de gladiateur (Herculanum); autre* du musée de Naples; cuirasse et ceinture grecques; épaulière et jambières* de gladiateur, du musée de Naples; quatre jambières de gladiateur ornées de très belles figures, provenant, comme l'épaulière, d'Herculanum (ancienne collection Pourtalès).

Au-dessous, casques étrusques en bronze; vase en bronze* de Sesto-Calende, avec dessins en pointillé représentant des oiseaux et des cavaliers (voy. le dessin développé sur le mur à droite) et (21 792) vase à reliefs en bronze* de la Chartreuse de Bologne (voy. p. 81).

A gauche, sur le mur, moulage d'une inscription celtibérienne (musée de Madrid); chromolithographie représentant les bijoux égyptiens de la reine Aah-Hotep (vers 1700 av. J.-C.), découverts par Mariette (auj. au musée de Boulaq, Caire).

Plus loin, à gauche, gravure du sceau à figures (vitrine 22) et de l'épée à antennes découverts à Sesto Calende. En face, spécimens dessinés de la trouvaille de bronze faite à Bologne en 1877; on y a recueilli plus de 14 000 objets de bronze dans un tonneau.

Vitrine 23 (à la fenêtre). — Série de lampes romaines avec figures en relief et inscriptions.

Plus loin, contre le mur, ornement de poitrail* d'un cheval, en argent partiellement doré; travail byzantin ou de la Renaissance (musée de Vienne, en Autriche). — Gravure de l'épée en fer à fourreau de bronze trouvée à Hallstatt (cf. p. 79). Le fourreau est orné de gravures qui rappellent celles de Watsch et de a Chartreuse de Bologne (p. 79 et 81).

Vitrine 24 (sur le devant). — Objets en plomb, en fer, en bronze et en terre cuite, provenant des anciennes mines d'argent du Laurium, en Grèce. Remarquez une plaque de plomb avec reliefs, des pesons de métiers, des lampes et des saumons de plomb.

Vitrine 25. — Objets en pierre provenant du Danemark. Grandes haches, pointes de lance et de flèche, scies et racloirs en pierre polie. — 8° Os longs, fendus pour en extraire la moelle (cf. p. 56); fragments de poteries; colliers d'ambre; couteaux de silex. Remarquez le travail très fin des outils en silex, façonnés par petites retailles avec une grande habileté (cf. dans la salle I, vitrine 21, p. 56, les pointes de Volgut).

Vitrine 26. — En haut, six crânes provenant de cimetières mérovingiens (Champlieu et Chelles, près Compiègne). — 2° Vases à couverte grise, trouvés dans la forêt de Compiègne (époque mérovingienne). — 3°, 4°, 6° Armes en fer mérovingiennes, boucles en bronze (Compiègne). Remarquez les couteaux à dos plats ou *scramasax*, caractéristiques de l'armement mérovingien, et plusieurs grandes épées de fer; la soie de l'une d'elles (28 260) est encore entourée de son bois.

5° (17 793) Garniture* d'un coffret en bronze trouvé à Envermeu, nécropole mérovingienne (musée de Rouen). Les ornements en relief rappellent ceux de l'époque celtique. — (11 284) Fragment* de pliant en bronze avec incrustations d'or (Épagny, Haute-Savoie). — Dans deux bols de verre, nombreux fragments de peignes mérovingiens en os.

Vitrine 27. — En haut, quatre rangées de vases de Compiègne. — 4° Haches mérovingiennes ou *francisques* (Compiègne). — 5° Grandes plaques de ceinturons damasquinées, en fer avec clous de bronze. — 6° Perles de colliers en ambre, en pâte de verre; bracelets en verre noir; fibules en forme d'oiseaux; fibules cruciformes dorées; petite boule de cristal avec monture en argent; boucle d'oreille ornée d'un grenat cloisonné d'argent; pointes, styles, pincettes à épiler en bronze (époque mérovingienne; Compiègne). — 7° Plaques de ceinturons gravées et boucles en bronze; fragments de peignes en os. — 8° Boucles en bronze et en bronze fortement mêlé d'étain. Remarquez, sur le devant (28 301), une belle chaîne en bronze doré, terminée par une croix formant pendeloque, sans doute un ornement de poitrine (Compiègne).

Vitrine 28. — Objets en pierre polie provenant du Danemark (collection donnée par le roi Frédéric VII). Grandes haches, marteaux, racloirs; vases grossiers, dont un avec couvercle plat.

Vitrine 29. — Série d'hipposandales en fer (cf. p. 46), de mors, d'éperons en bronze et d'autres objets concernant le harnachement des chevaux. Quelques hipposandales contiennent encore des sabots de chevaux (Compiègne). Remarquez à la sixième rangée, à droite, un fer destiné à un bœuf (19 413). — En bas, à gauche, extrémité de limon * en bronze, terminé par une tête de sanglier (environs de Mayence).

Vitrine 30. — Série de lampes romaines en terre cuite avec figures en relief.

Vitrine 31. — Petites poteries et lampes gallo-romaines; en bas, à gauche, plusieurs passoires.

Vitrine 32. — En haut, vases gallo-romains de Compiègne, Vichy, Cologne, Suèvres, Lyon, Fécamp, Cambron (Saône), la Seine-Inférieure, la Marne, la Côte-d'Or, Vaucluse, l'Orne, le Loiret, l'Eure-et-Loir. Remarquez (4°) un vase en forme de trépied (Boviolles). — En bas, grands verres de vitres provenant d'une villa romaine de Carnac (Morbihan) et de la forêt de Compiègne; un spécimen analogue vient du camp romain de la Saalburg, près de Hombourg (Hesse).

A gauche (15 847), brique* gauloise découverte dans les ruines de Sextantio, près Montpellier, avec la représentation deux fois répétée d'un cheval, sur la croupe duquel se tient un oiseau.

Vitrine 33. — Céramique gallo-romaine de provenances diverses (la Marne, Compiègne, Champdolent, Melun, Chassemy, Suèvres, Fécamp, Amiens, Abbeville, Cologne, Orange, Lyon).

Vitrine 34. — Poteries gallo-romaines de Suèvres, Vichy, Buissonnet, Arles, Orange, etc.

Vitrine 35. — Huit rangées de vases gallo-romains de provenances diverses (Compiègne, Champdolent, Orange, Vichy, Lyon, Paris, Suèvres, Rouvray, Myard, Fécamp, Saintes, Menton, Abbeville, Clermont-Ferrand, la Marne, l'Allier, Vaucluse).

Vitrine 36. — Poteries gallo-romaines. Quelques-unes présentent des décorations en blanc et des inscriptions, par exemple : *Vis longtemps ! Donne-moi du vin ! Buvez ! Amuse-toi !* — Remarquez (5°) un vase trouvé à Rouen, décoré d'une croix gammée ou *svastika* (cf. p. 29), qui se détache en blanc sur le fond brun. Ce type de poteries brunes ou noires, à décoration blanche, est surtout fréquent dans la vallée du Rhin, d'où proviennent plusieurs spécimens de la vitrine 36.

Vitrine 37. — A droite et à gauche, deux amphores, l'une de Pompéi, l'autre du midi de la France.

En haut, statuette en marbre de la Fortune, et chevet (?) en terre cuite terminé par deux têtes d'animaux (Bavay).

Aux étages inférieurs, objets divers en bronze d'époque gallo-romaine. — 4° Vase en bronze avec anse sculptée. — 5° Poids en plomb, percés d'un trou de suspension (Saint-Barthélemy-de-Beaurepaire, Isère); lyre en bronze (Berthouville); embouchures de trompette en bronze (Saalburg, Saumur); marteau de porte avec figure humaine (Compiègne). — Au milieu, vase à belle patine verte (provenance inconnue), entre deux anses de vase en forme de dauphins (Saint-Barthélemy, Isère).

6° Anneaux de suspension de types divers; au milieu, anneau surmonté d'un ornement en forme de lyre (Marne). — Broche en bronze dont le pied est en forme de lyre (Compiègne).

7° Chandeliers et lampes en bronze. Remarquez une lampe en bronze à deux becs avec chaînette de suspension (Saint-Barthélemy, Isère); un chandelier en forme de cônes accouplés par le sommet (Mérouville). — Au milieu, grande lampe en bronze avec couvercle (provenance inconnue). — A droite, *strigiles* ou *racloirs* en bronze et en fer, objets dont les anciens se servaient pour se racler la peau après le bain. Remarquez un trousseau de deux strigiles en fer suspendus à un anneau de bronze (Khamissa, Algérie).

Au milieu (8°), magnifique pied de cheval en bronze, de grandeur naturelle, découvert aux Fins d'Annecy (Haute-Savoie), où l'on a trouvé aussi des bustes en bronze d'empereurs romains ; à droite, pied de derrière d'un cheval en bronze doré, trouvé à l'arc de Saintes (Charente-Inférieure) ; colonnettes en bronze ayant probablement appartenu à un petit sanctuaire de l'Isère (même provenance que les dauphins (5°), et la lampe (7°).

Revenu au point de départ, le visiteur commencera l'examen des vitrines des trois rangées intérieures.

Vitrine 38 (plate). — A gauche, 1° molettes pour broyer, pierres à aiguiser en grès, palettes en marbre pour écraser les couleurs, provenant de stations gallo-romaines. Remarquez en bas (9014) un doigt en marbre ayant servi de pilon. 2° et 3° Miroirs métalliques provenant de Vaison et d'Orange ; l'un d'eux (9296) porte au milieu un buste de femme en relief.

A droite, objets en fer de la forêt de Compiègne : garnitures de roues, de moyeux, de fenêtres, anneaux d'usages divers. — A droite (24 726), charpente d'un siège pliant en fer découvert dans un tombeau de Saintes (Charente-Inférieure).

Vitrine 39 (plate). — Armes et outils en fer provenant en partie de la forêt de Compiègne : couteaux à soie et à douille, serpes à soie, faux, ciseaux, clefs en T et en U, lames de couteau, fermetures à ressort. A gauche, restitution d'une serrure avec une clef en T, conforme aux modèles exposés.

Vitrine 40 (plate). — Armes en fer, haches, herminettes, serpes, provenant pour la plupart de Compiègne.

Vitrine 41. — Objets* provenant du tumulus du Petit Aspergle (Wurtemberg), datant probablement du quatrième siècle avant Jésus-Christ (originaux au musée de Stuttgard). Ce sont, en haut, un grand vase de bronze à long bec (œnochoé) ; deux objets en forme de cornes, en bronze, recouverts de minces plaques d'or; deux coupes à fond noir et à figures rouges, de fabrique italo-grecque, plaquées d'or; une cuiller en bronze plaquée d'or; un ornement en or et des feuilles d'or estampées. En bas, grande urne de bronze à deux anses; agrafe de ceinturon. Nous retrouverons des vases de bronze analogues dans les *tumuli* gaulois de l'est de la France (salle VI); quant aux vases peints plaqués d'or, ils sont jusqu'à présent très rares.

Vitrine 42 (plate). — A gauche (le visiteur examine la vitrine de droite à gauche), bracelets et anneaux en bronze (camp d'Attila, Compiègne); (19 418) bracelet d'or* (Haute-Marne). Plus loin, fragments de bracelets en verre de couleur (Compiègne); (14 422) fragments d'un *torques* en bronze (Sceaux, Loiret) et (764) d'un mince collier en argent (Berthouville, Eure). — Bagues gauloises en bronze, en jais et en verre; *torques* en fer (26 548) à perles cotelées (Arles). — Plus loin (15 571), bracelets portant comme pendeloques des simulacres d'outils en fer (Compiègne); (11 379) bracelets en bronze* doré portant les inscriptions : *Amo te, ama me; ama me, amo te*, c'est-à-dire : « Je t'aime, aime-moi; aime-moi, je t'aime » (Alsace).

A droite, clefs en bronze et en fer; pincette; amulettes en bronze (Orange et Murviel, Hérault). Plus loin, anneaux, rouelles en bronze et en fer; quelques anneaux sont trop petits pour avoir servi de bagues et ont dû être employés comme pendeloques, peut-être comme monnaies.

Vitrine 43 (plate). — A gauche, silex taillés du Maroc et de l'Algérie; série de silex de l'Égypte, de la Palestine et du Sinaï.

A droite, outils en pierre polie d'Irlande; remarquez de belles pointes de flèche à pédoncule et barbelures; outils en pierre taillée d'Angleterre, types analogues à ceux de Saint-Acheul. Remarquez à droite trois haches* trouvées en 1797 par Frère à Hoxne et signalées alors comme des produits de l'ancienne industrie humaine; cette publication passa inaperçue (voy. plus haut, p. 60). — Plus loin, outils en pierre* du Portugal : marteaux, broyeur en marbre blanc (11 921 *), plaque de schiste ornée de chevrons, haches polies. Tout à droite, haches* en pierre taillée d'Espagne, type de Saint-Acheul (San Isidro).

Vitrine 44 (plate). — A gauche, outils en pierre de la Hongrie, de l'Autriche (marteau-hache * avec douille ébauchée), de la Pologne, de la Grèce et de l'Italie (originaux et moulages). — Dans la section grecque, remarquez des *nuclei* et des lames en obsidienne (verre volcanique); une hache polie* en jadéite avec inscription grecque mystique gravée à une époque postérieure; une hache polie de l'île de Rhodes, d'autres de Tanagre, de l'Eubée, etc. — Dans la section italienne, voyez à droite (17 240) une pointe de flèche montée en argent, achetée à Modène, ayant servi d'amulette; à gauche, des types d'instruments en pierre analogues à ceux de Saint-Acheul et du Moustier (environs d'Imola, Pérouse, Canosa, les Abbruzzes).

A droite, nombreuse série d'objets en bronze italiens (originaux et moulages), fibules de formes diverses, en bronze, en argent* et en or*; fibules ornées de figures grossières d'animaux; bagues, anneaux et chaînes. Sur la droite, épingles, haches, tranchets, peigne en os (21 166 *), rasoirs ornés à jour, poignards, épées. Remarquez (21 157) la courte lame d'épée* de Castione (près Parme) et la poignée d'épée* (21 200) de type hongrois (Émilie, cf. vitrine 8).

Vitrine 45. — Objets provenant d'Asie. Commençant par le petit côté, nous faisons le tour de la vitrine par la gauche. — *Premier petit côté.* — Vases peints en argile de Chypre (Archipel); l'un (264) porte un oiseau entre deux *svastikas* (cf. p. 29). Au-dessous, statuette d'homme en pierre calcaire, assis les jambes croisées (cf. p. 28).

Grand côté de gauche. — Vases de Chypre : oiseaux entre des *svastikas* (21 556); vase surmonté d'une tête grossière de femme (22 231), type que l'on trouve à Troie, sur le Rhin, dans l'Allemagne du Nord et en Amérique; vases ornés de cercles concentriques et de chevrons. Au milieu (21 553), grand vase de Chypre avec un cheval d'un dessin primitif.

Au-dessous, objets en pierre polie de l'île de Java, la plupart d'un très beau travail, en jaspe, aphanite, porphyre, calcédoine, silex et pétrosilex; bracelets en onyx de même provenance. Plus bas, à droite, lampes en terre cuite de Milo (Archipel); petits vases de Chypre; brique * (17 890) décorée d'un cavalier en relief (travail grec ?).

Deuxième petit côté. — Vases de Chypre; bracelet en bronze de Cainiros (île de Rhodes, Archipel); fibule en bronze doré (Grèce?); tête de bœuf en terre cuite (Chypre).

Deuxième grand côté. — Belles verreries irisées de Chypre; grande bague en verre (15140). — Plus bas, statuettes de Chypre : déesses mères; jolie petite tête de femme voilée (style grec); collier de perles en verres de couleur; coupes de bronze (Chypre).

Plus loin, moulage * d'une statuette de femme en bronze, trouvée près de Bagdad; elle porte une inscription cunéiforme (assyrienne) avec le nom du roi Kondourmapouk (vers 1800 av. J.-C.). L'original est au Louvre. — Pesons de fuseaux en argile, en pâte de verre, en serpentine (Chypre); lames de poignard et stylets en bronze (même provenance).

A l'étage inférieur, sur le grand côté de gauche, tuiles avec inscriptions grecques et latines (Dax, Vichy, Apt, Néris). Le n° 23489, brique avec figures et inscriptions, fait partie d'une série d'objets faux mis en circulation vers 1860 comme provenant de Neuvy dans le Cher. La fraude fut démasquée par L. Renier.

Sur le second grand côté, vases peints de Chypre; au-dessous, statuettes en terre cuite de la même île, depuis l'époque la plus archaïque (déesse-mère, petit cavalier), jusqu'aux types perfectionnés par l'influence de l'art grec.

Vitrine 46 (plate). — Objets provenant du cimetière d'Ancon (Pérou), contemporain de la conquête espagnole; fuseaux avec pesons en bois; cuiller en bois; poinçons en os; peignes, hameçons, fuseaux avec pesons et fil enroulé; flûte en os humain; colliers; idole grossière de femme en terre cuite.

Vitrine 47. — *Premier petit côté.* — Grands vases récents d'Hadrumète (Sousse en Tunisie) et d'Algérie; poteries vernissées kabyles, parmi lesquelles une grande lampe à trois becs. Au-dessous, lampes romaines en terre cuite avec reliefs; silex taillés modernes pour lisser les cartes à jouer; manchon de bronze à pointes (26267) d'une destination inconnue (Algérie).

Grand côté de gauche. — A l'étage supérieur et aux deux suivants, vases récents d'Algérie et de Tunisie, montrant la persistance des formes romaines. A gauche du troisième rayon, cylindres en terre cuite s'emboîtant les uns dans les autres, en usage dans la construction des voûtes depuis l'époque romaine jusqu'à nos jours (Tunisie). — Plus bas, à droite, lampes romaines, fibules, verreries irisées; bracelets et agrafes en argent (Algérie); linceul d'une momie égyptienne donné par Mariette (environ 800 av. J.-C.); petits plats en terre cuite (Tunisie). — Tête en terre cuite romaine, ayant fait partie d'une antéfixe.

Au-dessous, dans des tiroirs fermés, riches collections d'ossements recueillis dans les principaux gisements quaternaires, classés d'après leurs provenances (cf. salle I).

Deuxième petit côté. — Au deuxième et au troisième rayon, vases en argile (Tunisie); au quatrième, à droite, tête en terre cuite romaine ayant fait partie d'une antéfixe; briques romaines avec estampilles (Hadrumète, Tunisie).

Deuxième grand côté. — Au deuxième rayon, vases à base pointue (Hadrumète). Au-dessous, poterie kabyle vernissée.

A l'étage inférieur, tuiles et briques romaines, fragments d'amphores et de vases lustrés rouges (Algérie romaine); un vase en bois et deux vases en albâtre égyptiens (20 633, 20 639); vase en terre, boule de couleur bleue et scarabées égyptiens. — Antiquités égyptiennes diverses : pains trouvés dans les tombeaux, panier, statuette et tête en bois peint, petites figurines en terre siliceuse, en bois et en bronze; deux mains de momies; bandelettes de toile de l'enveloppe d'une momie (1000 ans environ av. J.-C.). — Au-dessous, dans les tiroirs fermés, séries d'ossements.

Vitrine 48 (de l'autre côté de la salle). — Cette vitrine est principalement consacrée à ce qu'on appelle les *survivances*, c'est-à-dire aux preuves de la persistance d'usages et de types très anciens jusqu'à une époque tout à fait voisine de la nôtre.

Petit côté du fond. — Au-dessous, gravures coloriées représentant d'anciennes idoles mexicaines. — Deux rangées de vases modernes provenant d'Italie. Dans le bas, vases faits à la main et cuits à l'air, fabrication actuelle d'Ordizan (Hautes-Pyrénées). A droite, quelques lampes romaines.

Grand côté de gauche. — A l'étage supérieur, vases en terre noire d'époque récente (Pyrénées); marmites en bronze trouvées à Poissy, dans la Seine, à Rocroy (Ardennes) et à Réallon (Hautes-Alpes). A l'étage suivant, vases du moyen âge et d'époque moderne. — Au-dessous (3°), herminette des vignerons du Mâconnais; *serre-malice*, ornement de tête en usage chez les femmes du Puy-de-Dôme (commune de Latour-d'Auvergne); têtes de massue en bronze avec pointes, armes assez rares, antérieures à l'époque romaine.

Cadenas en fer trouvé au barrage de Saint-Albin, commune de Scey-sur-Saône (Haute-Saône, cf. p. 19); lampe et chandelier modernes en cuivre; lampe en fer suspendue à son crochet (Ardèche); chandelier en terre vernissée (Naples); vieilles lampes en terre cuite en usage à Abbeville; fragments * de grand vase en argile orné de têtes (?) (Mayence); chape en deux valves d'un moule pour fondeur (Rouen).

A l'étage inférieur, fibules-amulettes encore usitées en Haute-Savoie; *gogad patereu* ou colliers magiques encore usités en Bretagne (cf. salle II, p. 65); défense de porc montée en argent, amulette d'usage actuel (Reggio en Italie; cf. p. 58, 71).

Pesons et fuseaux encore usités en Bretagne; fuseaux avec leurs pesons de Bretagne et de Wurtemberg; passe-lacet et aiguilles encore en usage à Bologne; grandes aiguilles en os. — Statuette en porcelaine d'enfant emmailloté (type ancien encore fabriqué à Nyon, Suisse); boîte en bois sculpté (Puy-de-Dôme); instrument de tisserand en bois sculpté (Puy-de-Dôme); hameçons en fer (Suisse); disques de cuivre qui ornaient autrefois la tête des mulets dans l'Aveyron, avec inscriptions gravées (*Chétive est la maison où la poule chante et le coq se tait; J'aime le lis, j'aime la rose*); disques en cuivre qui ornent les chevaux en Suisse (cf. p. 138); colliers en pierre de couleur (fabrique moderne de Venise); longue épée en fer trouvée dans le lit de l'Ain (4772); grande épée* en fer danoise avec inscription (21 888); licou en fer encore en usage à Saint-Nazaire; grande épée en fer* à pommeau conique (Norwège?).

Deuxième petit côté. — Ceinture de Laponne avec rouelle de suspension, portant attachés à des nerfs de renne les ciseaux, le dé et l'étui. A gauche, réduction* de la statue d'une divinité slave, *Swiatowid*, trouvée en Galicie dans le lit d'une rivière (musée de Cracovie). Les quatre visages indiquent qu'elle regarde de tous les côtés à la fois, ce que signifie aussi le nom qu'elle porte. Cette statue est antérieure au dixième siècle après Jésus-Christ, époque à laquelle le christianisme triompha en Pologne. — Hache en fer trouvée dans la Seine; balance dite *romaine* en fer (Orange).

Grand côté de droite. — Au deuxième étage, anciens vases grecs de Corinthe; tête en pierre calcaire trouvée dans la forêt de Compiègne; vase du cimetière mérovingien d'Ober-Olm (Hesse Rhénane); anciennes poteries de Tarquinies (Étrurie).

A la troisième rangée, casque de fer* (Alais, Gard). — Spécimens de *murs vitrifiés* de Castel-Sarrazi (Dordogne); ce sont des enceintes dont les pierres ont été comme vitrifiées par un feu intense, peut-être par la combustion des poutres de bois qui étaient combinées dans leur construction avec la pierre (voy. p. 105). Des enceintes semblables se trouvent en Écosse, en France, en Allemagne, etc.

Sépulture à incinération (?), mortier de pierre recouvert d'une tuile (cimetière de Breith, Creuse). — Plus loin, briques réfractaires et creusets récents (Rouen).

Dans le bas, épée en fer retirée de la Seine (?); épée avec poignée à garde de cuivre, ayant la forme d'une tête d'aigle (même provenance); figurines en terre cuite de style grec vendues comme provenant d'Amiens et de Menton. Remarquez une grossière réplique de la Vénus pudique.

Vase de Chiusi; tête de Méduse en relief (Tarente); statuette en terre cuite d'Amour à cheval (Italie?); aigle en grès* trouvé à Choisy-le-Roi, à 2 mètres de profondeur (musée Carnavalet).

Briques mérovingiennes, avec Adam et Ève et le monogramme du Christ (église de Vertou, Loire-Inférieure). — Vases récents en bronze (Isère, Jura).

Vitrine 49 (plate). — Fragments provenant des fouilles d'Hissarlik (Troie), localité explorée par M. Schliemann de 1871 à 1882: petits vases grossiers, haches polies, pesons de fuseau, contrepoids de métiers.

Vitrine 50. — A gauche, objets de l'Amérique du Nord: Poterie grossière de l'Ohio; pointes de flèche; grattoir en

SALLE DE COMPARAISON.

obsidienne, pesons de fuseau du Mexique. — Haches de provenance ou d'apparence américaine : deux d'entre elles, dont l'une est en chloromélanite, ont été vendues à Boucher de Perthes comme provenant de la Somme. — Plus loin, pointes de flèche et de lance en obsidienne, coquilles avec trous de suspension, poteries grossières, provenant de Californie et du territoire d'Utah; coquilles percées du territoire d'Utah, ayant servi de pendeloques (cf. p. 56, 68).

A droite, objets modernes du Groenland et de l'Amérique du Nord, curieux par les analogies qu'ils présentent avec les objets de nos cavernes : couteaux, harpons, flèches barbelées, pointes de flèche en silex, cuiller en os. Remarquez, en haut à gauche, un objet en bois de renne *, dit *pogamogan* (rivière Mackenzie), analogue à nos bâtons de commandement (cf. p. 58), et un bateau d'Esquimaux dit *baidark*, servant à la chasse du phoque.

Dans le bas, vases des *tumuli* du Pérou et de l'Amérique du Nord (Missouri).

Vitrine 51 (plate). — A gauche, objets en bronze d'Italie et de l'Orient grec : boucle et agrafe* de bronze, ornée de cerfs; cloche plate* ornée de petits serpents gravés en creux (Bologne); cloche avec son battant; grande épée de bronze (Égypte?); bracelet de bronze avec bourrelets formant saillie; bobine* pour enrouler du fil, avec des ornements incisés, entre autres le *svastika* (Italie); six cônes creux terminés par deux cornes, objet d'usage inconnu (Laconie); disque composé d'anneaux concentriques (Laconie); couteau en bronze (Grèce). A côté, fibule à boudins avec *svastika* gravé en creux (Grèce).

Figures grossières en bronze (Mars, Hercule), achetées à Milan; une autre plus grande, représentant un guerrier, vient du midi de la France. — Pesons de fuseau (Italie du Nord); pointe de lance (Athènes?); grande pointe de lance en fer (achetée à Milan). — Statuette * d'ivoire archaïque de Pérouse, représentant Jason avec la Toison d'or.

Plus loin, poignard* trouvé, dit-on, en Macédoine (cf. p. 77); haches, dont l'une avec *svastika* (cf. p. 29), de provenance inconnue; les autres ont été acquises dans l'Italie du Nord. — En haut, épées à soie mince de provenance italienne; en bas, à gauche, plaques de bronze (cloches?) avec anneaux et antennes (achetées à Lyon).

A droite, objets en bronze d'Italie : sistre (le son de l'airain passait pour purificateur, d'où l'usage des cloches); mors de cheval; anneaux de suspension; pendeloque à chaînettes; anneaux, bracelets, *torques*; fibules à enroulement (Étrurie). — *As* (20 424), grosse monnaie romaine de bronze; rasoirs; poteries rouges à reliefs de Sorrente ; disques de bronze ornés (achetés à Lyon); miroir de bronze (Abbeville); fragment de char * en bronze, orné d'une figure en repoussé (Pérouse). — Statuettes de bronze : prisonnier (Naples), Hercule avec les pommes des Hespérides (Rome), petit génie ailé (Naples).

Vitrine 52 (plate). — A gauche, objets de l'âge de la pierre du Hanovre: hache polie, pointes de lance. — Plus loin, pointes de flèche en bronze de Pologne; haches en bronze de Montbéliard, de Vienne, d'Irlande. — Fourreaux * de bronze avec ornements (Angleterre).

A droite, fibules, haches, grande spirale de bronze à enroulements. — Hache emmanchée * du musée de Florence : l'âme est en fer recouvert de bronze avec des ornements en ivoire. — Manche de faucille * en bois (Norwège); lame d'épée (Scanie); casse-tête en stéatite (Danemark?); bracelets en bronze (Suède); plaque carrée en cuivre avec empreinte, peut-être une sorte de monnaie émise pendant un siège (Scanie). — Dans le haut, minces feuilles d'or * estampées avec inscriptions et figures, fabriquées en Danemark du cinquième au dixième siècle après Jésus-Christ; rondelle * en bronze très ornée avec reliefs (15 029, Norwège).

Vitrine 53 (plate). — A gauche, objets de l'âge de la pierre au Danemark. Haches, marteaux à nacelle, pointes de lance à fines retailles, haches polies, scies. — Grandes haches polies et pointes de lance de Suède.

A droite, objets de l'âge de la pierre au Danemark : grandes haches polies, marteaux, pointes de lance, scies en croissant. Le style de ces objets rappelle celui de Solutré (p. 57).

Vitrine 54 (à gauche). — Vue réduite à l'échelle de 1/80 du monument mégalithique de Stonehenge (Angleterre). C'est une sorte de portique circulaire, dont le pourtour extérieur était formé par trente piliers monolithes hauts de 4ᵐ,40. L'époque de sa construction est inconnue, mais il paraît bien qu'elle est postérieure à l'introduction des métaux, c'est-à-dire au commencement de l'ère celtique. (voy. p. 61).

Vitrine 55 (socle). — Amas de coquilles avec silex des *Kjökkenmöddings* du Danemark. Ce sont des monticules artificiels formés de rebuts de cuisine, que l'on rencontre sur le bord de la mer, au Danemark et en d'autres pays. A côté de débris de comestibles, en particulier de coquilles, on y trouve des outils en pierre, en corne, en os et des fragments de poterie. Ces dépôts ont de l'analogie avec les *terramares* de l'Italie du Nord (cf. plus loin, p. 101). Ils appartiennent comme ces derniers à l'époque de la pierre polie.

Vitrine 56 (plate). — A gauche, objets en bronze de la forêt de Compiègne: aiguilles, épingles, dés à coudre, étui. Plus loin, objets de diverses provenances et d'époque romaine: styles à écrire en bronze et en fer, pinces à épiler, trousse et instruments de toilette, spatules, poinçons, navettes à filocher.

A droite, objets divers en bronze: garnitures de coffrets travaillées à jour, appliques et anses (Pas-de-Calais, Compiègne, Meulan); petite chaîne (Vaison). — Objets trouvés à Saintes (Charente-Inférieure): garnitures de coffrets, miroirs en bronze argenté, styles et poinçons. En haut à droite, anneaux, bracelets et bagues en bronze de Compiègne.

Vitrine 57 (plate). — A gauche, série de bronzes, fibules, boucles, pendeloques, anneaux, rouelles. Remarquez (en bas à droite) une boucle de ceinture en os (Mayence); plus haut, l'extrémité d'un fourreau en fer et en bronze (Compiègne); des timbres de potier en bronze; une plaque de bronze incrustée d'argent (Mandeure, Doubs). — Objets émaillés d'époque romaine, boutons, plaques et rondelles (Mâcon, Reims, Compiègne, Pas-de-Calais). — Plaque de bronze avec incrustations d'argent (Mayence). Plus loin, rondelles de bronze avec figures en relief; *bulles* de bronze (cf. p. 47); ex-voto de malades guéris (cf. p. 32) : une oreille en bronze (Compiègne), un œil en terre cuite (musée de Rouen).

A droite, objets en fer, scies, pelles (Vichy, Compiègne, la Lozère), cuillers (Vichy?), crémaillères (Vichy, Compiègne); armature de bâton (Compiègne), porte-faix et crochets (Vichy, Compiègne).

Vitrine 58 (plate). — A gauche, intéressante série de petites rouelles en bronze (Meuse, Marne, Côte-d'Or, Oise, Aisne). Le type primitif de ces amulettes, perpétué par l'usage, est probablement le symbole du soleil (cf. p. 126). — Série de petites rouelles en plomb soudées ensemble; série de pesons de fuseaux en verre, en argile, en pierre, en plomb, en jais, en bronze; quelques-uns sont en bronze percé à jour. — En haut, fuseau en os avec sa fusaïole (Compiègne). — Série de petites pendeloques en bronze. — Objets en os : dés à jouer (Compiègne, Mayence, Arles, etc.); peigne double (Compiègne), cuillers ou spatules en fer (Compiègne, Alise, etc.); petites cuillers en os et en bronze.

A droite, objets divers en os : garniture de coffret avec dessins incisés, rondelles, petits cylindres percés de trous (peut-être des charnières de portes ou de cassettes); flûtes, peigne, tête sculptée en os (Compiègne). Remarquez un cylindre percé suivant la largeur de deux trous où s'ajuste une tige de fer (Compiègne).

Il reste à parcourir le milieu de la salle. Devant la cheminée est une réduction en plâtre du *Tombeau des Secundinii* à Igel, près de Trèves. C'est une tour carrée, haute de 21 mètres, terminée par un couronnement de forme élégante. Le village d'Igel lui doit peut-être son nom (italien *aguglia*, français *aiguille*). L'inscription est l'épitaphe de plusieurs membres de la famille des Secundinii, riches industriels du pays rhénan. En haut, l'aigle de Jupiter enlevant Ganymède (cette figure manque); sur les quatre faces, série de bas-reliefs, les uns mythologiques et religieux, les autres relatifs aux occupations de la vie. Signalons sur la face principale, au-dessus de l'inscription, une scène d'adieux, avec deux scènes de banquet au-dessus et au-dessous; à droite, la naissance d'Hercule et des scènes de métiers; sur la face suivante, un Amour entre deux griffons, des mulets de charge, Hercule montant au ciel, entouré des signes du Zodiaque; enfin, Mars et la Nymphe de la Moselle (?), une voiture légère passant près d'une borne milliaire (cf. p. 99), Hercule au jardin des Hespérides, un lourd chariot attelé de mulets. Tous ces bas-reliefs sont malheureusement fort endommagés.

Vitrine 59. — Objets en fer, haches, ciseaux, serpes, marteaux, pinces (Alise, Vichy, la Seine-Inférieure, le Mont-Beuvray, Mayence, Compiègne).

Vitrine 60 (plate). — Objets en fer, marteaux, dents de herse, fourches, binette et pioche, pelles, peigne pour le chanvre, grille de fourneau, provenant pour la plupart de la forêt de Compiègne.

Vitrine 61. — Au-dessus, objets du Danemark : bouclier ovale*; trompe en bronze appelée *lour* et moulage d'une autre semblable (musée de Copenhague); bouclier en bois.

La vitrine contient (à titre provisoire) les moulages d'une très importante trouvaille de bronzes * faite le 27 mai 1861 dans une sablière de Neuvy-en-Sullias, canton de Jargeau (Loiret). Les originaux, qui étaient enfouis dans une chambre hâtivement construite ayant servi de cachette à l'époque des invasions barbares, ont été acquis par le musée d'Orléans. Les uns sont en bronze coulé, les autres en bronze martelé ou repoussé. Tout l'ensemble de la trouvaille peut dater du commencement du troisième siècle après Jésus-Christ, mais le mérite artistique des pièces qui la composent est très inégal; il est évident que quelques figures ont été sculptées par des artistes romains, tandis que la plupart trahissent l'inexpérience et la grossièreté des ouvriers indigènes. Nous sommes probablement en présence d'une partie du trésor d'un temple, qui recevait naturellement des objets de provenances diverses.

1° Cheval en bronze coulé, haut de $0^m,65$ au garrot, pesant 54 kilogrammes. Une des faces du socle en bronze sur lequel il était posé porte une inscription, dédicace à une divinité locale nommée *Rudiobus* (cf. p. 31). Quatre anneaux de bronze sont fixés sur le piédestal. Bon travail.

2° Onze figurines, toutes de style barbare, sauf les deux premières : Esculape, dieu de la Santé; Hercule enfant adossé à un poteau et encadré de feuillage ; orateur (?) drapé dans le *sagum;* homme nu courant ou dansant; équilibriste (?); joueur de balle; jongleur ou danseur; trois femmes nues du style le plus grossier ; guerrier ou Mars.

3° Deux animaux en bronze coulé, un taureau d'assez bon style et un cerf de travail grossier.

4° Quatre animaux en bronze martelé ou repoussé; une vache (la tête manque) et trois sangliers. Le plus grand, haut de $0^m,78$, est d'un assez bon style. On sait que le sanglier était un des animaux symboliques des Gaulois (cf. p. 22).

5° Une grande trompette de bronze, longue de $1^m,44$, formée de plusieurs sections en bronze battu s'emboîtant les unes dans les autres; *umbo* de bouclier, feuilles de bronze, patères ou casseroles.

Vitrine 62 (plate). — Objets du Danemark. A gauche, grandes épées* en bronze dont le type se rapproche de celui de la Hongrie (cf. p. 80); petites épées du même type; épingles, spirales, fibules, peignes en os*, dont l'un est orné de deux *svastikas* (cf. p. 29); bracelets* et bagues* en or; haches en bronze ornées de chevrons incisés; collier de bronze; patère* en or avec ornements en repoussé.

A droite, épée et fourreau*, pointes de lance, tranchets, rasoirs en bronze du Danemark; pointes de lance en fer de Hongrie. — Appliques ou bosses en saillie (*umbones*) de boucliers en bronze, ornées de gravures circulaires et de points; pierres à aiguiser portatives; fibules ou agrafes en argent, de style mérovingien; hampes de lance; *torques* à crochet*; *torques* en or*.

Vitrine 63 (plate). — Six casques en bronze d'époque romaine; l'un d'eux* est orné de reliefs (musée de Rodez).

Vitrine 64. — Au-dessus, grand seau* en bronze à côtes de la Chartreuse de Bologne (cf. p. 81); vase à une anse très ancien du type dit de Villanova, et urne analogue de Chiusi (Italie).

Aux deux premiers rangs, vases de Golasecca (cf. p. 80).

Aux deux suivants, poteries et moules d'objets en bronze provenant des *terramares* d'Italie (originaux et moulages). On appelle *terramares* les monticules artificiels formés par des rebuts de cuisine et d'autres débris, qui marquent l'emplacement de stations humaines dans le nord de l'Italie (Émilie, Parmesan, Reggianais). Ces dépôts sont analogues aux *Kjökkenmöddings* du Danemark (cf. p. 97) et aux stations lacustres de la Suisse (voy. salle IV). La plupart appartiennent au commencement de l'époque des métaux; quelques-unes remontent jusqu'à l'âge de la pierre polie.

A droite de la 4ᵉ rangée, cheval en terre cuite avec une inscription grecque tracée à la pointe, *kallidromos* (Italie?); statuette de femme en terre cuite (Saint-Quantin, Eure); anses d'amphores grecques avec inscriptions de Thasos, Rhodes et Cnide. — Au-dessous, à gauche, urne cerclée (Latium?); anse de vase en bronze* avec figures de style étrusque (provenance inconnue); patère avec grande croix au fond (tombes de l'Italie du Nord). — A droite, série de lampes à reliefs d'époque romaine. — En bas, vases divers retirés des tombes de l'Italie du Nord et poteries des stations lacustres du lac de Garde.

De l'autre côté, à la 5ᵉ rangée à partir du haut, signalons des lampes romaines à reliefs, des fragments de moules en pierre pour fabriquer des objets en bronze (Émilie); plus bas, deux épées en fer très effilées (environs de Rome).

Vitrine 65. — Au-dessus, modèle réduit de la *Porte Noire* de Trèves (*Augusta Trevirorum*), située au nord-est de l'enceinte romaine de cette ville. C'était à la fois une porte monumentale et une forteresse; une des tours latérales s'élève à 30 mètres de hauteur. Transformée en église au douzième siècle, elle a été complètement déblayée de notre temps. La construction de cette porte date probablement du quatrième siècle après Jésus-Christ. — Réduction du temple romain du vieux Poitiers, aujourd'hui fort dégradé.

La vitrine contient une très importante collection de bronzes provenant des nécropoles du Caucase (vallée de Koban) : vases, haches, marteaux avec gravures représentant soit des ornements, soit des animaux grossièrement dessinés; poignards, plaques de métal gravées avec des figures de cerfs et de chevaux, des *svastikas*, etc. Au-dessous, colliers de perles, de verre, d'ambre et de bronze, chaînettes, petits animaux en bronze avec anneaux de suspension, spirales, anneaux divers. Plus bas, belle série de fibules en arc, de bracelets, de spirales; au-dessous, bracelets de bronze, poinçons, poignards, épingles (?) à larges têtes ressemblant à de petites pelles, etc.

Le Caucase est un des centres primitifs de la métallurgie, en même temps que la seule route de terre entre l'Asie centrale et l'Europe. Les bronzes découverts à Koban n'offrent aucune trace d'influence assyrienne, égyptienne ou phénicienne; en revanche, on y trouve certains caractères communs à l'art celtique et à l'art du bronze scandinave. Le courant civilisateur qui a porté le bronze dans l'Europe du Nord a donc, suivant toute vraisemblance, passé par Koban. La présence de l'*ambre* s'expliquerait par les rapports des peuples de l'Asie centrale avec la mer Baltique, où l'on recueille cette matière; mais rien ne permettant de dater les objets de Koban, on conçoit qu'il faut être très réservé dans les hypothèses auxquelles ils peuvent donner lieu.

Au delà de cette vitrine, un meuble à volets contient les gravures du *Dictionnaire archéologique de la Gaule*, donnant la série entière des monnaies gauloises (cf. p. 180).

Enfin, signalons une pirogue antique trouvée dans la tourbière de Saint-Jean-des-Bois, près d'Ivrée (Italie). L'original a péri.

Sur le mur du fond de cette grande salle est une peinture représentant la mosaïque des Saisons, trouvée à Lambèse (Algérie). De part et d'autre de la cheminée, on a placé deux copies à l'huile de peintures romaines découvertes dans le Palais des empereurs, sur le Palatin (Rome).

Le visiteur, revenant sur ses pas, traverse les salles III, II et I, puis un palier et entre dans la salle XIII.

Salle XIII. — La conquête romaine. — Salle d'Alésia.

Les légions romaines sous César ont conquis la Gaule de 59 à 50 avant Jésus-Christ. Le récit de ces guerres a été fait par César lui-même, dans des *Commentaires* qui nous sont parvenus. Comme les noms des localités ont changé depuis et que les descriptions de César ne sont pas toujours bien explicites, il est souvent difficile de retrouver sur le terrain les indications des *Commentaires*. Des recherches approfondies ont été faites à ce sujet vers 1862, époque à laquelle Napoléon III travaillait à une histoire de César, qu'il publia en 1865-66. La salle XIII contient en partie le résultat des fouilles et études archéologiques qui furent exécutées à cette époque. Les matériaux qui y sont réunis sont comme une illustration des *Commentaires* de César.

Vitrine 1. — Sur la gauche, à terre, amphore du Mont-Beuvray. Dans la vitrine, vase italique à figures rouges, représentant l'Aurore qui poursuit Céphale; ce dernier tient à la main deux javelots munis de la corde dite *amentum*, qui augmentait puissance du jet (1). — Au-dessous, enduit des murs gaulois Bibracte (Mont-Beuvray, Saône-et-Loire); haches polies, mottes, pierres à aiguiser, etc., de même provenance.

Vitrines 2-5. — FOUILLES DU MONT-BEUVRAY. — Ces fouilles, commencées par M. Bulliot en 1862, ont démontré que le Mont-Beuvray est la Bibracte de César, que l'on plaçait autrefois à Autun. — Au-dessus, amphores et grande urne. A gauche (2), briques réfractaires, enduits de fourneaux, écuelles à trois pieds. — (3). Bouteilles, écuelles et assiettes. — (4). Vases divers, la plupart à couverte noire. — (5). Vases, écuelles, plats et assiettes.

(C et D, vitrine plate). Objets divers trouvés dans les ateliers d'un forgeron et d'un émailleur gaulois à Bibracte; fragments

---

(1) C'est ce détail (cf. p. 113) qui justifie la présence d'un vase grec dans la salle gallo-romaine d'Alésia.

de creusets, rouelles, boutons, fibules. On a constaté en 1869 que tout un quartier de Bibracte était occupé par des émailleurs gaulois. L'émail s'est rencontré à l'état brut, en petits lingots, à l'état de bavures et sous forme de déchets de fabrication. Il s'appliquait, lorsqu'il était en fusion, sur les têtes en bronze des objets à décorer, où l'on avait préalablement incisé au burin les cavités qui devaient loger l'émail. Une fois la calotte d'émail refroidie et figée, on limait par le frottement de manière à ne laisser subsister que les parties enchâssées dans les tailles du dessin ménagé. Remarquez au milieu plusieurs pierres ayant servi à cette opération. — La découverte des ateliers d'émailleurs de Bibracte confirme un témoignage de l'écrivain grec Philostrate, qui attribue la connaissance de l'émaillure aux « barbares voisins de l'Océan ».

A droite (D), pesons de fuseaux, trépied, pelle et pince en fer, fragments d'émail et de verres de couleur, perles en verre, têtes de clous en bronze avec incisions pour recevoir l'émail, petits anneaux de bronze, bague, etc. Le n° 21111 est une tête de clou conservée dans sa gangue, avec la calotte d'émail qui y était attachée. — Ces fouilles de Bibracte ont démontré que les Éduens, avant l'arrivée de César, étaient parvenus à une civilisation fort avancée.

Vitrine 6. — Objets en fer du Mont-Beuvray, clefs, haches, fibules, chaînes. Au-dessous, grandes amphores et tuyau en plomb long de 1^m,50.

Vitrine 7. — Modèle des travaux de César devant Avaricum (Bourges), assiégée en 52 avant Jésus-Christ. (1). Ils consistaient en une terrasse en bois et des galeries couvertes poussées vers l'oppidum, portant deux grandes tours qui furent roulées vers les murailles et d'où les Romains se précipitèrent dans la ville. Les Gaulois avaient élevé des tours en bois sur leurs murs, en face des tours mobiles des Romains.

Vitrine 8. — Objets en fer, ciseaux, chevilles, grands clous provenant des murs gaulois de Bibracte (voy. vitrines 11 et 17, B); crochets, pelles, lingots et rognures de fer, scories de forges.

(1) Voy. César, *Guerre des Gaules*, liv. VII, chap. XIV-XXXII.

Vitrine 9. — Poteries recueillies au Mont-Beuvray, les unes peintes, d'un style qui rappelle l'ancien style hellénique, les autres ornées de reliefs, de lignes creuses et d'inscriptions en lettres grecques. Nous savons par César et par les inscriptions (voy. p. 36) que les Gaulois avaient adopté l'alphabet grec. — Dans le bas, anneaux, chaînes, clous et gâches en fer.

Vitrine 10. — Pains en terre réfractaire. Dans le bas, poteries avec marques de fabrique (Bibracte).

A droite, dans une vitrine sans numéro, modèle restauré de la machine de guerre appelée *baliste* ou *onagre* (cf. p. 19).

Vitrine 11. — Mur de la forteresse ou *oppidum* gaulois de Murcens (Lot). On voit, d'un côté, l'état actuel du mur gaulois, de l'autre ce mur restauré. Remarquez dans la construction l'association des pierres avec des poutres en bois perpendiculaires à la direction de la muraille et liées par de grandes chevilles en fer à des poutres transversales. C'est le même appareil que celui des murs d'Avaricum décrits par César (1); on l'a rencontré en différents points de la Gaule, en particulier au Mont-Beuvray.

12 (Socle). — Statue d'un légionnaire romain de l'époque de Trajan (100 après J.-C.), exécutée par le sculpteur Bartholdi, d'après les bas-reliefs de la colonne Trajane et les documents fournis par les fouilles. Casque à paragnathides (couvre-joues ou mentonnières) articulées, surmonté d'un anneau de suspension; cuirasse en bandes de fer avec épaulières; tablier de cuir plaqué de métal, couvrant le milieu du corps; épée à manche en os (cf. vitrine 23 à droite, p. 110). Les chaussures sont conformes à un modèle exposé sur le même socle qui a été découvert en 1857 à Mayence. Le légionnaire tient de la main gauche le bouclier avec la bosse ou *umbo*, de la main droite le *pilum* (cf. p. 24, 41). Son costume se compose d'un caleçon et d'une tunique courte en laine, laissant les avant-bras et le bas des jambes à découvert.

(1) Voy. César, *Guerre des Gaules*, liv. VII, ch. XXIII.

SALLE XIII.

Vitrine 13. — Plan en relief de l'attaque d'Avaricum (Bourges) par César (cf. vitrine 7).

Vitrine 14. — Plan en relief d'Alise-Sainte-Reine, à l'échelle de $\frac{1}{2000}$, indiquant les vestiges des travaux de César et les murs gaulois d'Alésia sur le mont Auxois. Au-dessus, énormes vases en terre cuite trouvés à Bibracte et dans la forêt de Compiègne.

En 52 avant Jésus-Christ la plupart des peuples gaulois, réunis dans un dernier effort contre les Romains, confièrent le commandement suprême à un jeune chef de l'Auvergne, Vercingétorix. Après une campagne sans résultats décisifs, mais non sans gloire pour ses armes, Vercingétorix dut se réfugier sur le mont Auxois (arrondissement de Semur, Côte-d'Or), dont Alésia occupait le versant occidental. César le poursuivit et résolut de le réduire par la famine. Il s'établit sur les hauteurs qui entourent le mont Auxois, le mont Réa au nord-ouest, la montagne de Bussy au nord-est, les collines de Pennevelle et de Flavigny au sud. L'accès du mont Auxois n'était libre que vers l'ouest, où deux ruisseaux, l'Ose et l'Oserain, affluents de la Brenne, arrosent une plaine appelée *les Laumes*. C'est là que César exécuta ses plus grands travaux, une circonvallation dirigée du côté des assiégés, et un peu plus loin, en arrière, une contrevallation pour se protéger contre les armées gauloises de secours (voy. vitrine 24). Des ouvrages moins considérables furent tracés tout autour d'Alésia, surtout dans la vallée du Rabutin, petit affluent de l'Ose, entre les collines de Réa et de Bussy.

Plusieurs batailles furent livrées autour d'Alésia. Dans la première, César vainquit la cavalerie gauloise aux Laumes et la refoula dans la ville. Les assiégés étaient déjà pressés par la famine lorsqu'une armée gauloise de secours apparut, commandée par Commius, Eporedorix, Viridomare et Vercassillaunos. César, protégé par ses retranchements, fit face des deux côtés à la fois. Une bataille acharnée s'engagea sur le mont Réa, où le camp romain fut presque forcé; mais l'arrivée de César sur ce point décida de la journée et du sort des Gaules. L'armée de secours se dispersa. Tous les moyens de résistance étant épuisés, Vercingétorix, vaincu par la famine, se rendit à César.

Les fouilles (1860-1865) ont fait découvrir les camps et les fossés des Romains, avec de nombreuses preuves de l'identité, aussi souvent affirmée que démentie, d'Alise-Sainte-Reine et d'Alésia. La direction des fossés de César est indiquée sur le plan par des lignes rouges.

Comme les tranchées étaient pleines d'eau, elles n'ont rien laissé perdre des objets métalliques qui y étaient tombés pendant les combats. Il paraît que les Gaulois plaçaient leur pécule sous les *umbones* de leurs boucliers, car c'est dans ces conditions qu'on a recueilli presque toutes les monnaies gauloises de la vitrine 15.

Vitrine 15 (plate). — Au milieu, admirable vase en argent, orné d'une guirlande de feuillages et de baies en relief, découvert dans les fossés de la circonvallation de César auprès du lieu dit *la Fausse Rivière* (plaine des Laumes). Sur le pied est tracé en cursive le nom d'un artiste, MEDA..., avec d'autres indications malheureusement difficiles à lire. La vitrine contient une collection de monnaies découvertes au cours des fouilles d'Alésia. Sur 619 pièces, 487 sont gauloises, dont 103 arvernes; les monnaies romaines sont *toutes* antérieures à 52 avant Jésus-Christ, époque de la reddition d'Alésia. C'est une preuve nouvelle et concluante de l'identité de cette ville avec Alise-Sainte-Reine.

Parmi les monnaies gauloises, on a rencontré un statère de bas or portant le nom même de Vercingétorix (dans la salle de numismatique, p. 180) et une quantité considérable de pièces de cuivre de l'Arverne Epasnactus, toutes antérieures aux monnaies de style romain que ce chef a frappées après avoir fait sa soumission aux conquérants (1).

Vitrine 16. — Poteries recueillies dans l'oppidum gaulois de Pommiers (Aisne). — Bracelet de jais et poinçons en os découverts au camp de Chassey (Saône-et-Loire).

Vitrine 17. — A. Objets en fer et en bronze, fragments de bouclier, de cuirasse et de casque, carreaux de catapulte, pointes de flèche, pic-hache, fibule, bracelet en jais, fragments

(1) Voy. de Saulcy, *Journal des Savants*, 1860, p. 559.

SALLE XIII.

de poteries recueillis au Puy d'Issolud (Lot), où l'on suppose qu'était placée Uxellodunum, forteresse gauloise prise en 51 avant Jésus-Christ par César, qui déshonora sa victoire en faisant couper les mains aux défenseurs de la place (1).

B. Clous et chevilles, couteaux, pointes de flèche en fer, pendeloques, rondelles et fibules en bronze, pesons de fuseau, passoires en argile, trouvés sur l'emplacement de l'*oppidum* gaulois de Murcens (Lot). Les chevilles servaient à relier et à consolider les poutres de la muraille (cf. vitrine 11).

Vitrine 18. — Objets en fer, en bronze et en argile trouvés dans l'*oppidum* gaulois de Boviolles (Meuse). En haut, clous ou chevilles en fer des murs gaulois de Vertault (Côte-d'Or) et de Porrentruy (Suisse). En bas, perles de verre, fragments de verre multicolore (*millefiori*), monnaies gauloises en potin; clous, grandes chevilles en fer des murs de Boviolles.

Vitrine 19. — Modèle restitué des travaux de César devant Uxellodunum, que Napoléon III plaçait au Puy d'Issolud (cf. vitrine 17, A). La construction de la terrasse et de la tour avait pour but de dominer les abords d'une source où s'alimentaient les assiégés.

Vitrine 20. — Objets recueillis dans l'*oppidum* gaulois de Saint-Pierre en Châtre (forêt de Compiègne). Poteries grossières; pesons de fuseau, contrepoids de métiers, fragments de moules d'épée en terre, instruments en silex et en corne, percuteurs, pointes de flèche, poignards, poinçons, lissoirs, pendeloques.

Vitrine 21. — Suite des mêmes trouvailles, objets d'époque plus récente : épingles, aiguilles, pinces à épiler, bracelets, fibules, anneaux, poinçons, pendeloques, poignards, gouges, haches, épées en bronze; clous, dents de herse, éperon, couteaux, clefs, pointes de flèche et traits de catapulte en fer.

Vitrine 22. — Couteau, fer de lance et *umbo* de bouclier en fer, cuillers à sacrifice en bronze, dont une avec passoire (Mou-

---

(1) Voy. César (Hirtius), *Commentaires*, liv. VIII, chap. XXXII-XLIV.

riès, Bouches-du-Rhône) ; épée en fer à poignée de bronze, avec fourreau en fer et en bronze; la poignée imite grossièrement une figure humaine (Mouriès). — Épée* en fer à poignée de bronze analogue à la précédente, mais où l'imitation de la figure humaine n'est plus qu'un souvenir (Salon, Aube). — Poignard* en fer à tête humaine (Suisse; collection Ritter de Neufchâtel). — (28 216) Poignard en fer à manche de bronze analogue au précédent : c'est le plus bel exemplaire de cette curieuse série, à laquelle appartient encore un poignard* en fer à manche de bronze du musée de Mayence, découvert dans le Rhin. La poignée est ornée de l'image de la lune et de celle du soleil incrustées en or. Un autre poignard en fer, à manche et à fourreau de bronze, avec une figure humaine grossière surmontant le manche, a été trouvé dans la rivière Witham en Angleterre. Le n° 28 216 a été découvert dans la pirogue de la salle A (travaux du canal de la Marne à la Saône, p. 21). — Grande épée en fer dans son fourreau, trouvée dans la même pirogue. — (11 698) Poignard (*parazonium*) trouvé à Faon (Finistère), avec lame et soie en fer, fourreau et manche en bronze. A côté, le même poignard restitué à l'état de neuf.

Vitrine 23 (plate). — Anneau votif avec inscription, dédicace à *Mars Vorocius*, découvert dans un puits à Vichy. — Plaques* de cuivre avec inscription; ce sont les *diplômes militaires* ou *feuilles de congé* des légionnaires romains (les n°ˢ 25 814, 25 815, 25 816 sont des originaux). Dans les camps du Rhin et du Danube, on a souvent trouvé dans les tombes deux plaques de bronze accouplées portant l'extrait d'un décret impérial qui accorde aux soldats leur congé légalisé, le droit de cité et la faculté de communiquer ce droit en épousant des étrangères. Ces copies sont des extraits des originaux, qu'on expédiait aux intéressés.

Objets divers relatifs à l'armement romain (originaux et moulages): fragments de jugulaires*, de ceinturons*, de fourreaux ornementés à jour*, de bouterolles; appliques avec reliefs et pendeloques; cotte de mailles formée de petits cercles en fer*, cuirasse à écailles*. Remarquez à droite une poignée d'épée en os représentant un génie debout et une autre poignée d'épée en os * (musée de Mayence) qui a servi de modèle dans l'exécution de la statue du légionnaire (p. 105).

Au-dessous, amphore d'Alise et boulets de pierre (lancés par les *onagres*) recueillis à Gergovie (6 kilomètres au sud de Clermont), ville dont César fit le siège en 52 avant Jésus-Christ, et à Alésia.

Vitrine 24. — Modèle des travaux de César devant Alésia, que les fouilles ont permis de reconstituer en accord avec les témoignages des *Commentaires*.

La contrevallation de César était placée à 400 pieds en arrière d'un fossé large de 20 pieds qui formait la première défense dans la plaine des Laumes. Elle comprenait elle-même deux fossés, dont le plus rapproché de la ville, en forme de cuvette, était rempli d'eau dérivée de l'Oserain (voy. la vitrine 14); derrière ces fossés s'élevaient un rempart et une palissade, contre laquelle on appliqua un clayonnage avec créneaux; l'escalade était rendue plus difficile par des branches fourchues placées horizontalement à la jonction du clayonnage et du rempart. Des tours en bois espacées de 80 pieds défendaient cette partie de la contrevallation. En avant des fossés on établit des *cippes*, rangées de branches taillées en pointes, puis, plus en avant encore, des trous de loups, fossés tronconiques avec pieu central, disposés en quinconce sur huit rangs, enfin des piquets munis de fers en forme d'hameçons dits *stimuli* (chaussetrapes).

Vitrine 25. — Modèle du pont jeté par César sur le Rhin en 55 avant Jésus-Christ; restitution du général de Reffye. Ce travail fut achevé en dix jours et les Romains passèrent alors le Rhin pour la première fois. On ignore l'endroit où avait été construit ce pont, qui a disparu sans laisser de traces.

Vitrine 26. — Armes trouvées dans les fouilles d'Alésia. — Au-dessus, deux casques gaulois.

A. Grandes épées gauloises en fer; fragment de fer à cheval; grille de foyer; grands clous.

B. Fragments de *pila* romains (cf. p. 105); lances de cavalerie avec des croisières vers la base; traits lancés par des catapultes; poignards. Au-dessous, mors et filet de bride, marteau.

SALLE XIII. 111

C. Pointes de lance de diverses grandeurs. Au-dessous, poignée d'épée; hipposandales (cf. p. 46).

D. Pointes et talons ou bases de lance, pointes de javelot.

E. Dépôt de bronzes découvert dans la plaine des Laumes, près de la ferme de l'Épineuse, au lieu dit *Fausse rivière*. — Pointes de lance à douille, haches à ailerons, disque en bronze, couteau, petite épée en bronze avec poignée à double cuvette (16 281). Ces armes n'ont aucun rapport avec le siège d'Alésia : elles sont certainement antérieures. — Plus loin, objets divers trouvés à Alise : fibules et fils de bronze, petits poignards en bronze et en fer, nombreux anneaux, fibules en bronze argenté, éperon à deux boutons, pointe de flèche en bronze.

F. Objets en fer : jugulaires de casques, ciseaux, couteaux, anneaux, viroles de *pilum* (cf. p. 105). A droite, agrafe et anneaux à crochet pour ceinturon en bronze.

G. Bosses ou *umbones* de boucliers en fer; garnitures de pourtour de boucliers.

H. Larges têtes de clous en fer. Remarquez au milieu (24 367) les *stimuli* ou hameçons en fer trouvés dans la circonvallation de César (cf. p. 110, vitrine 24); pointes de flèche et bases de lance en fer.

Au-dessus de cette vitrine, carte générale des peuples de la Gaule du temps de César.

Vitrine 27. — Sur le devant, modèle de petite catapulte ou *scorpion*. — Au-dessus de la vitrine, deux fragments de cuirasses* à écailles (Zurich) et un grand vase noir d'Alise.

A. Grandes épées* gauloises en fer avec leurs fourreaux, provenant des stations lacustres de la Suisse. La soie, tige ronde ou carrée terminée par un bouton, s'ajustait dans une poignée en bois ou en os. — En bas, ornement* de bouclier (la Tène).

B. Poignards et épées en fer (originaux et moulages), quelques-uns avec leurs fourreaux. Les épées courtes terminées en pointes caractérisent l'armement romain ; elles se distinguent des longues épées *faussantes* des Gaulois, dont l'extrémité est

SALLE XIII.

camarde. Cependant, à l'époque du siège d'Alésia, les Gaulois possédaient aussi des épées plus courtes, voisines du type *ibérique* adopté par les Romains (12186, courte épée avec la bouterolle gauloise, cf. salle VII, p. 168). — Remarquez (10 205*) une épée en fer du musée de Bonn avec un nom au génitif SABINI. — Sur le devant, chaussure de cheval ou hipposandale (Suisse).

C. Javelots ou *pila* (cf. p. 105), pointes de lance, de javelot et de traits en fer; sur le devant, faux et faucilles, éperons*, hache à douille* en fer (Suisse), très petite hachette* votive en bronze (Suisse).

D. Pointes de lance et de javelot* gauloises, recueillies dans les stations lacustres de la Suisse. Sur le devant, *umbones* de boucliers, anneaux, fibules, boucles et crochets de ceinturon en fer; sur la droite, poignées de bouclier (?) en fer (originaux et moulages).

E, F, G. Épées gauloises avec leurs fourreaux, originaux et moulages (lac de Neufchâtel, Mandach en Argovie, Esenheim en Hesse Rhénane, Langenlonsheim sur la Nahe, Ablon près Villeneuve-Saint-Georges en Seine-et-Oise). Quelques-unes portent des gravures circulaires à la partie supérieure du fourreau. Les épées en fer du lac de Neufchâtel, dont la forme est toute pareille à celle des épées d'Alise, proviennent de la Tène, qui n'est pas une station lacustre, mais une sorte de *blockhaus* helvète, plus tard occupé par les Romains et submergé au moyen âge.

Traversons la salle pour examiner le mur du côté de la cour. — (24402, 24298) Amphores d'Alise et du Mont-Beuvray; échantillons d'étoffes romaines et de cuir pour chaussures trouvés à Mayence dans la tourbe; restitutions de cuirasses, de casques, de *pila* et de javelots romains. — Remarquez: 1° un plan en relief du mont Falhize, près Huy, sur la rive gauche de la Meuse, que l'on a identifié à l'*oppidum Aduatucorum*, assiégé et pris par César en 57 avant Jésus-Christ; 2° dans l'embrasure de la fenêtre, dessin de Prosper Mérimée, d'après un vase grec du musée britannique, qui représente un personnage lançant le javelot avec l'*amentum* (cf. vitrine 1 et p. 113); 3° plan en relief de la citadelle de Namur, que Napoléon III identifiait à l'*oppidum Aduatucorum* (cf. 1°); la question n'est pas encore résolue et d'autres synonymies ont été proposées plus récemment.

Au-dessus de la porte conduisant à la salle XIV, inscription * celtique trouvée à Alise-Sainte-Reine; le dernier mot (ALISIIA) est le nom de la ville.

Nous appelons particulièrement l'attention sur les modèles restitués de *pila* et de javelots munis de l'*amentum* (entre la 2° et la 3° fenêtre). Les *pila* présentent entre eux des différences assez considérables portant sur la longueur, le poids et le mode d'emmanchement du fer. Dans un des types, le fer est aplati au point d'attache et fixé par des chevilles qui, traversant le bois et le fer, sont rivées contre de larges rondelles qui serrent le bois et l'empêchent de se fendre. Cet emmanchement est encore usité dans nos couteaux de cuisine à lame fixe. Il explique, suivant la remarque de M. de Reffye, un passage où Plutarque raconte que Marius, voulant mettre les Gaulois dans l'impossibilité de se servir pendant le combat des *pila* qu'ils ramassaient sur le champ de bataille, imagina de remplacer par une cheville de bois l'un des deux rivets qui fixaient le *pilum* à sa hampe. La cheville de bois se rompant dans le choc, le fer basculait autour de la cheville restante, et de cette manière l'ennemi ne pouvait pas faire usage des armes qui tombaient à terre.

De grands *pila* ayant 0^m,90 de tige peuvent être lancés à 30 mètres et, tombant de pointe, traverser des plaques de sapin épaisses de 0^m,03 : ils étaient donc plus que suffisants pour transpercer les boucliers des anciens.

Le javelot muni de l'*amentum* était déjà connu des Grecs. Xénophon nous dit que les flèches des Carduques étaient si longues, que les Grecs y attachaient des courroies et les renvoyaient comme des javelots. L'*amentum*, lanière en cuir où l'on passait un ou deux doigts, faisait à peu près l'office de la corde d'une fronde. Des expériences faites en 1862 ont démontré qu'un javelot léger, que la main ne peut projeter qu'à 20 mètres au plus, atteint, par l'usage de l'*amentum*, une portée de 80 mètres. La justesse du trait se trouve également augmentée.

Salle XIV. — Céramique de l'époque romaine.

La Gaule conquise se romanisa facilement. En littérature comme en art, elle se mit à l'école de Rome, qui était elle-même l'élève de la Grèce. Les ouvriers gaulois paraissent avoir été fort habiles, surtout dans le travail du métal et de la terre cuite. Nous avons vu qu'ils connaissaient l'émaillerie avant l'époque de César (cf. p. 104). Mais l'art gaulois manque de souplesse et de grâce, alors même qu'il reproduit des types helléniques ; cela est vrai des figurines en terre cuite, comme des sculptures en pierre que nous avons décrites plus haut (p. 27). Ces monuments n'en sont pas moins fort intéressants, comme reflétant des conceptions particulières à la religion celtique au moyen de types figurés empruntés à l'art gréco-romain.

Vitrine 1. — A. 1° et 2° Vases à une ou deux anses de Vichy (Allier). — 3° Intéressants spécimens de céramique vernie avec ornements en relief, industrie qui paraît avoir été florissante en Gaule (Arles, Dijon). — 4° Fragments de vases vernissés, de couleur vert sombre, vert clair et jaune ; remarquez surtout deux têtes en relief (Orange, Clermont). — 5° Fragments vernissés de Vichy.

B. 1° Vases à reliefs et à ornements incisés (Vichy, Suèvres, Cologne). — 2° Vases à reliefs (Vichy, Saintes, Suèvres) ; remarquez une bouteille pyramidale vernissée, avec personnages moulés à l'envers. — 3° Vases ornés de couleurs et de reliefs (Vichy) ; vases en terre blanche en forme de pommes de pin (Brionne-en-Eure, Vichy). — 4° et 5° Fragments de poterie vernissée (Vichy). Remarquez les morceaux d'un très grand vase jaune avec figures en relief (Vichy ?).

C, D, E, F. Très importante collection de figurines en terre blanche, provenant de Toulon-sur-Allier (où l'on a découvert en 1857 tout un atelier de céramiste), de Vichy, Clermont-Ferrand, Cluny, Vesoul, Évreux, Bourbon-Lancy, la forêt de Compiègne, Aurillac, Étampes, Sceaux (Loiret), Saintes, Tarquimpol (Meurthe), Saint-Jean-Trolimon (Finistère), Tannkirch (Haut-Rhin),

Arpajon (Cantal), Reims, Sceaux (Maine-et-Loire), Paris, Poitiers, Banassac (Lozère), etc. Le centre de cette fabrication paraît avoir été l'Allier, avec le Cantal et le Puy-de-Dôme; elle était aussi florissante sur les bords du Rhin. Contrairement à ce qu'on observe pour les terres cuites grecques, celles-ci n'ont pas été découvertes dans les tombeaux (1). C'étaient des dieux familiers que l'on plaçait dans les chapelles privées ou *laraires*, des ex-voto que l'on offrait aux sources bienfaisantes, comme à Vichy et à Néris, peut-être aussi des objets d'étagère. On les a recueillies dans des ateliers de fabrique abandonnés, dans des puits, des étangs, des ruines de villas, etc.

Outre les figurines en terre blanche, on en trouve quelques-unes en terre noire ou grise (Clermont-Ferrand, Aurillac, Bordeaux), ou en terre blanche recouverte d'un vernis métallique jaune (Clermont, Vichy, Vaison, Suèvres). Les spécimens en argile rouge sont plus rares (Cologne).

1° (25 482 sqq.) Chevaux sellés; (9811) la déesse Epona (?) à califourchon sur un cheval (cf. p. 31); (7287) enfant jouant du chalumeau; (11 264) enfant la tête couverte du capuchon gaulois ou *cucullus*. — (6874) Mercure tenant la bourse et le caducée (terre noire, Bordeaux); (17 403) autre Mercure* en terre blanche (Rouen).

(25 492 sqq.) Minerves dans l'attitude de la Vénus Anadyomène sortant de l'onde (cf. plus bas, 1583); portant la main droite à leurs cheveux; (9741) Minerve assise; (14 706) Cybèle avec le lion sur ses genoux; (25 487) revers d'une statuette de femme assise sur un fauteuil d'osier (cf. p. 46); (1588 sqq.) déesses-mères d'un style hiératique donnant le sein à un ou à deux enfants placés sur leurs genoux.

(9814) Vénus à sa toilette se regardant dans un miroir (Cologne, cf. plus haut, p. 35); (1583 sqq.) Vénus nue dans l'attitude de l'Anadyomène, type créé par le peintre Apelles au quatrième siècle avant Jésus-Christ et souvent reproduit par la statuaire.

2° Lion et bœuf; lapins, lions, cerfs et biches en forme de

---

(1) Cependant des figurines toutes semblables ont été recueillies dans les tombeaux de la vallée du Rhin.

vases; — (25 493) statuettes reproduisant le motif grec du *Tireur d'épine;* (6873) Abondance ou *Tutela* assise avec patère et corne (Lyon). — (25 488) Fauteuil en osier (cf. p. 46); (24 106 sqq.) déesses-mères avec un seul enfant ; (17 402) déesse-mère debout avec deux enfants nus placés symétriquement devant elle, soutenant un troisième enfant plus petit à la hauteur du sein de la déesse ; déesses-mères portant la main sur la tête d'un enfant debout devant elles (Rouen). — Vénus avec collier, les bras collés au corps, avec une inscription au-dessus des seins (9745). Remarquez dans cette série les ornements circulaires placés auprès des figures. — (9746 sqq.) Vénus nues, les bras pendants ou dans l'attitude de l'Anadyomène, qui rappelle aussi celle des Sirènes funéraires dans la céramique grecque. A droite (25 500), petit édicule avec Vénus pudique (type de la *Vénus de Médicis* de Florence, dérivé du type créé par Praxitèle, vers 350 avant Jésus-Christ, et souvent répété à l'époque romaine).

3° Coqs, poules; têtes diverses. Remarquez (E, 3°) les bustes de femmes coiffées de grands crêpés. — (6865) Buste d'enfant jouant avec un lapin; (26 220) homme en capuchon; (2071 sqq.) intéressante série d'enfants joufflus, chauves, rieurs, quelques-uns jouant du chalumeau.

4° Coqs, poules, faisans, pigeons; un oiseau (7293) porte un collier au cou; pomme; grande main; (25 489) enfant dans un berceau ; tortue, dauphin; (6896 sqq.) série de singes; (25 485 sqq.) têtes de femmes à hautes coiffes; (6881 sqq.) caricatures. Parmi ces dernières, remarquez (25 497, Vichy) un homme qui porte la main à son cou, extrêmement gonflé, comme s'il étranglait ; ce type, qui s'est retrouvé en Asie Mineure, dérive d'un bronze grec ou gréco-égyptien du troisième siècle avant Jésus-Christ, représentant peut-être un parasite étouffé par un trop gros morceau qu'il ne peut avaler. — A droite (25 502 sqq.), singes assis en forme de vases.

5° Oiseaux, œufs, noix (25 469, D, 5°); niches et édicules. Les pièces les plus intéressantes sont de nombreux moules en terre cuite, d'oiseaux, de chevaux, de chiens, de bustes, de Vénus Anadyomènes, de niches et d'édicules.

Vitrine 2. — Au-dessus, vases de Compiègne et deux grandes statuettes blanches de Vichy; un buste d'enfant * avec socle et un enfant * tenant un vase.

A l'intérieur, riche série de terres cuites blanches trouvées à Toulon-sur-Allier, Vichy, Néris, Saint-Pourçain-sur-Bèbre, etc.

1° Série de Vénus Anadyomènes; l'une d'elles (28 027) est représentée au fond d'un édicule à niche richement sculpté. — (28 015) Vénus pudique; (27 953 sqq.) déesses-mères avec un ou deux enfants. Au-dessus, série de bustes à grandes coiffures. (28 111) Groupes de deux personnages enlacés; (28 104) Abondance avec corne d'abondance et patère; (28 023 sqq.) Minerves; 28 006-7) Jupiters; (28 025 sqq.) Mercures; (28 031) Hercule; (28 006) dieu (Jupiter?) tenant la main gauche sur la tête d'une femme; enfants; (28 040) répliques du *Tireur d'épine;* cavaliers; (27 962) Epona avec corne d'abondance assise à droite sur un cheval (cf. p. 31); (28 035) femme assise sur un taureau; (27 973) enfant endormi ou mort porté par un dauphin; bustes d'hommes et de femmes; enfants joufflus et rieurs. Au milieu (28 055), buste de femme d'un bon style (négresse?).

2° Têtes diverses. — Fragments de médaillon avec reliefs : Minerve, Hercule et le lion de Némée, les Dioscures (Castor et Pollux). — Médaillons avec scènes intimes. — Chevaux, taureau, lapin, chèvre, chiens, moutons, paons, oiseaux divers, pigeons, coqs, lions, panthère, singes. — Taureau et lion formant vases. — Vases en forme de pin (Allier). — Pomme.

3° Médaillons à reliefs et moules trouvés à Vienne (Isère), accompagnés d'épreuves tirées dans ces moules : (28 128) sacrifice à Mercure; (28 133) la Fortune et un génie; (28 135) Hercule domptant la Biche; (28 131) Cybèle sur un lion; gladiateurs; bustes de Minerve et de Mercure; têtes barbues. — Autres moules trouvés dans l'Allier : singes, chevaux, chiens, paons, oiseaux, etc. Quelques-uns de ces moules portent les signatures des fabricants.

4° Moules avec signatures et épreuves tirées dans ces moules (Toulon-sur-Allier) : Vénus Anadyomène, déesses-mères, revers d'une déesse-mère sur un fauteuil d'osier. *Tireur d'épine*, bustes.

Cette collection de terres cuites gauloises est la plus riche qui existe; le fond en a été fourni par les collections Muret, Rambert et Esmonnot.

Sur le mur, plan des ruines de Champlieu (Oise), avec un temple, un théâtre et des bains; plan d'un village gallo-romain découvert au mont Berny (Compiègne), avec carte archéologique de la forêt de Compiègne, d'où proviennent beaucoup d'antiquités du Musée (fouilles de 1863 à 1870).

Salle XV. — Époque romaine. — Céramique, verreries, bronzes.

Cette salle contient quelques œuvres d'art d'une réelle valeur trouvées sur le sol de la Gaule. Il ne faut pas perdre de vue que les petits monuments de bronze sont faciles à transporter ; il n'est donc pas nécessaire d'attribuer à des artistes gaulois ou gallo-romains toutes les belles pièces des vitrines 14, 15 et 18 qui ne représentent pas des divinités indigènes. Ajoutons que la provenance de beaucoup de bronzes est inconnue ou établie par des témoignages insuffisants.

Vitrine 1. — Vases à glaçure rouge et à reliefs, trouvés dans la fabrique de poteries de Banassac (Lozère), à Vichy, Vaison, Glanon près Seurre (Côte-d'Or), Paris, Compiègne, Clermont, Dreux, Lubersac (Corrèze). Ces vases, improprement dénommés *samiens*, ont été fabriqués dans tout l'empire romain aux premiers siècles de l'ère chrétienne ; comme leurs ornements étaient obtenus à l'aide de moules, ils étaient moins coûteux que les vases peints, qui disparaissent complètement à cette époque, même en Italie et en Grèce. L'avènement de la poterie *samienne* marqua, dans la céramique, la substitution de l'industrie à l'art.

A, B, C, D, E. Les vases de Banassac, trouvés dans les ruines d'un four à potier effondré au moment de la cuisson, sont pour la plupart des bols ou des écuelles sans anses. Ils portent des représentations mythologiques et des ornements floraux d'un dessin élégant, quoique souvent un peu surchargé.

Les inscriptions (en relief) sont particulièrement remarquables ; signalons (A, 3°) « *Vivent les Gabals !* » (peuple des Cévennes) ; « *Viens à moi, mon amie !* » — (E, 3°) « *Vivent les Rémois !* » (habitants de Reims). — (A, 6°. et E, 6°) « *Bon enfant !* » exclamation analogue au *Bel enfant !* qu'on lit sur les vases peints grecs. D'autres marques sont des signatures de fabricants : *Atelier d'un tel. — Un tel a fait.*

F. Moules de vases à reliefs trouvés à Banassac, Vichy, Toulon-sur-Allier. Remarquez au milieu des coins en terre cuite pour orner les moules (Vénus au bain, guerrier gaulois, cavaliers, Faune, musicien, roulette pour imprimer les oves sur les moules, avec le nom de CRANIVS sur la tranche (18 210), gladiateurs, oiseau, etc.).

Vitrine 2. — Vases analogues de Vienne, Vichy, Banassac, Clermont-Ferrand; remarquez les bols ornés de têtes de lions (Compiègne).

Vitrine 3. — Vases à reliefs de Vichy, Compiègne, Clermont, Blain (Loire-Inférieure), Banassac. Remarquez au milieu (15977) un précieux fragment de Blain*, dont les figures paraissent se rapporter aux victoires de Trajan; on y lit le nom de Décébale, le roi des Daces (cf. p. 48).

Vitrine 4. — Vases à reliefs de Vichy, Moulins, Clermont-Ferrand, Vienne : scène de chasse et Bacchanales.

Vitrine 5. — Vases à glaçure rouge avec ou sans ornements en relief de Saint-Bernard (Ain), Bourg, Lyon, Toulouse, Vichy, Banassac, Suèvres, Orange, la Somme, Andrésy (Seine-et-Oise), Vintimille (Italie), Cologne. Plusieurs portent des noms de fabricants.

Vitrine 6. — Vases analogues de Banassac, Clermont-Ferrand, Compiègne, Étaples, Vichy, Cologne. En haut, deux vases en terre grise de Compiègne et de Saint-Germain-les-Corbeil (Seine-et-Oise).

Vitrine 7. — Suite de la même série (Banassac, Compiègne, Nogent-sur-Seine, Abbeville, Orange, Bavay, Vichy, Clermont-Ferrand, Suèvres). Deux tasses à couverte noire viennent de Paris et d'Orange.

Vitrine 8. — Suite de la même série. Provenances nouvelles : Lépine (Marne), Saintes et le département de l'Yonne. Plusieurs coupes appartiennent au genre dit *faux-samien*, imitation maladroite et terne de la poterie rouge lustrée.

Vitrine 9. — Série d'urnes, avec ou sans décoration ; mêmes provenances, plus Mérouville (Eure-et-Loir), Lillebonne, Fécamp (Seine-Inférieure). Deux vases en forme de tonneau viennent de Cessieu (Isère) et de Vichy.

Au-dessus, grand vase de Compiègne (mont Chyprès).

Vitrine 10. — Assiettes de même style (Vichy, Banassac, Beaulieu près Nogent-sur-Seine, Compiègne).

Vitrine 11. — Assiettes et petites tasses ornées de feuilles (Banassac, Toulouse, Aoste dans l'Isère, Cologne, etc.).

Vitrine 12. — Tasses, soucoupes et plats, dont plusieurs ornés de feuilles (Banassac, Vichy, Vaison, Compiègne, Clermont-Ferrand, Orange, Abbeville, Suèvres, Paris).

Au-dessus, grand vase de Compiègne.

Vitrine 13. — Assiettes et soucoupes du même style, avec des noms de fabricants imprimés à l'intérieur (Compiègne, Banassac, Vichy, Fécamp, Clermont-Ferrand, Vaison, Cologne, Berthouville, Bois-Bernard).

Vitrine 14. — Objets divers, vases et animaux en bronze.
A. 1° Huit clochettes en bronze et en fer, destinées à être suspendues au cou des animaux.

2° Chiens, chèvre marine *(Sens), tête de tigre.

3° Sanglier, tigre, bouc, panthère, chien, biche.

4° Cheval avec anneau de suspension, style grossier (Compiègne); cheval* en bronze incrusté d'argent (Lot-et-Garonne); cheval au sommet d'une grande douille quadrangulaire, retiré du Rhône, près de Lyon; tête de cheval; cheval harnaché.

B. 1° Quatre grands vases et dix clochettes en bronze de grandeurs diverses.

2° Lionne* (Lot-et-Garonne); disque* orné d'un combat d'animaux (Lyaudy, Haute-Savoie); griffon* (Mandeure, Doubs). — Sur le devant, paon, cigogne, aigle avec un anneau de bronze passé dans les yeux; hibou.

3° Série de sangliers; cet animal figurait au sommet des enseignes gauloises (cf. p. 22, 23, 46). — (8096) Sanglier, sommet d'enseigne (ancienne collection Janzé); tête de sanglier ayant fait partie d'un vase (Gergovie, Puy-de-Dôme). — Magnifique laie trouvée à Cahors. — Sanglier courant sur une douille carrée (ancienne collection Gréau).

Sur le devant, sept petits sangliers trouvés dans l'Italie du Nord (Gaule Cisalpine) et en France.

4° Bœuf* à trois cornes (Besançon). — Taureau*, applique de vase trouvée à Autun; l'original a passé de la collection Gréau au Louvre; c'est un des plus beaux bronzes grecs que l'on ait trouvés en Gaule. — Taureau à trois cornes (ancienne collection Gréau); vache en bronze (Longwy); petit taureau (Autun).

Sur le devant, cinq taureaux, dont deux à trois cornes (Franche-Comté). A droite, lampe en forme de taureau, avec deux ouvertures, une chaînette et un crochet (Marne).

Vitrine 15. — VASES EN BRONZE. A. Soucoupes, tasses, vases à verser (21 052, *œnochoé* * à bord tréflé, de Spire dans la Bavière Rhénane). Au 3e rang, manche d'une patère en argent avec figures en relief : Mercure debout; au-dessous, un sacrifice à Priape entre deux béliers couchés (trouvé dans le Rhin). — En bas, anses et appliques de vases. A droite, sur une applique *, Orphée attirant à lui les animaux (bords du Rhin).

B. 1° Vase* avec guirlande de lierre en argent incrusté (Rouen); grands seaux en bronze (Compiègne, Sens*).

2° Vases à verser, dont deux avec incrustations d'argent. — A gauche, vase à verser avec reliefs, trouvé dans une villa romaine à Condrieu (Rhône) : un pygmée attaque un crocodile; au-dessous, fête bachique avec quatre personnages. Ancien style étrusque; l'anse est plus récente et restaurée. — A droite, vase* très élégant avec un aigle sur l'anse (musée de Bar-le-Duc).

3° Vase* avec des coqs, de part et d'autre d'un Terme (musée de Rouen). — Bouteille avec chaîne de suspension (Compiègne). — Par derrière, plateau circulaire à deux anses* (musée de Rouen) et grands bols en bronze (Amiens, Compiègne).

4° Vase avec chaîne de suspension, anses et appliques. A droite et à gauche, deux assiettes* en argent, avec dédicaces à Apollon, gravées en pointillé sur le fond (musée d'Auxerre).

SALLE XV.

Vitrine 16. — STATUETTES EN BRONZE. A. 1° Masque de femme en bronze repoussé, travail gaulois (Compiègne).

2° Enfant tenant un lapin et un serpent (Compiègne). — Pan jouant de la flûte (Vaison). — Tête* de Jules César? (Bavay). — Enfant emmailloté (cf. p. 93). — Tête en bronze d'un homme chauve remplie de plomb (Arthenay, Loiret). — Buste de Minerve (Marne).

3° Buste d'enfant (Bavay). — Tête de Méduse avec anneau de suspension (Sainte-Colombe, près de Vienne). — Guerrier avec casque à grand cimier gaulois, style primitif (Italie du Nord, *Gaule Cisalpine*). — Médaillon avec buste barbu, bronze doré (Lyon?). — Médaillon avec buste d'enfant en relief (Frauenberg, Moselle).

4° Tête de femme coulée, les yeux creux, le sommet à jour (Compiègne). — Très beau masque* en cuivre, avec les yeux, la bouche et le nez pourvus d'ouvertures, ayant peut-être fait partie d'un casque (Zufftgen en Luxembourg). — Tête de femme coulée, avec oreilles percées; le sommet de la tête, qui porte deux cornes, est détaché (Compiègne).

B. 1° Mercure (Freyming-en-Moselle). — Très curieuse statuette* d'un lutteur (Autun). — Sur le devant, gladiateurs, Mars casqué (Reims). — Homme casqué tenant un trophée (Vaucluse).

2° Minerves debout (Vichy, Lyon). — Beau Mercure* debout avec bourse et caducée (Saint-Révérien en Nièvre); grande tête virile* (Lillebonne); Apollon (?) assis (Compiègne); personnage grotesque (Naix en Meuse).

Sur le devant, statuette d'Hercule(?) en os (Clermont-Ferrand); Minerve debout (Saint-Lubin-des-Joncherets, Eure-et-Loir); Mars casqué; Mercure nu et Mercure drapé (trouvaille de Grozon, Jura).

Très importante statuette des environs d'Autun, représentant un dieu barbu, cornu (les cornes sont brisées), portant un *torques* au cou, les jambes croisées sur un coussin, tenant sur ses genoux deux serpents à têtes de bélier et un *torques* placé entre eux (cf. p. 35, salle XIX). Au-dessus des oreilles du dieu, on aperçoit deux petites têtes collées au crâne; c'est donc une divinité tricéphale (cf. p. 30).

3° Cavalier sur une douille, sommet d'enseigne (?), trouvé

dans le Rhône à Lyon. — Apollon* (?) conduisant deux chevaux, applique de vase (environs de Gray). — Cavalier romain, applique (Orange). — Diane assise à droite sur un sanglier. — Personnage dans un traîneau, style primitif (ancienne collection Oppermann).

Sur le devant, série de Mercures debout (Compiègne, Chartres, Blois, Vaison). Remarquez (29 468) le beau Mercure assis* de Saint-Révérien. — (17 638) Mercure avec un bouc et un coq (Saône-et-Loire ?). — (23 830) Mercure assis en bronze plaqué d'argent (environs de Blois).

4° A gauche, sur le petit côté, tête de femme coulée, le sommet détaché, avec les yeux en verre bleu (Compiègne); de part et d'autre, inscriptions * sur bronze, dont l'une est une dédicace à Mercure Dumias (Puy-de-Dôme). — Tête de femme coulée, avec pendants d'oreilles et *torques* au cou (Compiègne). — Grand masque en feuille de bronze de style gaulois très grossier (Compiègne); demi-tête de femme, coulée, avec *torques* au cou (Compiègne).

Sur l'autre petit côté (4°), tête coulée avec yeux incrustés en verre et sommet à jour; style rappelant celui des monnaies gauloises (Compiègne). — De part et d'autre, inscriptions sur bronze : dédicace * à Mercure (Besançon), et dédicace au dieu Sinquatus (Géromont près Liège).

Vitrine 17. — Vases en verre découverts en Gaule. On trouve une grande variété de formes, tasses, coupes, gobelets, urnes, carafes, barillets, flacons à col long et étroit, fioles. Le verre est souvent *irisé*, particularité qui tient à la décomposition des lamelles de verre où la lumière se joue comme dans un prisme. Cette irisation donne quelquefois à l'extérieur des verreries l'apparence d'une couche argentée.

Signalons (B, 1°, 8351) urne funéraire avec couvercle de verre (Arles); à côté (29 506), grande urne à deux anses avec couvercle (Clermont Ferrand); (14 401) vase ovoïde avec filets en relief formant réseau (Compiègne); (8189) vase à filets circulaires contournant la panse qui est argentée par suite de l'irisation (Metz); (B, 3°) une série de vases à verser ressemblant à des biberons; (27 230) beau flacon à deux anses

(Reims); (B, 4°, 29 516) très grand barillet hexogonal (Lillebonne). Les principales provenances sont Compiègne, Vaison, Saintes, Suèvres, Verrines (Deux-Sèvres) et Varennes, Moulins, Néris (Allier).

Vitrine 18. — Statuettes en bronze de divinités. **A.**
1° Six statuettes d'Hercule; l'avant-dernière * à droite (Feurs, Loire) répète le motif grec d'Hercule marchant, la massue sur l'épaule (21 031). — Remarquez aussi l'Hercule grotesque de style phénicien (8550) et l'Hercule tenant une serpe et des fruits (27 271, Aveyron).

2° Huit statuettes appartenant à la même série que celles de la section B, 2° (voy. plus loin).

3° Cupidon (Poitiers); buste de femme au-dessus de trois têtes barbues (applique, ancienne collection Gréau). — *Laraire* * ou chapelle privée : un génie dit *Lare* tenant une coupe et une patère; à ses pieds, à côté de trois gradins, un porc, un coq et un serpent (Mandeure en Doubs). — Buste d'un homme casqué; le casque a pour cimier un croissant (Saint-Bernard en Ain).

B. 1° Statuette de Morphée *, le dieu du Sommeil, avec ailerons comme Mercure; il tient d'une main des pavots, de l'autre une corne à boire qu'il renverse, et porte au cou un *torques* argenté (musée de Besançon). Le type de cette statue est grec; il en existe une grande réplique en marbre au musée de Madrid. — Apollon assis* (Riau en Allier); Minerve debout* (Berne, Suisse).

Grande statuette * d'un beau style représentant un Hermaphrodite ou un Narcisse; le mouvement ressemble à celui d'une célèbre Vénus de Naples (musée d'Épinal) (1). — Jupiter * nu debout (Berne). — Dieu Lare (Reims). — Jeune nègre, motif que l'on retrouve dans l'art grec (Reims).

2° Série de divinités ressemblant au Jupiter des Romains, où l'on a reconnu tantôt le Pluton gaulois ou Taranis (nommé *Dispater* par César), tantôt Esus ou Silvain (cf. p. 33). Quelques

---

(1) L'authenticité de cette statuette a été contestée à tort; le même motif se retrouve dans un bas-relief du musée de Sens.

[SALLE XV.

spécimens sont d'un travail remarquable (Lyon, Besançon, Grenoble, Côte-d'Or, Aix, Neufchâtel). Signalons au milieu une statuette aux yeux en argent (Arc-sur-Tille en Côte-d'Or); plus loin, un Jupiter, de style grossier, s'appuyant sur la roue symbolique (Landouzy-la-Ville en Aisne). Le socle porte une dédicace à Jupiter. — A droite, importante statue du *Dispater* trouvée à Pernand, près Beaune; le dieu tient le vase à libation d'une main et de l'autre un marteau en forme de barillet à long manche.

3° Sur le petit côté, homme debout (captif?), les jambes croisées, en bronze doré (Vienne, Isère). — Maillet du *Dispater* avec marteaux rayonnants, important objet acquis à Vienne. — Applique représentant Mercure entre deux palmes. — Tête de Faune* barbu, de beau style, aux yeux et aux dents d'argent; au sommet de la tête est un anneau qui prouve qu'elle a servi de poids (Spire en Bavière) (1). — Grand buste de jeune homme diadémé, qui présente quelque ressemblance avec Alexandre le Grand (Saint-Barthélemy-de-Beaurepaire, Isère). — Tête de femme grossière, ex-voto (Évreux). — Fortune assise, creuse à l'intérieur, ayant servi de tirelire (Lyon). — Sur le petit côté, femme drapée* d'un bon style (arènes d'Angers).

Sur le devant, Mercure chevauchant un aigle; Pomone assise; Vénus pudique, type de la Vénus de Médicis (Saint-André-le-Désert, Saône-et-Loire); Isis (Besançon). — Satyre* portant une main au-dessus de ses yeux, type grec souvent répété (sorte de danse), joli travail (Feurs-en-Loire; trouvé avec l'Hercule de la même vitrine, section A, 1°, 21 032).

Vitrine 19. — Verreries, parmi lesquelles d'admirables spécimens irisés et des verres de couleur. Un barillet porte une inscription sur le fond; d'autres vases sont ornés de mascarons ou de reliefs. Remarquez (A, 2° à gauche, 24 033) un flacon de verre encore muni d'anneaux en bronze passés dans les deux anses; (13 407) flacon en verre violet avec ornements moulés (Vaison); (13 346 au milieu) gobelet avec dépressions verticales et bourrelets horizontaux (Marne); (13 345) gobelet à

---

(1) D'après la tradition, l'original aurait été découvert à Schwarzenacker dans le Bliesthal (Palatinat de Bavière).

pied avec serpents formant appliques (Marne); (14 060) tout petit flacon à deux anses, jouet d'enfant (Compiègne). — (A, 3°) Soucoupes cannelées; tout à droite (19 323), gobelet avec réticulé et mamelons en relief (Suèvres). — (A, 4°, 13 696) Bol avec appliques en verre de couleur (Compiègne); tout à droite (12 617, 13 342), tasses avec saillies en forme de larmes (Champdolent, Jonchery-sur-Suippes). — (B, 1°) Série de flacons à parfums avec très long col; (2°, 9021) coupe en verre vert; (13 410) vase ovoïde avec quatre renflements; (24 641) bouteille rectangulaire en verre bleu avec quatre mascarons (Saintes). Remarquez (B, 3°) la précieuse série de verres et coupes de couleur découverts au mois de novembre 1871 dans une sépulture gallo-romaine de Saintes; quelques coupes sont décorées d'ornements blancs côtelés qui leur donnent l'aspect de l'onyx. — (B, 4°, 13 357) Tasse de verre avec pastillages formant larmes, motif fréquent dans la verrerie mérovingienne (Marne); (14 072) bol avec appliques de couleur (Châlons); (13 409, 19 524) gobelets avec réticulations en relief (Vaison, Suèvres).

Vitrine 20. — Verreries diverses; plusieurs sont ornées de figures. Aux provenances citées plus haut (vitrine 17), ajoutons celle de Vermand (Aisne), dont le cimetière a fourni deux barillets avec inscriptions sur le fond (29 667-8). Sur le rayon du bas, remarquez un bâtonnet en verre tourné comme une vis et surmonté d'un crochet : c'est un agitateur pour mêler les liquides. Sur le petit côté de gauche (3°), spécimen de verre multicolore (Orange). — (A, 3°) Médaillons * avec têtes en relief (Brothome en Eure, Autun); le second porte une signature de fabricant. Plus loin (9015), médaillon avec tête de Méduse en relief (Orange). — (A, 4°) Fragments de verres multicolores (*millefiori*) et de verres mamelonnés.

Vitrine 21. — A, B, C, D, E, F. Grands et beaux spécimens de verreries, parmi lesquels des urnes funéraires avec couvercles en verre ou en plomb (17 508) contenant des ossements (Vaison, Douelle-en-Lot; cf. p. 42). Dans le bas, au milieu (19 515), très grande bouteille carrée (Suèvres); à droite (4°, 26 640), barillet de Vergano (Piémont) avec inscription de fabricant.

G, H, I, J, K, L, M, N. Très riche série de fibules en bronze (agrafes ou épingles de sûreté). Remarquez (L, M) les fibules circulaires, dont quelques-unes sont ornées d'émail (13 437), Vaison, très beau spécimen; Compiègne, Mâcon); (N) les fibules, parfois émaillées, en forme de petits animaux, cheval, griffon, lion, léopard, lapin, faisan, paon, pigeon, poisson, taureau, tigresse, coq, oiseau à tête humaine (Mandeure en Doubs), cerf, chèvre et sanglier, dauphin, hippocampe, alouette, grenouille. On voit aussi le buste de Diane dans un croissant, un cavalier, etc. Quelques-uns de ces objets sont d'un travail délicat et mériteraient d'être pris pour modèles par notre industrie.

Salle XVI. — Céramique gallo-romaine.

Vitrine 1. — Sept rangées de vases de provenances diverses, en particulier de Suèvres (Loir-et-Cher), Fécamp, Bavay, les cimetières de la Marne, Lillebonne, Compiègne, les Tournelles (Oise), Clermont, Conflans-sur-Seine, Champdolent (Oise), le Pas-de-Calais, Gand, Cologne, Mayence. Les couleurs varient du blanc au rouge et au noir; les ornements sont tantôt incisés (pointes, chevrons), tantôt en relief. Remarquez (C, 2°) une urne de Bavay à vernis noir avec des lièvres et des cerfs courant; (F, 3°) des vases ornés de têtes grossières provenant de Cologne et de Mayence (cf. p. 90).

Vitrine 2. — Sept rangées de vases provenant de Suèvres, Compiègne, Orange, Amiens, Cologne, etc. Quelques-uns portent des noms de fabricants (6° à droite).

Vitrine 3. — Sept rangées de vases provenant de Suèvres, Saint-Bernard (Ain), Vichy, Compiègne, Orange, Conflans-sur-Seine, Champdolent, Saintes, le Mans, Chevincourt (Oise), Bavay, Lillebonne, Béthune, Fécamp, Vichy, Cologne, etc. Remarquez (D, E) les vases à couverte blanche ornés de circonférences ou de décors en jaune (Cologne, Compiègne); (D, 3°) un vase de Rouvroy (Pas-de-Calais), sur le modèle des œnochoés de bronze (cf. p. 122), avec un buste de femme au sommet de l'anse; à côté, un vase du mont Chyprès (Compiègne), portant des représentations grossières d'animaux peints en rouge.

Vitrine 4. — Les rayons du milieu sont occupés par de beaux spécimens de céramique rouge lustrée, avec dessins incisés ou reliefs (Marne, Compiègne, Champdolent, Amiens, Vichy, etc.). Quelques vases de l'Oise portent des ornements blancs sur fond rouge.

G. Trousse complète d'un médecin oculiste trouvée à Reims; on y voit des crochets en bronze, des pinces, des lames en forme de lancettes, des fragments de pâtes médicinales ou *collyres*

6.

avec l'empreinte de cachets. Ces cachets d'oculistes, portant le nom du médecin, la nature du remède et l'indication de la maladie à guérir, ne se sont encore rencontrés qu'en Gaule : ceux du Musée proviennent de Compiègne, d'Ingeviller (Bas-Rhin), de Nîmes et du département de la Moselle. Les remèdes indiqués n'ont aucune valeur scientifique.

H, I, J. Série de couteaux en fer ou en bronze, avec manches en bronze ou en os; quelques couteaux ont une lame à charnière comme nos canifs. Les manches sculptés représentent un lion, un chien, un chien poursuivant un lièvre, un singe chevauchant un chien, un groupe de deux personnages, un guerrier, un buste viril. Les couteaux de plus grandes dimensions (H, I) sont des couteaux de sacrifices, des couperets de cuisine, des tranchets, etc.

K, L, M, N. Riche série de clefs en bronze et en fer, à deux, trois ou quatre dents, quelques-unes avec un crochet ou un anneau de suspension. — Poignées en bronze de clefs en fer représentant des têtes d'animaux (renard, sanglier, lion, cheval, chien, lionne, etc.). Dans d'autres clefs, la poignée en bronze est travaillée à jour; ailleurs, l'extrémité de la clef en fer est d'un dessin compliqué. Remarquez (N) des clefs avec bagues en bronze, dont l'une présente une extrémité travaillée à jour en forme de *svastika* (cf. p. 29); plus loin, une série de pênes, de cadenas, d'entrées de serrures en bronze et en fer, provenant pour la plupart de Compiègne.

Le visiteur revient sur ses pas, traverse les salles XV, XIV, XIII, et monte un étage. En face du palier, sur la terrasse regardant le parterre, sont deux statues en bronze par Frémiet, représentant l'une un cavalier romain, l'autre un cavalier gaulois. Sur le mur à gauche, bas-relief en marbre trouvé à Paris, représentant un festin; on voit une tête de sanglier servie sur un plat.

Le visiteur continue à monter, tourne à droite, traverse les salles VI et V, puis commence l'étude du deuxième étage par la salle IV. La salle de numismatique, qui donne dans la salle IV, sera décrite à la fin de ce catalogue.

DEUXIÈME ÉTAGE

Salle IV. — La Gaule avant les métaux. Stations lacustres.

En 1853, les eaux du lac de Zurich ayant subi une forte baisse, on reconnut, à quelque distance du rivage, les restes de nombreux pilotis plantés dans la vase. Dans l'intervalle entre ces pilotis, on recueillit des objets divers en pierre et en os, vestiges d'anciennes habitations construites sur le lac. Un savant suisse, Keller, s'appliqua le premier à l'étude de ces habitations, que l'on appela *stations lacustres* ou *palafittes*. On constata bientôt l'existence de stations analogues dans plusieurs autres lacs de la Suisse, de la Savoie, de l'Italie du Nord, de l'Allemagne, de l'Autriche, de l'Angleterre, etc. On se souvint que les écrivains grecs avaient décrit des habitations de ce genre tant au pied du Caucase qu'en Macédoine, et on les rapprocha des demeures lacustres de quelques sauvages de nos jours, comme les Papous de la Nouvelle-Guinée et les Dyaks de Bornéo.

Les plus anciennes palafittes de la Suisse appartiennent à l'âge de la pierre polie. On n'y trouve que des outils en pierre et en os. Les autres, qui sont bien plus nombreuses, datent de l'époque où les métaux étaient connus. Ce mode d'habitation a persisté en diverses contrées pendant un grand nombre de siècles. Établies d'abord pour des motifs de défense, les palafittes semblent avoir servi plus tard de magasins et de dépôts.

La civilisation des palafittes nous est connue par les nombreux vestiges qu'elle a laissés dans les lacs. Elle commence, comme nous l'avons dit, à l'époque de la pierre polie, alors que les grands animaux quaternaires et le renne lui-même avaient probablement disparu depuis longtemps. Les lacustres ont des animaux domestiques, en particulier le bœuf et le mouton, qui manquaient aux habitants des cavernes du Périgord; ils cultivent le blé et le lin, connaissent l'art de tisser les étoffes, construisent leurs demeures avec des branchages couverts de paille et enduits de boue, fabriquent des poteries grossières. Leur état social les rapproche beaucoup des constructeurs de dolmens, avec lesquels ils ont en commun les pierres rares ou étrangères, en particulier la jadéite. Comme il est établi que les animaux domestiques sont originaires d'Asie, on pense que les lacustres et les hommes des dolmens appartiennent à une même civilisation provenant de ce pays. Ce sont encore des Asiatiques, à ce qu'il semble, qui leur ont apporté les métaux, et qui, plus tard, sous le nom de Celtes et de Gaulois, ont dominé en Gaule et sur une partie de l'Europe centrale.

Vitrine 1. — STATIONS LACUSTRES DE LA SUISSE. A. Ossements recueillis dans les palafittes : fragment de crâne humain, frontal de cerf, mâchoire de bœuf; mâchoires de cochon, de chien, de castor, de chèvre; cornes de chevreuil, de chèvre, de bœuf, de cerf (station de Treytel, lac de Neufchâtel). Sur le devant, grand arc * en bois (Robenhausen, sur le lac de Neufchâtel).

B. Haches en pierre polie emmanchées; tantôt la hache est directement fixée dans le bois, tantôt elle est préalablement ajustée dans une gaine en bois de cerf où l'on a fait pénétrer ensuite un manche en bois.

C. Haches en pierre polie dans leurs gaines en bois de cerf; marteaux à douille en bois de cerf. En bas, grande massue * en bois d'if (Robenhausen).

D. Gaines de haches et manches d'outils en bois de cerf. Remarquez les gaines de haches en bois de cerf à talon fendu.

Vitrine 2 (plate). — Outils en silex des stations lacustres, scies, éclats, grattoirs, pointes, etc. Ces outils, tous destinés à être emmanchés, sont beaucoup plus petits que ceux de la Somme (cf. p. 52). Remarquez (B à gauche, 6018) une scie en silex emmanchée dans du bois (Wangen, lac de Constance).

Vitrine 3 (plate). — Outils en os et en bois de cerf des stations lacustres : ciseaux, lissoirs, poinçons, etc.

Vitrine 4 (plate). — Objets analogues aux précédents : poinçons, lissoirs, dents de peigne. Remarquez (B) un peigne de lin à trois dents réunies par de la poix (Locras, lac de Bienne).

Vitrine 5. — B. Types de haches polies des stations lacustres, en pierres communes, en jadéite, en isocrase, en saussurite. Ni par la grandeur, ni par le travail, elles ne sont comparables aux haches polies de la Bretagne (salle II).

C. Suite de la même série : haches en serpentine. Remarquez, en bas, une grosse pendeloque * en pierre (lac de Zug), et une hache-ciseau en serpentine (lac de Neufchâtel).

D. Modèles de marteaux-haches et haches ébauchées. On voit la manière dont on perçait le trou central des marteaux, en enlevant un noyau de pierre intérieur à l'aide d'un foret en os qui attaquait successivement l'outil de chaque côté. Remarquez en bas un de ces forets restitué par Keller, et une hache polie en serpentine avec essai de perforation moderne.

Vitrine 6 (plate). — A. Pointes de flèche et scies en silex. — B. Broyeurs ou percuteurs, polissoir en molasse, pierre à aiguiser, brunissoir.

Vitrine 7 (plate). — Meules fixes, pierres formant contrepoids.

Vitrine 8 (plate). — Restes de l'industrie des stations lacustres : étoffe ou feutre en écorce d'arbre (Robenhausen); poids de filets, flotteurs de filets en écorce de pins, hameçons; filet à grandes mailles en lin et ficelles en lin (Wangen, lac de Constance); filet à mailles serrées, corde en lin (Robenhausen); fragments carbonisés d'une toiture de chaume (Wangen); agitateur en sapin pour faire le beurre (Robenhausen); coquilles de noisettes, graines de framboises et de mûres de ronces, pommes sauvages et pommes cultivées ayant séché au soleil, épis de blé, pains de seigle, pains cuits sur des cailloux rougis, froment carbonisé. — A droite, meule à moudre et molettes à broyer.

Vitrine 9 (plate). — A. Percuteurs, haches, pierres à aiguiser, cailloux présentant des traces de sciage, broyeurs en pierre.

B. Haches et ciseaux. A droite, haches en jadéite de très petites dimensions (objets votifs ou amulettes).

Vitrine 10 (plate). — Haches polies en pierres diverses.

Vitrine 11 (plate). — Restes de l'industrie textile des lacustres : fragments de vannerie et de paillassons; fil de lin carbonisé; lin teillé non peigné; pelotons de fil de lin; tissus en lin carbonisés; broderie sur tissu de lin (Robenhausen, Wangen). Le dernier spécimen surtout est intéressant par l'habileté de main dont il témoigne.

A droite et à gauche de cette vitrine, gravures coloriées représentant les habitations lacustres modernes de la Nouvelle-Guinée.

Vitrine 12. — Poterie des stations lacustres. La terre est lourde et grossière; les vases sont généralement sans anses, toujours sans couvercle et sans pied; on les maintenait droits en les posant sur des anneaux en terre cuite. L'ornementation, souvent obtenue à l'aide des doigts, est rudimentaire, comme dans la poterie des dolmens (cf. p. 62).

A droite, en bas, fragments de pilotis en bois, détruits par des incendies. Un très grand nombre de stations lacustres présentent les traces des incendies qui les ont détruites.

Salle V. — La Gaule après les métaux.
Armes de bronze.

Le bronze est un alliage de cuivre et d'étain; il ne pouvait être inventé que dans un pays où l'étain et le cuivre se trouvent réunis. Or, les pays qui remplissent cette condition sont en très petit nombre. En outre, les bronzes antiques présentent tous sensiblement la même composition, ce qui paraît prouver que la fabrication de ce métal a d'abord été le monopole d'une caste religieuse et commerçante qui la tenait secrète. Ainsi s'expliqueraient les analogies frappantes de matière et de forme que présentent certains objets en bronze comme les épées, les poignards, les haches, dans des régions aussi éloignées l'une de l'autre que la Gaule, la Hongrie et les pays scandinaves.

L'industrie du bronze se révèle dans les stations lacustres par des produits d'une fabrication déjà fort habile : elle n'est donc pas née sur place, mais a dû être importée du dehors, d'abord par le commerce ou quelques groupes restreints d'immigrants (voy. salle III), puis, à ce qu'il semble, par les grandes invasions de peuples venus de l'Orient. Comme centre primitif de la fabrication du bronze, on a successivement proposé la Phénicie, l'Inde, l'Indo-Chine, l'Asie centrale, l'Altaï et la région du Caucase: c'est cette dernière hypothèse qui concorderait le mieux avec les textes des écrivains de l'antiquité (1).

Il n'est pas exact de dire, du moins en Gaule, que le bronze ait été seul employé à une certaine période, car on trouve du fer dans les stations lacustres et même dans les dolmens (Aveyron). Mais le fer, à cette époque, était mal réduit, mou et friable, et l'acier, fabriqué en Asie Mineure, était encore un objet de grand prix. Aussi le fer ne servait-il que pour les outils agricoles, tandis que l'on réservait le bronze, qui séduisait aussi par son éclat, aux armes et aux objets de parure. Une épée en bronze, infé-

---

(1) Cependant on n'a pas encore découvert de gisement d'étain au Caucase.

rieure à une épée en acier, vaut beaucoup mieux qu'une épée en mauvais fer. On peut donc parler d'une *période des armes de bronze*, mais non pas d'un *âge de bronze* excluant l'usage du fer.

Vitrine 1. — A. Vases et anneaux-supports (cf. p. 134) des stations lacustres du Bourget (Savoie) et de la Suisse. Les décorations sont exclusivement géométriques; la couverte est généralement grise ou noire. Quelques vases moins grossiers paraissent avoir été fabriqués à l'aide du tour. En bas, spécimens de revêtement en terre des cabanes lacustres du Bourget.

B, C, D, E. — Poteries lacustres, pesons de fuseau (lac du Bourget). Remarquez (E, 4°) des poids de métiers ou de filets perforés et des vases d'un travail plus soigné, rappelant les meilleurs spécimens trouvés dans les dolmens.

F. Broyeurs, marteaux, brunissoirs, pendeloques; manches en bois coudés de hache en bronze (Bourget).

G. Haches à ailerons et à douille; pointes de lance et de flèche; couteaux, faucilles, rasoirs, épingles, aiguilles, bracelets, boutons et appliques en bronze; perles d'ambre et de verre, anneaux de bronze (Bourget).

H. Anneaux, poinçons, hameçons de bronze; fragments de filets, de cordes, de tresses, de vannerie; pesons de fuseau, moules d'anneaux en molasse; fragment d'étain; poterie ornée de bandes d'étain (Bourget). Ces derniers objets prouvent que les lacustres ont appris eux-mêmes à fabriquer leurs ustensiles en bronze, puisqu'ils possédaient non seulement des moules, mais de l'étain à l'état pur.

A droite, fuseau en bois, fragments de vases et de pilotis en bois; chaume d'un toit incendié; calfeutrage des cabanes; glands, pommes sauvages, millet, blé, noisettes, fèves, pain cuit sur des cailloux (Bourget).

Au-dessus de cette vitrine : 1° peinture à l'huile du vicomte Lepic, représentant l'intérieur d'une habitation lacustre; 2° roue* en bois avec traverse centrale, de Mercurago près Arona (palafittes du Piémont); 3° pilotis* de Mercurago; 4° peinture à l'huile du vicomte Lepic, représentant la station de Grésine restituée (lac du Bourget); 5° autre roue* de Mercurago; remarquez les traverses au lieu de rayons; 6° restitution, par le vicomte Lepic, de deux cabanes de la station de Grésine.

Vitrine 2. — Au-dessus, à droite, croissant en grès, avec ornements rectilignes, provenant d'Ebersberg (Zurich). On a expliqué ces objets comme des chevets ou des symboles religieux.

A. Pointes de lance et haches en bronze provenant de la Suisse, des dragages de la Seine, de l'Isère, de Seine-et-Oise, de l'Oise, d'Orange, etc. La forme la plus ancienne de la hache en bronze est la hache plate ou coin; puis on trouve la hache à bords droits, plus ou moins relevés, la hache à ailerons et finalement la hache à douille, qui dérive évidemment de la hache à ailerons. Ce mot de *hache* ne doit pas induire en erreur: ce sont des outils et non des armes.

B. Série de pointes de lance en bronze. Remarquez en bas des moules* de lance en pierre de Gimmeldingen (musée de Spire) et de Suisse.

C. Pointes de lance, dont quelques-unes de grandes dimensions trouvées à Paris et à Villeneuve-Saint-Georges dans la Seine; elles présentent parfois à l'attache de la feuille des oreillettes percées ou des trous. Dans le bas, quelques talons de lance.

Vitrine 3 (plate). — Objets provenant d'une cachette ou dépôt de fondeur découverte en 1884 au Petit-Villatte (commune de Neuvy-sur-Barangeon, Cher). Ces bronzes contiennent une forte quantité de plomb. Remarquez des appliques, des disques avec cercles concentriques en relief, une rouelle, une agrafe de ceinturon, un cercle ajouré suspendu à un anneau, un grand nombre d'anneaux isolés ou accouplés en grappes, des spirales, des fils de bronze. On a pensé que les anneaux en grappes avaient pu être utilisés à l'origine comme monnaies. Quelques anneaux creux contiennent de la grenaille de bronze, comme s'ils avaient servi de hochets (*tintinnabula*).

Vitrine 4. — Suite de la même trouvaille. Bracelets avec décorations géométriques, en creux et en relief; faucilles, boutons, disques ornés de cercles concentriques (phalères de chevaux), pointes de lance, petite poignée d'épée (29 374), haches à douille et à ailerons. Remarquez en bas un moule de hache à ailerons en deux valves.

Vitrine 5 (plate). — Série comparative de haches en bronze; quelques-unes, trop petites pour avoir servi, sont probablement des objets votifs (cf. p. 65). Telles sont (A à droite) les petites haches trouvées à Maure-de-Bretagne (Ille-et-Vilaine), réunies ensemble par un fil de bronze passé dans un anneau latéral. Il est probable qu'elles étaient réunies ainsi pour la commodité du transport commercial. — Quelques haches sont ornées de filets ou d'arcs de cercle en relief (B à droite).

Vitrine 6. — A. Bracelets en bronze de types divers ouverts ou fermés, incisés ou lisses, pleins ou creux à l'intérieur. Les ornements, en creux ou en relief, sont des nervures, des chevrons, des cercles concentriques; les plus beaux spécimens gravés proviennent des stations suisses (lacs de Bienne, de Neuchâtel).

B. Série de faucilles en bronze, avec ou sans boutons à la base. Remarquez à gauche (20 301) un manche de faucille* en bois (Mœringen, Suisse), et deux moules* de faucille en terre cuite et en pierre (Suisse).

Vitrine 7. — A. Précieuse série d'objets en bronze, recouverts d'une belle patine verte, découverts en 1850 à Vaudrevanges près Sarrelouis (Prusse Rhénane), dans un marais où ils avaient sans doute été jetés à titre d'offrandes religieuses, peut-être à la suite d'un combat.

Moules de haches; haches à ailerons et anneau latéral; arcs de cercle avec anneaux ayant fait partie d'un mors; groupes d'anneaux; bracelets ouverts et creux à l'intérieur; disques avec cercles concentriques; spirale. — Grand cercle ajouré orné de raies concentriques avec un anneau de suspension et deux petits cercles ajourés suspendus à l'intérieur du premier; cet objet a pu servir de *tintinnabulum* ou de clochette dans le harnachement d'un cheval, comme celui* qui lui fait face et qui provient de Frouard (?).

Tubes avec renflements aux extrémités, ornés de cercles en relief dans lesquels devaient passer les cordes servant de rênes ; anneaux accouplés ; ornement de bronze à jour ; bracelets en spirale et grands boutons ayant servi d'appliques. Remarquez au milieu la célèbre épée de **Vaudrevanges**, type de l'épée de bronze avec poignée pleine à cuvette, crans à la naissance de la lame et filets (long. 0^m,45). Sa forme est identique à celle de l'épée de Mœringen (Suisse); cette même station lacustre a fourni un mors pareil à celui de Vaudrevanges.

B. Grands boutons ou disques (objets de harnachement), provenant des lacs de Neufchâtel et de Bienne, de Bossenay (Aube). Les quinze grands disques trouvés à Saint-Martin de Bossenay, au lieu dit *les Vignes*, paraissent avoir fait partie du harnachement d'un cheval de parade.

Vitrine 8. — Moules d'anneaux (Suisse) et moules de haches en terre, en pierre et en bronze (Suisse, le Theil, Paris).

Vitrine 9. — Grands disques* hémisphériques avec ornements incisés rectilignes ou circulaires et gros cabochons : l'un d'eux porte la trace d'une réparation ancienne (Saint-André-les-Alpes, Basses-Alpes.) — Série d'objets que l'on croit être des rasoirs (Oise, Villeneuve-Saint-Georges, Rouen, Côtes-du-Nord, Manche, Namur); des bronzes, identiques de forme, ont été trouvés en Suisse (moulages dans la vitrine) et dans l'Italie du Nord (comparez le meuble à volets n° **11**).

Vitrine 10. — Cette vitrine contient, entre autres, le dépôt d'un fondeur découvert en 1867 à Larnaud (Jura) : c'est une des plus précieuses acquisitions du Musée. Elle se compose d'objets plus ou moins usés qui devaient être fondus de nouveau.

A. Ciseaux, marteaux, gouges, haches, fragments d'épées, bases de fourreaux ; bracelet gravé transformé en lame de poignard (21 645).

B. Boucles, tiges ou lingots de bronze, rebuts de moulages,

culots et saumons de bronze, fragment poli de bronze chargé d'étain.

C. Garnitures de roues, agrafes, rubans, feuilles et ornements gravés, grains de collier en forme de tubes, grand disque, boutons à décors incisés et à bélières, boucles de ceinturon, appliques.

D. Pendeloques en forme de roue avec traverses (cf. p. 137); fragments de colliers, épingles, disques en spirales, clous, anneaux, tranchets, poinçons, ciseaux à main, pendeloques avec chaînettes et anneaux, anneaux accouplés. Plusieurs de ces objets portent des chevrons et des ornements circulaires gravés en creux.

E. Hameçons, crochets avec figures d'oiseaux, fibules, agrafes, bracelets divers.

F. Pointes de flèche et de lance, couteaux et manches de couteau, faucilles.

G. Haches à talon de diverses provenances (Normandie, Seine-et-Oise, Seine-et-Marne, Eure, Cantal, Jura, Ain).

H. Haches à ailerons de diverses provenances (Suisse, Oise, Dordogne, Aude, Morbihan, Indre-et-Loire, Seine-et-Oise, Somme, Savoie, Côtes-du-Nord, Isère), avec un spécimen* de hache à ailerons emmanchée (Suisse); moules* de haches (musée de Rouen).

I. Haches à ailerons de diverses provenances, avec des restes d'emmanchure; haches à oreillettes (Suisse, Haute-Savoie, Morbihan); haches à bords droits plus ou moins élevés; hache à main avec poignée plate.

J. Haches à main (Suisse, Auvergne, Bas-Rhin, Isère, etc.). Remarquez au milieu une belle hache* ornée de chevrons et de losanges; à droite, deux petites haches allongées et étroites (Creuse, Côte-d'Or).

K. Haches étroites à bords élevés, haches-coins tout à fait plates, dont quelques-unes en cuivre (Vendée, Seine-et-Oise, Gers); grandes spatules en bronze; ciseau à long manche; hache* emmanchée; haches à bords droits.

L. Hache à bords droits et à talon; le manche était fixé dans le talon à l'aide d'une corde.

„ **11. (Meuble à volets).** — Ce meuble contient une précieuse série d'aquarelles et de photographies d'après les principaux instruments de bronze en usage dans l'Europe occidentale : épées (**A-P**), rasoirs et tranchets (**Y, Z, AA-GG**); rasoirs et tranchets de fer (**HH**); épées, poignards, haches, vases, etc., du musée de Copenhague, photographies empruntées à l'album Worsaae (**II-VV**). L'examen même sommaire de ces figures montre d'une part la ressemblance générale qui existe entre tous les objets de bronze trouvés en Europe; de l'autre, l'existence de certaines variétés, dont la distribution géographique retracée sur une carte permet comme de jalonner les grandes routes suivies par les émigrations et par le commerce.

Vitrine 12. — 1° Série de poignards triangulaires (Toscane*, Ardèche*, Somme*, Hongrie [?], Seine-et-Oise, Hautes-Pyrénées*; dragages de la Seine à Villeneuve-Saint-Georges, etc.). La conformité générale de leurs formes est digne d'attention.

2°, 3° Petites lames de poignard en bronze, la plupart triangulaires et à rivets; quelques-unes se rapprochent de la forme d'une feuille et présentent une soie (Suisse et France); plusieurs proviennent du gué de la Seine à Villeneuve-Saint-Georges.

Vitrine 13 (plate). — Échantillons de minerais de cuivre exploités à Milagro (Asturies, Espagne), avec un marteau en bois de cerf et des marteaux en pierre découverts dans la mine. — Haches et brunissoirs en pierre polie, ayant servi à polir le bronze. — (21 726) Boutons à bélière en bronze (Larnaud, Jura); (17 721, 21 712) pendeloques circulaires et à chaînettes; (17 727) rasoir; (21 427) plaque* percée de sept trous (Mœringen); agrafe gravée (Mâconnais); ornements de brides de cheval (Notre-Dame-d'Or, Vienne); bracelets et anneaux conjugués (Suisse, France de l'Est et du Centre).

Vitrine 14. — *Provisoirement inoccupée.*

Vitrine 15. — Épées en bronze de formes peu communes en Gaule. Nous distinguerons : 1° le type très allongé, à rivets et sans soie (**Courtavant** * en Aube; autres de Saxon-Sion * en Meurthe, des musées de Zurich et de Sens, de Caucourt-sur-Somme près Abbeville); 2° un type analogue avec soie mince (26.002, gué de **Villeneuve-Saint-Georges** en Seine-et-Oise; autres * de Neufchâtel, Pilon près Nantes, Bligny en Seine-et-Oise (original, très petit spécimen), les musées d'Épinal et de Valence en Drôme). Une épée analogue *, où la soie mince est surmontée d'un gros bouton, a été trouvée à Annecy; c'est un type exceptionnel (8636). Dans le bas, épées très courtes (moulages et originaux) de provenances mal établies (dragages de la Seine).

Vitrine 16. — A. Grande chaîne * en bronze avec huit pendeloques (la Ferté, en Allier); sphère * en bronze percée de deux trous, avec gravures rectilignes (même prov.); montants de mors en bronze et en andouiller de cerf; tubes ornés analogues à ceux de Vaudrevanges (p. 138). Remarquez le mors de Bienne (Suisse) et celui de Mœringen, dont les montants sont identiques à ceux de Vaudrevanges.

B. Marteaux, ciseaux et gouges; ciseau * emmanché dans un andouiller de cerf (grotte de Gourdan, Haute-Garonne); poinçons, hache minuscule, moules de haches en terre cuite et en pierre (Mœringen, Provins?). — Hache en plomb coulée dans un moule en pierre du musée de Clermont-Ferrand (épreuve moderne).

Vitrine 17. — A. Moules * d'épingles en pierre (Suisse); épingles à grosse tête percées de trous (stations d'Auvernier, Corcelettes et Cortaillod, lac de Neufchâtel); épingles surmontées de boutons, extrêmement longues (Doubs, Côte-d'Or).

B. Série de longues épingles avec boutons supérieurs et disques rapprochés formant comme une spirale vers la tête (Haute-Savoie, Ardèche, Saône-et-Loire, Ain, Aube, Seine-et-Oise, Puy-de-Dôme, Meurthe, lac de Neufchâtel). La plus grande * (8640), trouvée à **Fillinges** (Haute-Savoie), donne son nom au type. — Autres épingles plus petites, avec boules, disques, cônes ou doubles cônes au sommet, présentant souvent des enroulements incisés qui rappellent le type précédent (Seine-et-Oise, Côte-d'Or, Saône-et-Loire, Jura, Suisse); les spécimens suisses sont de beaucoup les plus nombreux. — Épingles surmontées d'un anneau mobile ou d'un enroulement (Seine-et-Oise, Suisse); les spécimens suisses sont de beaucoup les plus nombreux.

Vitrine 18. — A. Objets de la trouvaille de Réallon (Hautes-Alpes). C'est une cachette de fondeur ou de marchand, composée d'objets absolument neufs, qui a été découverte en 1870 à la suite d'une pluie d'orage qui ravina le sol. — Tubes unis et annelés, ressorts à boudins, nombreux petits anneaux, appliques et agrafes, demi-cercles avec bélières, agrafe et ceinturons incisés, bracelets creux du type de Neufchâtel (cf. vitrine 6). Remarquez (14 791) une très belle paire de bracelets à larges oreillettes avec gravures rectilignes fort élégantes. — Boutons, disques, rouelles, pendeloques diverses avec anneaux de suspension, faucilles, pointes de lance, couteau à douille avec gravures sur la lame. — Sur l'arête de la vitrine, grande épingle de bronze.

B. Série de couteaux en bronze de provenances diverses, les uns à douille (où l'on faisait entrer le manche), les autres à soie (qui pénétrait dans le manche). Provenances: Suisse, Haute-Savoie, Seine-et-Oise, Saône-et-Loire, Côte-d'Or, Lozère, Belgique. — D'autres couteaux sont pourvus de manches en bronze (Suisse, Côte-d'Or, Saône-et-Loire, Aube). Remarquez les couteaux à manche* avec anneaux au sommet (Suisse, 24855; Courtavant en Aube, 22 390). A droite, moules de couteaux en terre et en pierre (Suisse, bords du Rhin).

Vitrine 19 (plate). — Marteaux, haches en bois de cerf (Suisse, Choisy-le-Roi). — Quatre ornements de poitrine en bronze, ouverts au sommet (Saint-Viâtre en Loir-et-Cher); bobines en terre cuite (Suisse); sistres ou clochettes* (*tintinnabula*) avec anneaux mobiles; anneaux accouplés; rouelle, pendeloques, scies, pointes de flèche, fibules* avec gros arcs annelés (Suisse); ressorts et spirales, boutons. — (21 441) Lame d'or ornée au repoussé (Mœringen en Suisse); double enroulement* en or (même prov.); hameçons de bronze (Suisse, Seine-et-Oise); entonnoirs (?) en bronze (Suisse).

SALLE V.

Vitrine 20. — Épées et poignards de bronze. Nous distinguerons les types suivants :

1° Tout à gauche (15 181), épée* du *tumulus* de **Barésia** (Jura) avec soie plate à rivets, crans à l'origine de la lame, filets latéraux, base de fourreau ou bouterolle à ailettes ; autres, avec ou sans la bouterolle, de la Drôme (trois exemplaires *), de **Gramat*** dans le Lot, de la Côte-d'Or (1), du Jura*, du Cher*, de l'Ain*. — En bas, bouterolles analogues de Saône-et-Loire, de la Drôme*, de l'Ain*, de la Côte-d'Or*, du Lot*, du musée de Francfort*. A gauche, modèle d'une extrémité de fourreau fixée dans la bouterolle.

2° Poignards à filets latéraux et à rivets, type du **Lessart** (Côtes-du-Nord) ; autres semblables, de longueurs et de formes assez variées, retirés de la Somme, de la Seine, de la Sarthe*, de la Saône, de Ribemont, d'Auxonne, de Boulogne et du Pas-de-Calais*. Tout à droite (7600), type exceptionnel par les dimensions et par la forme, trouvé à **Plougrescant** (Côtes-du-Nord) ; c'est sans doute un poignard de sacrifice ou une offrande religieuse.

Vitrine 21. — Suite de la série comparative des épées. Les types dominants sont courts, à arête centrale plus ou moins marquée, crans peu prononcés ou absents, soie à rivets petite, plate et relevée sur les bords. Nous prenons comme types deux épées de Penhouet (Saint-Nazaire) ; dans l'une (**Penhouet I***), il y a des trous circulaires pour les rivets (23 412) ; dans l'autre (**Penhouet II***), le trou supérieur est une ellipse allongée (23 844).

Le type PENHOUET I est représenté, avec des variantes légères, par des spécimens de Seine-et-Oise, Manche*, Seine-Inférieure (port de Dieppe), Loiret (Conflans près Montargis), Suisse* (Neufchâtel), Bas-Rhin*, Eure*, Morbihan* (Questembert), les Côtes-du-Nord. L'épée retirée du port de Dieppe est accompagnée d'un fourreau. Remarquez à gauche une variante où la soie se prolonge par une tige courte (Rouen*, Suisse*).

(1) L'inventaire indique comme provenance les environs de Besançon (envoi de Napoléon III, le 25 juillet 1867) ; mai M. Charvet a cru pouvoir affirmer qu'il y avait eu confusion entre Besançon et Dijon.

SALLE V. 145

Le type PENHOUET II est représenté avec quelques variantes par des spécimens de l'Allier, Seine-et-Oise, Somme*, Seine-Inférieure *. — Dans le bas, type à soie plate offrant deux étranglements séparés par une saillie ovale et une petite tige supérieure à croisière (Rhône*, Oise*, Moselle, Seine, Suisse*). Nous laissons de côté les épées de provenances douteuses.

Vitrine 22. — Suite de la série comparative des épées. Nous distinguons quatre nouveaux types :

1° (8111) Le type de Vaudrevanges* (cf. p. 138), représenté par des spécimens de Suisse (nombreux), du Wurtemberg*, de Hesse Rhénane*, de Bavière*, du Rhône et du Bas-Rhin*;

2° (27 291) Le type de Humes (Haute-Marne), analogue au précédent, avec double cuvette et rivets, qui reparaît dans le Cantal (Alliès) et à Alésia* (très petit spécimen, cf. p. 111);

3° Le type à antennes enroulées, représenté par des spécimens* du Hanovre, de la Suisse, du Rhône;

4° (15 179) Le type de Sigean* (Aude), avec pommeau surmonté d'un disque, que l'on retrouve en Dordogne* et dont il existe une intéressante variété trouvée près d'Uzès* (24 023), avec très grand disque supérieur et petit manche.

Parmi les types rares ou isolés, citons (15 252) l'épée de Trévoux* (variété de Vaudrevanges), la poignée ornée * à disque des environs de Worms (21 066, analogue* trouvée dans la Loire), la poignée* de Saint-Genouph (Indre-et-Loire), avec gravures incisées, de type scandinave (14 785, musée de Tours); celle de Larnaud* avec cuvette surmontée d'un bouton et poignée mince (cf. p. 139).

Vitrine 23. — Grande hache de bronze* double à nervures incisées (21 087, Palatinat); fragments de saumons et saumon* (12 083), culots de bronze; peigne ou pendeloque (Jura?).

Fragments de casques (25 039), moule de hache, grande ceinture en anneaux de bronze avec pendeloques; perles de verre bleu et d'ambre, feuilles d'or estampées (cf. salle VI, vitrine 26); pesons de fuseau en terre cuite, hache à ailerons (le Theil en Loir-et-Cher, trouvaille faite en 1874 par l'abbé Bourgeois).

Au-dessus de la cheminée, deux roues en bronze à rayons et timon de char (Fa en Aude; musée de Toulouse).

SALLE V.

Dans le corridor qui sépare cette salle de la précédente, gravures représentant les objets trouvés dans le cimetière gaulois de Kerviltré (Saint-Jean Trolimon, Finistère). Ce sont des vases carénés, un fragment de poterie avec des oiseaux grossièrement dessinés, une hache et des bracelets en bronze, une perle en verre bleu passée dans un fil de bronze, deux *torques* en or. Ces objets présentent de l'analogie avec ceux de la salle VI.

Salle VI. — Époque gauloise. — Sépultures sous tumulus.

On peut appeler *ère celtique* celle qui est caractérisée par l'importation des métaux en Gaule, par la prédominance du bronze dans la fabrication des armes (salle V), et par l'introduction du rite de l'incinération sur quelques points du territoire, notamment dans le Sud-Est et le Sud. L'*ère gauloise*, qui commence avec la salle VI, se distingue, au contraire, par la prédominance des armes en fer, par la disparition des épées de bronze (sauf pour les cérémonies du culte ou comme armes de parade), par la substitution de l'inhumation sous *tumuli* (tertres artificiels) ou en pleine terre à l'inhumation dans les monuments mégalithiques et à l'incinération.

Le costume change en même temps: la fibule, qui devint plus fréquente, indique l'usage du *sagum* ou *plaid* (cf. p. 22), le *torques* ou collier fait son apparition. Les tribus dominantes sont surtout guerrières, et les guerriers emportent dans la tombe des dépouilles de leurs expéditions lointaines. La céramique se perfectionne et la monnaie commence à circuler (fin du quatrième siècle av. J.-C.); toutefois, contrairement à ce qui se voit en Italie et en Grèce, on ne trouve pas de monnaies dans les tombes.

Enfin, tandis que le centre de la civilisation des temps primitifs était l'Occident de la Gaule, que la civilisation de l'ère celtique s'est épanouie surtout au Midi et au Sud-Est, la région par excellence de l'ère gauloise est l'est de la Gaule, qu'occuperont plus tard les Francs et les Bourguignons (1).

Avec les salles VI, VII, VIII et IX, nous entrons dans l'époque historique, dont les principaux événements nous sont connus par les écrivains grecs et latins. La bataille de l'Allia et la prise de Rome par les Gaulois se placent en 390 avant Jésus-Christ; le pillage de Delphes en 288. La domination des tribus gauloises dans l'Italie du Nord ne cesse qu'au commencement du deuxième

---

(1) Bertrand, *Archéologie celtique et gauloise*, p. 267.

siècle avant Jésus-Christ par la soumission définitive de la Gaule Cisalpine, qui fut constituée plus tard en province romaine.

On remarquera dans la salle VI, dont l'époque correspond à l'âge héroïque des Gaulois, un curieux mélange d'objets d'art indigène encore grossiers avec les produits de l'art gréco-étrusque le plus parfait, qui semblent avoir été introduits en Gaule plutôt par des guerres heureuses que par le commerce.

Vitrine 1. — Au-dessus, chariot gaulois*, bas-relief du musée de Langres (cf. p. 44).

A. *Tumulus* de la Butte (commune de Sainte-Colombe, près Châtillon en Côte-d'Or), fouillé en 1862. C'est une de ces sépultures, nombreuses dans le Châtillonnais, où un guerrier a été enseveli sur un char de parade. — Fragments d'une roue à rayons en fer ; bracelets* en or (originaux dans la salle de numismatique) ; fragments en fer du char, des bandes de roues, des boîtes d'essieux. Le travail des objets de fer, en particulier des rayons de la roue, est très remarquable.

B, C, D. Intéressantes poteries* à ornements incisés et couleurs diverses (musées de Mayence, d'Ulm et de Zurich). Le style de ces vases est comme le dernier perfectionnement de la céramique de Mönsheim (p. 62) et de celle des stations lacustres (p. 134).

Dans le bas des mêmes vitrines, fragments en fer et en bronze du *tumulus* d'Apremont.

F, G, H. Objets trouvés dans le *tumulus* d'Apremont (Haute-Saône), sépulture à char fouillée en 1879. — Nombreux fragments du char et des *quatre* roues ; rayons avec des restes d'étoffes adhérentes ; épée en fer repliée sur elle-même (H) ; coupe* et grand diadème* en or (originaux dans la salle de numismatique, p. 176). Remarquez à droite des fragments de tissus et de cuirs ouvrés, encore adhérents au fer ou détachés.

E. 1° Plateau en bronze avec ornements en creux d'un dessin très élégant ; vase surmonté d'un coq (environs de Châlons). Il n'est pas certain que le plateau et le vase sortent d'une même fabrique ; le premier est d'un travail bien supérieur au second. 3° Œnochoé en bronze ; amphore en terre cuite ; restes de tissus et grands cercles en or* provenant du *tumulus* de Mercey-sur-Saône (Haute-Saône; originaux dans la salle de numismatique, p. 176).

Vitrine 2. — Au-dessus, deux grands vases en terre des environs de Cologne. — Casques gaulois. A. 1° Type ogival à crête et à pointes (Bavière*, la Seine, le Theil en Loir-et-Cher.*); 2° même type sans pointes (Mantes*, Auxonne); 3° profil concave, crête élevée (musées de Mayence et de Rouen); 4° même type avec appendices latéraux perforés (Bernières d'Ailly en Calvados, musée de Falaise; collection Glanville à Rouen).

B. Casque* avec reliefs et très grande crête pour cimier (original au Louvre, fortement restauré); casque* en cuivre revêtu de fer et d'or, trouvé à Amfreville (Eure), avec ornements en relief; casque* à crête élevée et garde-joues (musée de Salzbourg); casque* à deux crêtes (Hallstatt, cf. p. 79). — Au-dessous, trois casques coniques remarquables, dont deux* avec gravures en creux (Gorge Meillet et Berru dans la Marne; voy. la salle IX, p. 172, 174). La forme de ces casques paraît orientale, comme le montre la photographie exposée dans la section C (soldats assyriens à casques coniques, bas-relief du musée britannique). On sait qu'une tribu gauloise très belliqueuse, les Galates, était établie en Asie Mineure au troisième siècle avant Jésus-Christ.

Au-dessous, grands cônes* en or repoussé, avec ornements circulaires de style celtique, sans doute des objets à destination religieuse (originaux à Munich et au Louvre, à rapprocher pour le style du casque d'Amfreville, 2, B). Ce sont peut-être des extrémités de tiares qui étaient fixées sur des bonnets de cuir; on en trouve de semblables chez les Perses.

Vitrine 3. — Ossements trouvés dans le *tumulus* des Villaines-en-Duesmois (Côte-d'Or).

Vitrine 4. — Cuirasse en bronze entière, avec ornements gravés, trouvée dans la Saône à Saint-Germain-du-Plain (Saône-et-Loire). Cette cuirasse paraît plutôt grecque que gauloise.

Vitrine 5. — *Provisoirement inoccupée.*

Vitrine 6. Tumuli de la Côte-d'Or. — **A.** Objets trouvés dans le *tumulus* dit Monceau Laurent (commune de Magny-Lambert, Côte-d'Or), fouillé en 1872 par les soins et au profit du Musée.

Au-dessus, seau à côtes d'un type fréquent à Hallstatt et dans des tombes gauloises de l'Italie du Nord; grande épée en fer, longue d'un mètre, avec empreinte de tissus (cf. p. 171), ressemblant pour la forme au type en bronze de Barésia (p. 156). — Rasoir en bronze; petite coupe; coupelle d'une grande cuiller à sacrifices (*simpulum*), restaurée d'une façon grossière au moyen d'une pièce fixée par des rivets; ossements humains.

B. Objets trouvés dans le *tumulus* de Cosne (Côte-d'Or). Épée en fer du même type que la précédente, rasoir en bronze, anneau de jambe, poteries fragmentées.

C. *Tumulus* du bois de la Pérouse (Côte-d'Or). Épée en fer du même type, pendeloque ou rasoir en bronze. A gauche, petite épée en fer et bracelet en bronze du *tumulus* de Rivanet (Côte-d'Or); à droite, anneaux en bronze du *tumulus* de Cosne (Côte-d'Or).

D. *Tumulus* dit Vic de Bagneux (commune de Magny-Lambert, Côte-d'Or). Grande épée de fer avec empreintes d'étoffe; bracelets et épingle en bronze; perle de verre bleu (objet de fabrication orientale); disque en or[*] estampé; anneau à enroulements; poterie grossière.

Vitrine 7. — *Provisoirement inoccupée.*

Vitrine 8 (plate). — Poterie grossière des *tumuli* de Saint-Bernard (Ain).

Vitrine 9 (plate). — Débris d'un char du *tumulus* de Gros-Guignon près Savigné (Vienne). Petites épées[*] ou poignards en fer avec poignées à antennes du type de Hallstatt (Suisse, Lot). Poignard[*] à antennes (Suisse); poignard en fer avec manche recouvert de cuivre (Lot).

Vitrine 10. — 1° Objets du *tumulus* A de Méloisey (Côte-d'Or). Torques et bracelets, anneaux, fibules en bronze, fils de bronze; débris d'épée en fer avec restes de fourreau ; lame de couteau en fer.

2° Objets du *tumulus* B de Méloisey. Bracelets en bronze, dont l'un est encore passé autour de deux os; fibules et anneaux en bronze; épées en fer et débris de fourreaux.

3°-4° Objets des *tumuli* C et D de Méloisey. Boutons, anneaux, bracelets, éclats de silex, dents d'animaux, fragments de fourreau et de boucle en fer.

5° Objets du *tumulus* E de Méloisey. *Torques*, grands bracelets, anneaux de bronze, fragments de filigrane, perles en verre bleu et rondelles de bronze.

6° Objets des *tumuli* des bois d'Ivry (Côte-d'Or). Bracelets en bronze, poterie grossière, fragments de *torques*, fibules, anneaux, fils de bronze.

7° Objets du *tumulus* de Créancey (Côte-d'Or). Deux grands *torques*, dont l'un porte une pendeloque creuse; bracelets gravés; fibules; perles en pâte de verre et en ambre; morceau d'ambre façonné; dents de sanglier; croissant avec anneaux de suspension; appliques et fils de bronze; fragments d'épée en fer avec débris d'un fourreau; poterie grossière.

8° Fragments d'une écuelle en bronze du *tumulus* de Montrichard (Côte-d'Or); bracelets en bronze; grelots de cuivre et fragments d'un rasoir en bronze du *tumulus* d'Aubigny-la-Ronce (Côte-d'Or); débris d'un bracelet en lignite.

„ 11 (Meuble à volets). — Ce meuble contient une série de dessins représentant des objets trouvés dans les *tumuli* gaulois : Cosne et Magny-Lambert, A, B; Villaine, C; forêt de Haguenau, riche série de poteries, E-Z, AA-EE; de la même provenance, plaques de ceinturon gravées ou repoussées, dans un style particulier aux Gaulois et qu'on retrouve dans le Doubs (cimetières d'Alaise) et à Hallstatt, FF-NN ; *torques* et bracelet en or d'Ensisheim en Haut-Rhin, OO; bijoux d'or gaulois de provenances diverses, PP, QQ ; vases du Petit-Aspergle en Wurtemberg (cf. p. 88); objets des *tumuli* de Rodenbach en Bavière et de Dœrth en Prusse Rhénane, RR ; bijoux d'or gaulois trouvés dans les Côtes-du-Nord, à Mael Pestivien et dans le Finistère, SS ; trépied du tumulus de la Garenne, près

Châtillon-sur-Seine, **TT**, **VV** (cf. vitrine 21). La dernière planche, **ZZ**, reproduit des bijoux d'or gothiques et lombards découverts en Italie (originaux dans la salle de Numismatique, p. 187).

Vitrine 12 (plate). — Poteries grossières des *tumuli* de Saint-Bernard (Ain), avec ossements, restes de bois carbonisé, silex taillés et quelques objets de bronze.

Vitrine 13. — Poterie des *tumuli* de Villaines, dans la Côte-d'Or.

Vitrine 14. — Suite de la même série. La grossièreté de cette poterie indigène contraste avec la perfection du travail des vases en bronze (objets de fabrication étrangère) trouvés dans d'autres *tumuli* contemporains.

Vitrine 15. — Vases contenant des os calcinés et des objets divers des *tumuli* de Saint-Bernard (Ain).

Vitrine 16. — *Provisoirement inoccupée.*

Vitrine 17 (plate). — Bracelets, ceinturon (?) à anneaux, grelots avec chaînette, pendeloques, provenant des Basses-Alpes, de l'Isère et des Alpes-Maritimes; bracelets* et fragments de vases* en bronze (Haute-Loire).

Vitrine 18 (installation provisoire). — Série de boutons à bélière* en bronze, bracelet* et petit disque* (musée de Mayence).

Vitrine 19. — *N'est pas encore installée.*

Vitrine 20. — **A.** 1° Seau à côtes des environs de Châtillon; œnochoés en bronze de Saint-Wendel*, du musée de Mayence*; 2° œnochoés d'Eygenbilsen* (Belgique, voy. vitrine 31, **B**), du musée de Troyes*, d'Armsheim*, de Mercey-sur-Saône* (Haute-Saône). — Gobelet* en bronze trouvé à Kreuznach (Prusse Rhénane).

B, C. Seau* à côtes des environs de Mayence; fibule* de Nierstein (Hesse Rhénane); grande œnochoé* de Weisskirchen, avec deux lions debout sur le col et deux biches couchées à l'attache de l'anse (cf. vitrine 31); anse de vase* de Weisskirchen, représentant un personnage nu (Atlante), dans un style gréco-étrusque très pur.

Au milieu, grand vase* en bronze de Græchwyl (canton de Berne), découvert en 1851 dans un *tumulus* analogue à celui de Monceau-Laurent (p. 150), qui contenait des débris de char et des fibules de bronze ornées d'une pâte émaillée. Le vase, haut de 57 centimètres, présente trois appliques. Sur le col, une divinité à ailes recoquillées, peut-être la Diane asiatique que l'on adorait à Clusium en Étrurie, portant un oiseau sur son diadème et tenant dans chaque main un lièvre que saisit un lion avec une patte levée de part et d'autre. Au-dessous des ailes s'allongent deux serpents, sur lesquels sont assis des lions plus petits. Aux points les plus saillants de la panse sont rivés deux lions couchés et affrontés. Ce magnifique vase, de style gréco-étrusque archaïque, est sans doute le trophée d'une victoire remportée en Italie par quelque chef helvétique vers 420 avant Jésus-Christ.

A droite, vase à verser* (modification de l'œnochoé) avec gravures d'un beau style (*tumulus* de Waldalgesheim); anse de vase* ornée en bronze (*tumulus* d'Armsheim).

D. 1° Trois œnochoés* des musées de Bonn et de Wiesbaden. — 2° Vase à verser* avec couvercle et chaînette attachée à l'anse (*tumulus* du Catillon, Marne); vase* d'un type intermédiaire entre l'œnochoé et les vases précédents, avec anse formée par un homme nu qui se renverse; près de la tête de l'homme se tiennent deux lions (Schwarzenbach en Prusse Rhénane). — Vase mutilé avec une belle anse ornée de deux lions (Italie?); œnochoé* du musée de Wiesbaden.

I. Objets* provenant des *tumuli* du Doubs (environs d'Alaise). La ville d'Alaise, dans le Doubs, a longtemps disputé à Alise-Sainte-Reine, dans la Côte-d'Or, l'honneur d'être l'Alésia de la guerre des Gaules (voy. salle XIII, p. 106). Pour établir les titres d'Alaise, on a entrepris, depuis 1858, des fouilles très fructueuses dans les nombreuses tombelles des environs. Les objets celtiques qu'on a découverts, et qui sont déposés au

7.

SALLE VI.

musée de Besançon, présentent beaucoup d'analogie avec ceux de Hallstatt (voy. p. 156), si ce n'est que les armes y sont rares; bien antérieurs au siège d'Alésia par César, ce sont d'excellents spécimens de l'industrie celtique au troisième et au deuxième siècle avant Jésus-Christ. Les tombelles à inhumation sont de beaucoup les plus nombreuses, tandis qu'à Hallstatt les squelettes et les incinérés sont à peu près en nombre égal.

Remarquez les grandes ceintures estampées d'Amancey et d'Amondans, analogues à celles de Haguenau (meuble à volets 11, FF-NN); bracelet en jais; grains de collier; poignard* en fer à antennes (Alaise); *torques* (Frasne). Les originaux sont au musée de Besançon.

J, K, L, M. Objets* des *tumuli* du Doubs (Cademène, Amancey, Fertans, Flagey, Guyansvennes, Myon, Refranche, Saraz, Amondans) et du Jura (Clucy, Condes, Chilly). Les originaux sont au musée de Besançon.

Remarquez (J) une parure à pendeloques, de grandes épingles, deux petits poignards (Cademène, Guyansvennes); des bracelets, des grelots, des pointes de flèche, des ceinturons estampés (Amancey). — Plus loin (K), bracelets en bronze, ceinture estampée (Myon); bracelets en lignite (Saraz), bandeau de bronze, *torques* avec petites chaînettes formant pendeloques, bande de roue en fer, épée en fer dans un fourreau de bronze avec poignée à antennes (Saraz); grande ceinture estamp. de d'Amondans.

L. Petites roues en bronze avec anneaux de suspension (Amondans, Chilly); fibules (Saraz, Amondans); bracelets (Refranches, Chilly); pendeloques à grelots (Clucy); agrafe (Clucy); ceintures (Refranche, Chilly); brassards (Flagey); cercles concentriques avec ornements linéaires et centre réticulé à jour, de Flagey.

M. Objet analogue au précédent (Flagey); perle à côtes en pâte de verre, grelot en bronze, roue avec anneau de suspension, bracelet en bronze avec perles de corail (Flagey); cercles concentriques avec centre réticulé, bracelets, clochette, petites lames de poignard (Amancey, Clucy); épingles (Clucy); fils de bronze (Flagey, Amondans, Refranche); grelot (Fertans). Les objets de la section droite de M sont des originaux.

N, O. *Torques* en bronze orné de disques et de reliefs (*tumulus* de Nonnenbruch, Bas-Rhin). — Magnifique série de *torques**
en or, avec ornements et enroulements divers; le *torques*, qui fait partie du costume gaulois, était aussi porté par d'autres peuples, en particulier par les Perses et par les Étrusques. Provenances : Ille-et-Vilaine (musée de Cluny), Fenouillat en Haute-Garonne (six beaux *torques*, musée de Toulouse), Kerviltré en Saint-Jean-Trolimon (Finistère); diverses localités de Bretagne. — Bracelets* en or (Bretagne, Landes, Loire-Inférieure); disque* en or de Guern-en-Floch, Maël Pestivien (Côtes-du-Nord).

P. Série d'anneaux concentriques, où le centre manque (Annecy); fragments* de deux ceintures estampées, analogues à celles du Doubs (musée de Mayence et de Zurich); brassard* en bronze (Zurich).

Vitrine 21. — Magnifique trépied en fer surmonté d'un bassin en bronze du *tumulus* de la Garenne (commune de Sainte-Colombe, Côte-d'Or). Aux quatre angles sont des têtes de griffon, identiques à une tête de griffon* formant le bout d'un timon de char (collection privée à Marseille) et à un ornement du même genre trouvé à Olympie (Grèce), que reproduit une photographie placée dans la vitrine. Deux griffons de même style et de provenance étrusque se voient au musée du Louvre.

Vitrine 22 (plate). — Bracelets* en bronze ouverts ou fermés, avec gravures et saillies globulaires (Bas-Rhin, Haut-Rhin, Seine-et-Oise). — *Torques** en bronze (Bas-Rhin); bracelets* à reliefs, bosses et crénelures (Haute-Marne, Marne); disques* et fragments divers* de bronze, débris* d'un mors de cheval? (28 213, Saula en Tarn-et-Garonne); bague, fibule et coutelas en fer, pierre à aiguiser (*tumulus* de Nexon, Haute-Vienne).

Vitrine 23 (plate). — Brassards et jambières en bronze ornés de spirales (*tumulus* de Veuxhaulles en Côte-d'Or, sépulture de Fertigny* dans la Marne); *torques** s'agrafant à crochet avec

SALLE VI.

anneaux suspendus (Cher); bracelet * en jais (Cher); bracelets * à reliefs et bosselés (Cher); *torques* à bouts enroulés (Brig en Valais); épingles-poignards * en bronze (Saint-Jean de Maurienne, en Savoie); bracelets crénelés et bosselés (Jansiers, dans les Basses-Alpes).

Vitrine 24. — 1° Vase en bronze, peson de fuseau, anneaux de jambe, bracelets, *torques*, poignée d'épée en fer, rasoir ou pendeloque en bronze (tumulus du Monceau-Milon, Côte-d'Or).

2°, 3° *Torques* torse à fermoir (Côte-d'Or); perle en verre (tumulus de la Commotte, en Côte-d'Or).

4°, 5° Fragments d'épée en fer; épée en bronze du type de Barésia, anneaux et bracelets (tumulus de Cormoz, dans l'Ain).

6° Grande épée en bronze du *tumulus* de Gramat (Lot), modèle des épées en fer de la même époque; bracelets, rasoirs, rondelles perforées en terre cuite, poterie noire de même provenance.

7° Épée* en bronze avec bouterolle du tumulus de Barésia (cf. p. 150).

8° Épée* analogue de la Combe d'Ain (Jura).

9° Deux autres épées * semblables de même provenance.

10° Bracelets, fibules, débris de ceinturon avec gravures (Haute-Marne).

11° Torques, gros bracelets lisses, bracelets à perles et ornements en relief (Mont-Saugeon, en Haute-Marne).

12° Bracelets de bronze (Dardenay, en Haute-Marne).

„ 25 (Meuble à volets). — Ce meuble contient la précieuse série des aquarelles exécutées par M. Ramsauer, au cours des fouilles de la nécropole de Hallstatt (Autriche) qu'il a dirigées. La relation manuscrite des fouilles, avec description minutieuse de chaque tombe, est conservée à la bibliothèque du Musée. — On voit l'aspect intérieur des tombes à inhumation ou à incinération (**A-D**), les vases et seaux de bronze (**E-F**), les ceinturons à reliefs et les pendeloques (**G-I**), les épingles, fibules, bracelets, ceinturons, colliers d'ambre, objets divers (**J-R**), les armes et armures (**S-W**), puis d'autres vases (**X**), des tombes (**Y-Z**), la poterie, les bronzes divers, les objets en fer et en os (**AA-VV**), un plan et des vues de Hallstatt (**XX-AAA**). Tous ces objets présentent les plus curieuses analogies avec ceux des *tumuli* de la Côte-d'Or. A Hallstatt comme à Magny-Lambert, nous sommes en présence de sépultures de Gaulois appartenant au premier âge des armes en fer (quatrième siècle av. J.-C.).

De 1847 à 1864, on a ouvert à Hallstatt 993 tombeaux qui ont donné 6084 objets, dont 3696 objets de parure en bronze, ambre, verre et or, 182 vases de bronze, 1244 vases en argile. On n'a recueilli aucune pièce de monnaie. Il y avait 538 tombes à inhumation contre 455 à incinération ; quelques tombeaux contenaient à la fois des squelettes et des cendres. L'un et l'autre mode de sépulture s'appliquent aux individus des deux sexes. Treize fois on a constaté une crémation partielle ; c'est le crâne qui était généralement épargné, le reste du corps étant réduit en cendres. Les pointes de lance en fer sont plus fréquentes auprès des squelettes ; les vases de bronze se trouvent *presque exclusivement* dans les tombes à incinération. Les armes de bronze, les plaques estampées et les bosses de bouclier, les grandes spirales de bronze, les fibules à pendeloques, sont aussi *beaucoup plus nombreuses* dans les tombes incinérées : sur 28 épées, 27 ont été trouvées auprès de cendres. Les haches de bronze accompagnent d'ordinaire les cendres, tandis qu'on recueille les haches de fer auprès des squelettes.

Ces statistiques prouvent, mais d'une façon générale seulement — car il y a des exceptions assez nombreuses — que les hommes de la classe dominante étaient plutôt incinérés et que le mobilier métallique de leurs tombes se composait principalement d'objets en bronze.

Vitrine 26 (plate). — Bracelets et *torques* ornés en bronze ; bracelets en jais ; perles en verre bleu, provenant pour la plupart de la Bourgogne et de la Franche-Comté. — Fibules en bronze de types divers ; bracelets* en or fermant à doubles crochets de Plouharnel (cf. p. 64) ; sphère aplatie* en or du dolmen de Roch, à la Trinité-sur-Mer (Morbihan) ; bandeaux* en or avec reliefs du tumulus d'Allenhüften, près Berne. — Au-dessus, grande épée en fer du tumulus de Cosne (Côte-d'Or). Plus bas, fragments de poteries, perles de verre et d'ambre (Vosges).

Objets du tumulus des Chaumes d'Auvenay : bracelet creux, petit bracelet passé autour des os du bras, longue épingle, poteries, éclat de silex.

Objets du *tumulus* de Villaines-en-Duesmois (Côte-d'Or) : large bracelet en lignite, poterie. — Débris d'épée et de fourreau en fer ; bouterolle et bracelet de bronze. La bouterolle s'adapte au fourreau de fer (*tumulus* de Cosne, en Côte-d'Or).

Vitrine 27. — Seau * en bronze de Waldalgesheim ; fibule * de Nierstein ; manche avec pendeloques supportant une sorte de lyre (Blödesheim, Hesse Rhénane) ; œnochoé * (musée de Troyes) ; plats * en bronze du tumulus d'Armsheim.

Vitrine 28 (plate). — *Torques* * (Davo, près Namur) et bracelets de provenances diverses (Mâcon, Dijon, le Doubs, Ardennes, Zurich*).

Vitrine 29. — Vase peint * à figures rouges, du troisième siècle avant Jésus-Christ, trouvé à Jägersveiler (Thurgau, Suisse) ; vase * noir de la Hesse Rhénane. Dans le bas, grande urne * noire avec dessins incisés et bandes rouges (*tumulus* de Ringingen, musée d'Ulm).

Vitrine 30 (plate). — Série de colliers et de bracelets de provenances diverses. — *Torques* * avec ornements en relief (Suisse, Meurthe) ; *torques* creux (Yonne) ; *torques* creux percé de trous (Ardennes) ; bracelets creux avec ornements gravés ; riche série de bracelets avec perles et côtes saillantes (Yonne, Deux-Sèvres, Nièvre, Aude, vallée de la Saine) ; bracelet fermé passé autour des os du bras (*tumulus* de l'Aveyron) ; bracelet * et anneaux réniformes (Besançon *, Mâcon) ; série de bracelets perlés (environs de Mâcon).

Vitrine 31. — A. Magnifique œnochoé * de style étrusque, avec deux lions sur le goulot et deux biches à l'attache de l'anse (cf. p. 159) ; ornements * à jour en or et en bronze ; poignards * en fer dans des fourreaux de bronze très ornés (*tumulus* de Weisskirchen, dans la vallée de la Sarre).

B. En haut, seau à côtes en bronze, trouvé dans le *tumulus* gaulois d'Eygenbilsen, près Tongres (Belgique) ; disque * en bronze, bandeau* en or travaillé à jour, œnochoé* et coupe en bronze du même *tumulus*.

C. *Torques** en or d'un *tumulus* de la vallée de la Sarre (musée de Mayence).

D. Bracelet* en or et œnochoé** (cf. vitrine 20, D) du *tumulus* gaulois de Schwarzenbach (Prusse Rhénane). Le caractère étrusque de tous ces objets est très remarquable (voy. p. 148).

Vitrine 32 (plate). — Bracelets creux, chaînettes, boucles d'oreilles, boucles en fer, rondelles d'ambre percées (*tumulus* de Combe-Martin, en Haute-Marne). — Poterie, bracelets en jais, anneaux, agrafe à double crochet en fer (*tumulus* de Cusey, Haute-Marne).

Bracelets en lignite, *torques* en bronze, collier en perles d'ambre et de verre de couleur; brassards en lignite, *torques* et bracelets en bronze (*tumulus* de Suriauville, Vosges).

Bracelets en fer, en schiste et en bronze (tumulus de Sauville, Vosges). — Poterie noire, bracelets en bronze (*tumulus* de They-sous-Montfort, Vosges). — Beau *torques* à crochet, bracelets (*tumulus* de la forêt de Schirrhein, Bas-Rhin). — Épée en fer recourbée avec fragment de fourreau (*tumulus* de Nonnenbruch, Bas-Rhin); fibule* en bronze avec arc annelé (musée de Berne). — Trois *torques* en bronze (*tumulus* d'Ensisheim, Haut-Rhin).

Vitrine 33 (plate). — *Provisoirement inoccupée.*

Vitrine 34. — Objets* trouvés dans le *tumulus* de Waldalgesheim, sur la rive gauche du Rhin (originaux à Mayence): *torques* et bracelets en or; cornes en forme d'embouchures de trompette; vase à verser, seau, bracelets, boucles émaillées, petit cheval en bronze.

Objets* du *tumulus* de Durkheim, sur la rive gauche du Rhin, fouillé en 1864 (originaux à Spire): grand *torques* en or, avec ornements; fragments d'ornements à jour en or; bracelet en or orné de six têtes barbues. — Grand vase de bronze à deux anses, décorées à leur naissance de figures assises sur des hippocampes; il est posé sur un magnifique trépied orné de trois groupes en relief, avec le motif asiatique du lion dévorant une biche. Ces ornements d'applique ont aussi été moulés à part (en bas, à droite). Les pieds du trépied affectent la forme de serres d'aigles appuyées sur des grenouilles (travail italo-grec). Un trépied, presque identique, trouvé près de Vulci, en Étrurie, se voit au musée du Vatican.

Vitrine 35. — A. Objets * trouvés dans le *tumulus* de Rodenbach, en Bavière Rhénane (originaux à Spire) : coupe en argile à deux anses avec ornements rouges sur fond noir, datant du commencement du troisième siècle avant Jésus-Christ (céramique italo-grecque de la décadence); œnochoé; bassin; espèce de gourde ornée de gravures en creux, entre autres d'une série de huit chevaux d'un style primitif; bague en or; bracelet en or d'un travail remarquable, peut-être étrusque, où l'on voit trois têtes humaines entre quatre béliers couchés.

B. Objets* du *tumulus* d'Armsheim, en Hesse Rhénane (musée de Mayence) : œnochoé et bassins en bronze, bandes de roue et pointes de lance en fer.

Vitrine 36. — Longues épées de fer des *tumuli* gaulois (Côte-d'Or, Cher, Drôme). Le type est celui de Barésia (p. 156); les rivets sont quelquefois en bronze. Remarquez au milieu (22 943) une pointe d'épée en fer engagée dans une base de fourreau avec bouterolle à ailettes en bronze (*tumulus* de Cosne, Côte-d'Or).

On voit que le premier type de l'épée gauloise en fer présente la soie plate à rivets et tous les caractères distinctifs de l'épée en bronze qu'elle a remplacée; seulement, l'épée en fer est généralement de dimensions plus grandes. Ce type s'est modifié entièrement au troisième siècle avant Jésus-Christ. D'une part, la soie plate a disparu et l'on trouve à sa place une sorte de tige terminée par un bouton (épées gauloises de la Marne et d'Alésia, p. 168 et 111); d'autre part, sous l'influence des modèles romains, inspirés eux-mêmes des épées espagnoles ou ibériques, les Gaulois ont adopté, à côté de la longue épée *faussante*, des armes plus courtes et moins lourdes, comme par un retour aux plus anciens types des épées de bronze (cf. p. 144).

SALLE VI.

Vitrine 37 (plate). — Grande fibule* à spirales (Breslau); ornement en bronze* à spirales (Altenburg); fibule du même genre* (Mayence).

Vitrine 38. — Modèle restitué d'une ancienne fonderie de fer, d'après les recherches de M. Quiquerez, ingénieur des mines, dans le Jura bernois, où les restes d'établissements de ce genre sont fort nombreux. — En bas, saumons ou lingots de fer provenant de Mayence, Colmar, Abbeville et le Jura bernois.

Sur les murs, du côté de la cour : 1° et 3° aquarelles représentant la vue et la coupe d'un *tumulus* à incinération et d'un *tumulus* à inhumation; 2° photographie d'un bas-relief assyrien (cf. vitrine 2, C); 4° gravures coloriées des vases découverts au Petit Aspergle (cf. p. 88); 5° aquarelle d'après une œnochoé en bronze découverte à Hradiste (Bohême); 6° vases grecs et gréco-italiques découverts en Allemagne, aquarelle (musée de Carlsruhe).

Le visiteur sort de la salle VI, traverse le palier et entre dans la salle VII.

Salle VII. — Époque gauloise. — Cimetières à inhumation de la Marne.

Cette salle est consacrée aux objets trouvés dans les nécropoles du département de la Marne et des départements voisins, foyers de la civilisation gauloise du Nord-Est pendant les trois ou quatre siècles qui précédèrent la conquête romaine. C'est là qu'habitaient les *Remi* et les *Catalauni*, que César représente comme les plus belliqueux des Gaulois. Ce caractère guerrier paraît clairement dans le mobilier des tombes, où l'on trouve des chars de guerre, des casques, des épées.

L'épée gauloise de la Marne est plus courte que celle de la Côte-d'Or; elle se rapproche par la forme de l'épée romaine (cf. p. 112). La poterie a pris un grand développement et les vases en argile, habilement façonnés et décorés, ont remplacé les vases de bronze, ce qui paraît indiquer des habitudes plus sédentaires que celles des tribus gauloises de la Côte-d'Or. Les *torques* et les fibules sont très nombreux. On connaît une centaine de cimetières gaulois dans le département de la Marne, où l'on a fouillé depuis vingt ans plus de 5000 tombes. Le Musée possède une série extrêmement riche d'objets de cette provenance, et la salle IX contient une sépulture entière dans l'état même où elle a été découverte.

La civilisation gauloise que nous révèlent les sépultures de la Marne n'est pas limitée à quelques départements. Elle s'étend sur tout le nord-est de la Gaule, dans la région que César appelle la *Belgique,* nom qui ne désigne aujourd'hui qu'une petite partie de la Gaule du Nord. « La Gaule, dit César, est divisée en trois régions, distinctes par le langage, les mœurs et les lois : la Belgique, entre la Seine, la Marne et le Rhin; la Celtique, entre la Garonne et la Seine; l'Aquitaine, entre la Garonne et les Pyrénées. Les Belges sont les plus courageux des Gaulois, parce qu'ils sont les plus éloignés de la province romaine, dont la civilisation ne les a pas énervés, et que les marchands, qui ne les fréquentent guère, ont moins introduit chez eux les objets de luxe qui amollissent les courages. Ils sont voisins des Germains, habitants de la rive droite du Rhin, et sont continuellement en guerre avec eux.... Le pays des Belges commence à l'extrême Nord de la Gaule et s'étend sur tout le cours inférieur du Rhin; il est tourné vers le Nord et vers l'Orient (1). » César dit ailleurs, d'après le témoignage des Rémois (2), que la plupart des Belges descendaient des Germains et habitaient autrefois sur la rive droite du Rhin; qu'ils passèrent le fleuve à une époque reculée et s'établirent dans le pays dont la fertilité les attirait en expulsant les populations gauloises indigènes.

Ces textes sont confirmés par les découvertes archéologiques. La civilisation des Belges de César a laissé des traces identiques, non seulement sur la rive gauche, mais sur la partie inférieure de la rive droite du Rhin. Comme l'a remarqué César, l'influence des relations commerciales avec l'Italie, si sensible dans les sépultures de la Côte-d'Or, fait presque entièrement défaut dans la Belgique. En second lieu, tandis que la civilisation gauloise du Sud-Est peut se poursuivre dans la vallée du Danube, comme le prouve la similitude des objets découverts dans le Doubs et à Hallstatt (cf. p. 154), les sépultures analogues à celles de la Marne sont groupées dans la direction du nord-est, vers la vallée de l'Elbe et le Danemark. Il semble donc que les Belges et les Gaulois sont arrivés en Gaule par des routes différentes et qu'ils appartiennent à des migrations bien distinctes; c'est ce que prouverait, à défaut des textes, le contraste entre les sépultures de la Marne et celles de la Côte-d'Or.

Vitrines 1 et 2. — Grands vases en argile d'un bon travail provenant des sépultures de la Marne. La couverte est le plus souvent noire ou noirâtre; les vases n'ont pas d'anses, très rarement des couvercles. La forme dominante est celle de l'urne, tantôt à bords convexes, tantôt carénée; les ornements, toujours en creux, et parfois remplis d'une couleur blanche, sont des cercles, des dessins géométriques, des séries de points disposés symétriquement. Les ornements rectilignes sont plus

(1) César, Commentaires, liv. I, chap. I (traduction libre).
(2) Ibid., liv. I, chap. IV.

fréquents que les cercles et les spirales. Quelques vases, en assez petit nombre dans la Marne, présentent des décorations peintes en blanc et en rouge.

Vitrine 3. — A et B. Grands vases de formes élégantes; sur l'un d'eux (à gauche) on voit l'ornement appelé *grecque* (Saint-Étienne-au-Temple). — C. Cercles de roues en fer, garnitures de roues, rondelles d'essieux et de moyeux, provenant de sépultures à chars (Bussy-le-Château, Han du Diable, Saint-Étienne-au-Temple, Saint-Rémy, Vitry-les-Reims). — D. Garnitures et armatures de timons; pitons et tiges diverses provenant de sépultures à chars.

Vitrine 4. — Au-dessus, grand vase de Vitry-les-Reims. Dans la vitrine, cinq rangées de vases à couverte noire. L'un d'eux (1° à gauche) présente les restes d'une ornementation rouge orange sur fond noir (cimetière des Crons).

Vitrine 5 (plate). — Fragments de bandes de roues en fer. Ces roues étaient très hautes, avec des bandes en fer très minces; elles diffèrent des roues plus massives que nous avons vues dans la salle VI (vitrine 1, A, p. 148) et convenaient aux plaines de la Belgique et de l'Europe du Nord.

Vitrine 6. — Vases à couverte noire, avec ou sans ornements incisés.

Vitrine 7 (plate). — A. Anneaux en fer, clous, crochets, poignées, armatures diverses, mors en fer (filets). — B. Anneaux et bracelets en bronze; anneaux en fer revêtu de bronze; à droite, anneaux en fer de grandeurs diverses.

Vitrine 8 (plate). — A. Riche série de fibules en bronze trouvées dans les Ardennes, l'Aube et la Marne. Remarquez trois couples de fibules reliées entre elles par des chaînettes en bronze (15 992, 12 006, 12 964).

B. Fibules en bronze et en fer de la Marne, des Ardennes et de l'Aube. Au milieu sont des spécimens de fibules plus petites en forme d'arbalètes et quelques fibules avec cabochons de corail. L'usage d'orner les objets métalliques avec des boutons de corail est attesté par les écrivains anciens. « Les Gaulois, dit Pline, ornaient de corail leurs glaives, leurs boucliers et leurs casques (1). » Tantôt les coraux sont simplement sertis, tantôt ils sont fixés par des clous qui les traversent de part en part.

Vitrine 9 (plate). — A. Bracelets en verre blanc, bleu, vert, noir; bracelets en bois ou en jais, en fer et en bronze. Remarquez à gauche un grand bracelet de verre encore passé autour d'un os de bras et le bracelet en verre sombre avec reliefs qui imite les objets analogues en bronze. — Sur la droite, intéressante série de bracelets en bronze ouverts ou fermés, avec renflements, ornements à jour et décorations diverses.

B. Série de bracelets en bronze, avec des ornements en relief, perles, oves, saillies globulaires, stries, etc. Les bracelets sont tantôt ouverts, tantôt fermés. Remarquez à gauche (4921) une paire de bracelets avec têtes grossières en relief et incrustations de corail (Saint-Étienne-au-Temple).

Vitrine 10. — Meuble à volets contenant les planches coloriées du grand album archéologique publié par M. Morel, un des plus consciencieux fouilleurs des nécropoles marniennes (sépultures de Marson, Somme-Bionne, Somsois, Étrechy, les Crons, Prosne, Pleurs, Courtisols, Connantre, Corroy, Bussy-le-Château). Remarquez les planches indiquant la disposition des squelettes et du mobilier funéraire dans les sépultures.

Vitrine 11. — Céramique (cf. vitrine 1).

Vitrine 12. — Fragments de vases, dont l'un présente des caractères incisés.

Vitrine 13. — Céramique (cf. vitrine 1).

Vitrine 14. — A. Grands *torques* ou colliers de bronze; anneaux de verre, de jais, de bronze, quelques-uns encore passés autour des phalanges des doigts auxquels l'oxydation du métal communique une coloration verte; anneau en terre cuite fine ressemblant à du jais (13 190).

B. Épingles et pinces en fer, manches d'outils en os; aiguilles

(1) Pline l'Ancien, *Histoire naturelle*, liv. XXXII, chap. XI.

et passe-lacets en bronze; pendeloques de bronze en forme de paniers; godet en bronze orné de cercles au repoussé, garni à l'intérieur d'une feuille d'or très mince; clous, rivets, rouelles, appliques diverses en bronze.

Sur la droite, deux appliques avec monture en fer dont la garniture extérieure est formée de lamelles de corail; ce sont des bossettes à plusieurs étages qui ornaient le harnachement des chevaux (cimetières des environs de Châlons). — Rondelles en fer découpées à jour, disques et boutons en bronze.

Vitrine 15. — A, B, C, D, E, F, G, H. Riche série de vases de la Marne, dont quelques-uns portent des ornements en blanc. Remarquez (G, 2°) la décoration polychrome d'un vase caréné (La Croix en Champagne). Au-dessus de la vitrine, partie supérieure d'un très grand vase à couverte noire.

I, J, K, L, M, N, O, P. Riche série de *torques* en bronze; il y en a aussi quelques-uns en fer. Dans les sépultures du département de la Marne, ces ornements ne se trouvent pas associés aux armes; il est donc probable qu'ils étaient réservés aux femmes, tandis que chez d'autres peuples gaulois, surtout ceux du Sud-Est, le *torques* était adopté par les guerriers comme un insigne honorifique.

Les *torques* offrent de nombreuses variétés de formes, portant principalement sur le cercle (lisse, à reliefs, à enroulements torses, à bossettes, à ornements soudés ou appendus) et sur le mode de fermeture (cônes, capsules ou disques opposés, anneau et crochet); d'autres fois, les extrémités des *torques* ont été soudées, ou se rapprochent sans présenter ni ornements, ni saillies, de sorte qu'il n'existe pas, à proprement parler, de fermeture.

Vitrine 16. — A. Série de bracelets en bronze, ouverts ou fermés; quelques-uns présentent une bélière. — B. Suite de la même série. Remarquez à droite deux bracelets ouverts dont les extrémités qui se rapprochent sont formées par des cabochons de corail (4922).

Vitrine 17. — A. Colliers en perles de verre de couleur, de pâte de verre émaillée, d'ambre, d'os et de pierre. Observez la persistance à cette époque de l'usage d'os percés servant d'amulettes. Les perles de verre paraissent être de fabrique orientale (cf. p. 91); quant à l'ambre, il était apporté par le commerce des bords de la mer Baltique. Remarquez au milieu un collier de perles de corail avec une perle d'ambre.

A droite, bracelets et *torques* en bronze, munis de perles et de pendeloques diverses qui sont tantôt enfilées dans le cercle lui-même, tantôt passées dans un anneau plus petit suspendu au premier. — Anneaux et perles d'ambre de formes variées. — Sur l'arête, quelques très grosses perles d'ambre.

B. Série de bracelets en bronze, lisses ou ornés de reliefs, présentant des variétés analogues à celles des torques.

„ 18 (Meuble à volets). — Ce meuble contient les plans et les vues intérieures de quelques tombes du département de la Marne qui ont été explorées scientifiquement, au nom et aux frais du Musée, par M. Abel Maître (La Cheppe, Vitry-les-Reims, Saint-Jean-sur-Tourbe, Bussy-le-Château, Auve).

Vitrine 19. — A. Série de couteaux en fer; plusieurs ont conservé les rivets qui les fixaient dans les manches.

B. Couteaux, ciseaux et rasoirs en fer; fragments de fourreaux en bronze. Remarquez un couteau avec son manche en os (Suippes) et un couteau à charnière analogue à nos canifs.

„ 20 (Socle). — Moulage d'une statue * du musée d'Avignon, trouvée à Montdragon (Vaucluse) en 1834, représentant un soldat gaulois qui tient devant lui le grand bouclier gaulois en bois (1) avec l'*umbo* ou bosse métallique au centre. On voit aussi l'épée avec le ceinturon, l'*armille* ou anneau passé au bras; le *sagum* ou *plaid* attaché à l'épaule droite par une fibule, au-dessus de la tunique, et retombant sur le bouclier.

Vitrine 21. — Vases de la Marne. Remarquez les spécimens cylindriques en forme de seaux.

Vitrine 22. — Pointes de lance * à bords ondulés, ornées à

---

(1) Les stries indiquées par le sculpteur semblent bien indiquer que l'original est en bois.

jour; appliqués* de bronze ornées au repoussé, d'un style analogue à celui du casque d'Amfreville (Étrechy; cf. p. 149). — Pointes de javelot et de lance (Saint-Étienne-au-Temple).

Vitrines 23 et 24. — Vases en forme de soupières et de bassins.

Vitrine 25. — Pointes de lance et de javelot en fer.

Vitrine 26. — A. Bosses ou *umbones* de bouclier; garnitures de bouclier en fer et en bronze. — B. Chaînes-ceintures en fer et en bronze; remarquez la belle ceinture de Bussy-le-Château et, au milieu de la vitrine, l'*umbo* de bouclier en bronze (18.742), un des seuls que l'on possède qui soit d'un travail soigné (comparez l'*umbo* de bouclier de la statue d'Avignon, n° 20, p. 167).

Vitrine 27. — Belles séries de pointes de lance et de javelot, de grandeurs diverses.

Vitrine 28. — A. Anneaux de ceinture et ceintures en bronze; les ceintures intactes permettent de reconnaître la destination des petits anneaux de bronze, trop étroits pour avoir servi de bagues, que l'on rencontre souvent isolés. Une ceinture, provenant des environs du camp de Châlons, a 2 mètres de longueur; peut-être faisait-elle partie d'un harnachement.

B. Crochets et agrafes de ceinture en bronze et en fer; anneaux et ceintures.

Vitrine 29. — Épées en fer; quelques-unes sont encore dans leurs fourreaux de fer ou de bronze. Ces épées sont plus courtes que celles de la Côte-d'Or (salle VI, vitrine 36) et se rapprochent du type de l'épée romaine (cf. p. 112).

Vitrine 30. — A, B, C. Épées et fourreaux; remarquez (B) les épées intentionnellement faussées et tordues des sépultures de Saint-Rémy, Saint-Étienne-au-Temple, etc.

D, E, F. Belle série de pointes de lance et de javelot en fer. Remarquez à droite (24.710) une énorme pointe de lance en feuille de laurier (cimetière de Beaulieu près Nogent-sur-Seine, dans l'Aube).

Vitrine 31. — Épées et fourreaux en fer. Remarquez en bas une épée en fer de Saint-Étienne-au-Temple, avec deux armatures transversales en bronze.

Vitrine 32. — A. Céramique (cf. vitrine 1, p. 163).

B. Série de poignards en fer avec fourreaux en bronze. Remarquez deux poignards en fer de Vitry-le-François* et de Saint-Étienne-au-Temple, dont le manche est à antennes (cf. p. 79, 84).

Vitrine 33. — Céramique; remarquez les deux vases avec couvercles.

Salle VIII. — Chassemy.

Vitrine unique. — Objets divers provenant du cimetière de Chassemy, dans l'Aisne. Au-dessus et aux trois premières rangées, séries de vases, les uns lisses, les autres avec décors géométriques incisés. La couverte est généralement noire : les formes sont celles de l'urne, du seau et du bassin.

Plus bas (**A**), couteaux, pointes de lance et de javelot, poignards, épée avec son fourreau en fer. Au milieu, un poignard en fer avec manche en os.

B. Cercles de roues et de moyeux de roues en fer.

C. Grands boutons à bélière en bronze, garnitures et appliques ornées à jour, ayant fait partie d'un harnachement de cheval ou d'un char; remarquez le caractère de ces ornements, qui témoignent d'un goût délicat. Mors en fer avec un anneau en bronze; anneaux de bronze divers.

D. Série de *torques*, de fibules et de bracelets en bronze, dents percées (amulettes); perles de couleur et anneaux de verre ayant servi de pendeloques.

Salle IX. — Sépultures gauloises.

Cette salle contient le mobilier de quelques sépultures de la Marne qui ont été fouillées scientifiquement. Les objets ne sont plus, comme dans la salle VII, rapprochés suivant leurs types, mais groupés suivant leurs provenances et *par sépultures*.

Vitrine 1 (au centre). — Sépulture d'un chef gaulois au lieu dit la *Gorge-Meillet*, à Sommetourbe (Marne), reconstituée telle qu'elle était au moment de la découverte, le 9 avril 1875 (fouilles de M. Fourdrignier).

La tombe, de forme rectangulaire, est creusée dans la couche crayeuse. Il y a deux sépultures superposées; d'abord, au niveau supérieur, un squelette avec une épée en fer à sa gauche, peut-être l'écuyer ou le conducteur du char; plus bas, le chef, enseveli dans son char, dont on voit les bandes de roues en fer et les essieux en bronze. Le chef porte au bras gauche un bracelet d'or; entre ses côtes sont quatre boutons en bronze à dessins réguliers, avec des restes d'étoffes adhérents; sur ses dents est une fibule en bronze à tête d'oiseau. A sa gauche, pointes de lance et de javelot en fer, épée en fer; entre ses pieds, un casque pointu, des anneaux et des disques en fer. A sa droite, trois vases, un couteau en fer à lame de bronze et à manche d'os, des clous. Un des vases contenait des ossements de volaille et de porc avec des coquilles d'œufs.

Au delà du casque, à un niveau un peu supérieur, mais plus bas que le premier squelette, on voit une œnochoé en bronze, deux mors, huit boutons massifs avec cabochons de corail, deux belles pendeloques en croix ornées de coraux et munies de chaînes de suspension. — Les objets placés dans la sépulture sont des moulages; les originaux sont dans la vitrine suivante.

Au-dessus, grands vases carénés en terre noire, avec ornements incisés (Chassemy, dans l'Aisne).

Vitrine 2. — Originaux des objets trouvés dans la sépulture de la Gorge-Meillet (cf. vitrine 1). Remarquez à droite les appliques et les deux croix avec cabochons de corail, les restes d'étoffes adhérents à des fragments de bronze. — Les aquarelles placées au-dessous représentent d'une part le plan et la coupe de la tombe, de l'autre le développement du casque conique, montrant le détail de la gravure et les cabochons de corail sertis dans les ornements circulaires. Le casque n'a guère qu'un millimètre d'épaisseur; il ressemble à celui de Berru, qui est lui-même de type oriental (cf. p. 149 et la vitrine 10, C de cette salle).

Vitrine 3. — A. Tombe gauloise de Thuisy (Marne) : *torques*, anneaux de bronze et de verre, épée et pointes de lance en fer, vases.

B. Autre sépulture à Thuisy : collier et bracelet en bronze, fibules, couteau, pointe de lance et pointe de javelot en fer, vases. Un des vases est décoré d'une manière remarquable au moyen de cercles concentriques enchevêtrés et gravés en creux.

C. Sépulture du *tumulus* de Catillon (commune de Saint-Jean-sur-Tourbe). Pointe de lance, grande épée de fer, anneaux de bronze, très belle œnochoé de bronze avec ornements circulaires sur la panse et le pied (cf. p. 153); un couvercle est fixé à l'anse par une chaînette et présente des traces d'étoffes adhérentes.

D. Autre sépulture de Thuisy : pointes de javelot et de lance, *torques* en bronze, anneaux en bronze et en verre, vase orné de demi-ellipses remplies par un semis de points en creux.

E. Sépulture de Saint-Jean-sur-Tourbe : *torques* de bronze avec gravures rectilignes, deux pendants d'oreilles en or, ciseaux de fer, pincettes, anneaux et bracelets de bronze. Deux anneaux de bronze portent de grosses perles en verre de couleur. Perles d'ambre, anneaux de verre, appliques à jour, dent perforée (amulette). En bas, grand vase à décors géométriques incisés.

F. 1° Sépulture gauloise de la Cheppe, avec plan de la tombe fouillée : *torques* en bronze, bracelet en bronze travaillé à jour, bracelet passé autour des os du bras, couteau, fibules en fer et en bronze.

2° *Torques*, bracelets, fibules et perles d'ambre provenant de fouilles diverses. Remarquez le bracelet formé de coquilles perforées (cf. p. 52).

3° Sépulture de la Cheppe : bracelet en lignite réparé au moyen de cercles de bronze; *torques* en bronze avec cabochons de corail fixés par des clous; couteau et fibule en fer.

Vitrine 4. — Sépulture de Saint-Hilaire-au-Temple : vases. Remarquez au milieu un spécimen dont la décoration est analogue à celle des vases de la vitrine 3, B. — A droite, *torques* torses, fibules de bronze, épée, couteau, pointes de javelot et de lance en fer.

Vitrine 5. — Objets provenant de deux sépultures de Jonchery-sur-Suippes et de Thuisy : *torques*, fibules, bracelets, ciseaux, pointes de lance, couteaux, vases.

Vitrine 6. — Campement gaulois de Berru (Marne), avec débris de cuisine, fragments de poteries, morceaux de revêtements en terre grasse portant l'empreinte des branchages qui constituaient les murs des cabanes; ossements d'animaux. Un plan et une coupe du campement sont exposés dans un cadre.

Vitrine 7. — Autre campement analogue de Bussy-le-Château, avec plan et coupe.

Vitrine 8. — Objets provenant des tombes d'Auves, de Bussy-le-Château et de la Cheppe, avec plan et coupe de la tombe de Bussy.

Vitrine 9. — Objets provenant des tombes de Saint-Hilaire-le-Grand et de Vitry-lès-Reims. Remarquez le collier de perles de verre; le *torques*, la perle d'ambre, le vase rouge avec ornements peints en blanc, le vase avec couvercle de Vitry-lès-Reims.

Vitrine 10. — A. Tombes gauloises de Saint-Jean-sur-Tourbe, avec plan. Bandes de roues en fer, couteaux, pointes de javelot, garnitures de char.

B. Tombes de Vitry-lès-Reims et de Berru. Dans la première,

deux *torques*, deux bracelets, une fibule; dans la seconde, un couteau en fer, un bracelet* en or, un grand vase caréné dont les ornements incisés sont remplis d'une matière blanche, avec d'autres décorations peintes en rouge.

C. Objets provenant d'une célèbre sépulture de Berru. Remarquez notamment deux gros bracelets creux, un casque conique avec ornements très élégants (cf. p. 149), des bossettes en bronze avec incrustations de corail, des tiges et boutons divers, un couteau de fer, un grand vase caréné avec ornements incisés remplis d'une matière blanche. En bas, dans un cadre, dessin reproduisant les motifs d'ornementation du casque de Berru.

Vitrine 11. — Objets des tombes d'Auve, de Warge-Moulin près Saint-Jean-sur-Tourbe et de Vitry-lès-Reims. Remarquez à gauche deux vases à couvercle et un *torques* à crochet (Auve); à droite, un *torques*, des colliers de corail, une grande perle d'ambre, deux boucles d'oreilles* en or, un petit cercle de bronze torse portant deux perles de verre et une d'ambre.

Vitrine 12. — Tombes de la Cheppe et de Vitry-lès-Reims: fibules, pointes de lance, vases, ossements de porcs provenant d'offrandes funéraires.

Vitrine 13. — Tombes de Vitry-lès-Reims et de la Cheppe: vases à couvercles, pointe de lance. Pour la disposition des vases dans la tombe, voyez la photographie placée à droite.

Vitrine 14. — A. Tombe de Jonchery-sur-Suippes: colliers en fer, vases à décors incisés.

B. Tombe du lieu dit la *Côte-d'Orgemont*, à Sommetourbe: anneaux et *torques* de bronze, anneaux de fer, pointes de lance, épée de fer et fourreau de bronze, grand vase caréné à décors géométriques incisés.

C, D. Tombe de Cuperly: cercles de roues en fer, pointes de lance, disques et ornements en bronze travaillés à jour, épées et garnitures de char en fer. Grand vase caréné à décoration peinte rouge et blanche; boutons et petites appliques de bronze.

Au-dessus de la vitrine, cercles en fer des roues d'un char (Jonchery-sur-Suippes).

Vitrine 15. — **A.** Tombe de la Cheppe : armes de fer, perles en verre, grand vase avec traces de peintures en rose et en blanc, vase à couvercle. En bas, plan de la tombe.

B. Tombe de Vitry-lès-Reims : *torques*, bracelets et fibule en bronze, vase à couvercle, vases à décors incisés. En bas, plan de la tombe.

Le visiteur revient sur ses pas, traverse les salles VIII, VII, le palier, les salles VI, V, IV, et termine l'étude du Musée par celle de la salle de Numismatique, qui donne dans la salle IV.

SALLE DE NUMISMATIQUE

Cette salle, dont le classement n'est pas définitif, contient principalement des bijoux, des monnaies et divers objets de l'époque mérovingienne (1). Elle a été décorée avec beaucoup de goût dans le style du quatorzième siècle, époque de la construction du donjon dont elle fait partie. Sur les murs sont deux grandes peintures à l'huile, l'une de Penguilly l'Haridon, représentant une ville gallo-romaine à l'époque des empereurs romains, l'autre de H. Bouchet, représentant le lieu dit *Camp de César*, près d'Aps.

Vitrine 1. — A. Au milieu, deux couronnes et une coupe d'or du *tumulus* d'Apremont (cf. p. 148). De part et d'autre, sept cuillers romaines en argent (Compiègne, Châlon-sur-Saône et provenances inconnues), et une cuiller en or (Neufchâteau). Petite épingle en argent surmontée d'une tête féminine, trouvée, dit-on, dans un verre gravé (29665) avec une monnaie d'or d'Antonin. — Sur le devant, débris de fibule en or du *tumulus* d'Apremont; bracelet vide en feuille d'or de Mercey-sur-Saône (p. 149); très grand cercle en feuille d'or de la même provenance.

A gauche, petite monnaie d'argent avec bélière, ayant été portée comme talisman; boucles d'oreilles en or (Corbeil), en bronze avec pendeloques de cristal (Compiègne), en or avec pendeloques en forme de grappe de raisin (Orange).

A droite, épingles en argent et épingles en os à tête dorée (Mayence, Vaucluse); épingles en argent à sommet polyédrique doré (Compiègne); extrémité d'épingle en or avec perle au sommet (Compiègne).

(1) Les médailles et les bijoux doivent seuls y rester; les objets mérovingiens en fer seront transportés ailleurs.

B. 1° Coffret de femme en bronze, à cinq compartiments, contenant une monnaie romaine en bronze de Faustine jeune et deux bagues en or avec chaton gravé (Côte-d'Or).

2° Collier formé de perles de verre et d'ambre, d'olives en or estampé, de plaquettes de bronze (Compiègne); collier d'abeilles en or provenant d'Égypte, à rapprocher des abeilles mérovingiennes en or que l'on a trouvées en 1653 dans le tombeau du roi Childéric à Tournai.

C. 1° Ornement en or creux en forme de tube recourbé, appartenant peut-être à un char (Alsace).

2° Deux bracelets en or (Finistère, Kervazouen en Morbihan).

3° Fibules en argent (Beauvais, Compiègne). Deux paires de boucles d'oreilles en or (Warge-Moulin et Saint-Jean-sur-Tourbe, cf. plus haut p. 174); boucles d'oreilles en or avec chaînettes (île de Chypre).

D. 1° Deux spirales en or de Heidolsheim (Bas-Rhin). Ces spirales, comme les bracelets en or sans ornements, sont peut-être des lingots et non des objets de parure.

2° Deux bracelets en or (Saint-Brieuc, Kervazouen en Morbihan).

3° Bracelet en or, ouvert, rempli d'une matière terreuse (Sordes, dans les Landes); Boucles d'oreilles en or lisse (la Gorge-Meillet, cf. p. 191); curieuse lame d'argent laminé, trouvée en 1858 à Poitiers; elle était enroulée sur elle-même et renfermée dans un étui. Cette lame porte cinq lignes en caractères latins cursifs, tracés à la pointe d'un style; quelques mots sont latins, d'autres grecs, d'autres paraissent appartenir à un dialecte celtique. Bien que l'inscription n'ait pas encore été traduite d'une manière définitive, il a été possible d'établir que c'est une formule de conjuration contre une maladie. Les médecins ou plutôt les charlatans du quatrième et du cinquième siècle après Jésus-Christ traçaient de ces invocations sur des lames de métal qui, renfermées dans un étui, étaient suspendues en guise d'amulettes sur le corps du malade.

E. 1° Bracelet lisse en or ouvert (Saint-Brieuc). — Quatre magnifiques bijoux, deux bracelets et deux grands pendants d'oreilles (*tumulus* de Châtillon-sur-Seine en Côte-d'Or). Le travail rappelle celui des bijoux de Waldalgesheim (p. 159). — Bracelet lisse en or ouvert (Bretagne).

2° Bracelets en or ouverts de Kervazouen (Morbihan), la Grande-Brière (Loire-Inférieure), Caudos (Gironde), Heidolsheim (Bas-Rhin). — Deux bagues et un *torques* en or formé de deux tiges (Alsace).

3° Jolie chaîne en or (Compiègne); bracelet en or estampé; fil d'or, débris de broderie (prov. inconnue); pépite d'or percée, bijou californien; fibule en or à deux crochets avec aigle en relief (Cologne en Saône-et-Loire). — Gland avec ornements incisés, fermoir d'une ceinture en or (dragages de la Seine); rouelle en or (Belgique). — Coupe en or du *tumulus* d'Apremont (déjà nommée, cf. p. 176). *Torques*, rouelle et fibule en or (prov. inconnue); croissants-pendeloques en argent (Saint-Étienne-au-Temple, dans la Marne); bracelet en argent (Bresle en Oise); fragment de *torques* en or (Marseigne en Allier); plaque d'or avec décoration en filigrane (Chypre); bracelet en or (Gorge-Meillet); grande boucle d'oreille circulaire en or creux (Berru).

F. 1° Deux spirales en or (Heidolsheim, Bas-Rhin).

2° Grande rondelle en or et lot de monnaies d'or découvertes en Alsace. Ces monnaies appartiennent à la classe des *pièces à l'arc-en-ciel*, nom qui leur vient de la croyance populaire qu'elles se montrent après l'orage, lorsque paraît l'arc-en-ciel, et de la forme *scaphoïde* qui les distingue des autres monnaies gauloises. On les a rencontrées surtout en Bavière, en Bohême, en Hongrie, dans la Cisalpine, en Belgique; elles ne remontent guère, à ce qu'il semble, au delà du premier siècle avant l'ère chrétienne.

3° Fragments d'anneaux et de boucles d'oreilles en argent (Plénise, Jura), de bracelets et de lingots en or (Finistère); bague en or serpentiforme; bague en or avec pierre gravée; boucles d'oreilles en or (Marne); petit disque d'or estampé (Magny-Lambert).

G. 1° Bracelet en or estampé.

2° Rondelle en or (Alsace); *torques* en or (Allier).

3° Belle bague en cristal de roche (Orange); quatre grandes

monnaies en bronze, avec une belle patine verte; bagues et anneaux en or (Mont-Beuvray, Montaud dans le Gers, Clos-Rattel en Côte-d'Or [avec taureau gravé dans le chaton], Bresles en Oise, Cérilly en Côte-d'Or, Compiègne, Vaison).

H. 2° Petit plat* en argent avec figures en relief sur le bord, masques, animaux, etc. Dans ce plat on a rangé une série de pierres gravées romaines découvertes en Gaule (chatons de bagues).

3° Quatre cercles d'or estampés, à l'effigie de monnaies impériales romaines (Étampes). — Belle boucle de ceinturon en or, avec encadrement en filigrane (Étampes). — Bagues en argent, dont l'une serpentiforme (Cuperly, dans la Marne); grosse bague en argent dont le chaton représente un Mars (Compiègne); bague en argent formée d'une tige plate roulée en hélice (Compiègne); bague* en bronze dont le chaton manque (Brumath, Haut-Rhin); bague en argent terminée par deux têtes de serpents; bague en argent avec chaton (Compiègne).

Vitrines 2, 3, 4. — Ces vitrines contiennent des séries de monnaies gauloises classées suivant les cités et les peuples auxquels elles appartiennent (1), tant les monnaies proprement gauloises que celles des colonies romaines de la Gaule, comme Lyon et Nîmes. Dans la 4° vitrine, on a placé des monnaies romaines frappées dans les ateliers de la Gaule, Lyon, Trèves, Arles, les pièces des empereurs qui se rendirent indépendants en Gaule au troisième siècle, comme Postumus et Tetricus, celles dont les types font allusion à l'histoire de la Gaule (monnaies rappelant les voyages d'Auguste en Gaule, etc.), enfin une série de monnaies mérovingiennes. Dans les tiroirs des vitrines 2 et 4 on a rangé des lots de monnaies découvertes en des localités déterminées de la Gaule, comme Alise (cf. p. 107), le Mont-Beuvray, Saint-Pierre-en-Châtre (Oise), Villeneuve-le-Roi (Haute-Marne), Beauvoisine (Drôme). Un meuble à tiroirs fermés placé contre le mur contient encore un grand nombre de monnaies qui peuvent être étudiées par

(1) Le classement des monnaies du Musée est dû à M. de Barthélemy.

les spécialistes. Au-dessus de ce meuble sont des aquarelles représentant des épées mérovingiennes découvertes dans l'Aisne.

Les Gaulois n'ont pas créé de toutes pièces les types de leurs monnaies : ils les ont copiés sur ceux des peuples voisins, plus avancés en art et plus commerçants, dont le numéraire était devenu une sorte d'instrument international pour les échanges. Ils imitèrent d'abord les statères d'or de Philippe de Macédoine (360-336 av. J.-C.), aux types d'une tête d'Apollon vue de profil et d'un char à deux chevaux, puis les deniers de la République romaine, qui portaient souvent d'un côté la tête de Rome, de l'autre Castor et Pollux à cheval. Ils s'inspirèrent aussi de quelques pièces grecques frappées à Marseille (1), en Sicile et sur la côte d'Espagne (Rhoda, Emporium), ainsi que de monnaies romaines de différents types, qui furent contrefaites à poids réduit.

Comme il arrive toujours lorsqu'on imite ce qu'on ne comprend pas, ces copies gauloises de monnaies grecques et romaines sont à la fois très infidèles et très grossières ; quelquefois elles le sont à tel point qu'on reconnaît à peine l'influence des originaux. De ce nombre sont les pièces dites *à l'arc-en-ciel* (cf. p. 178). Quelques ateliers remplacèrent le conducteur du char figuré sur les statères de Philippe par des animaux et des oiseaux. Mais à côté de motifs empruntés ou dégénérés, beaucoup de coins présentent des types et des emblèmes qui ont été inventés par les monnayeurs locaux. Le monnayage gaulois commença vers la fin du quatrième siècle avant Jésus-Christ. Dans le centre et dans le nord de la Gaule, on frappa des monnaies en or, en argent et en bronze ; dans le Sud, on frappa seulement du bronze et de l'argent. A une époque tardive, on fit aussi des pièces de potin, surtout dans le Nord.

Les monnaies portent quelquefois les noms de chefs gaulois : c'est ainsi que nous possédons des pièces de Vercingétorix (pièce trouvée à Alésia, vitrine 3, en bas à droite) et d'un certain nombre de princes mentionnés par César. Parfois aussi on

(1) Des Grecs de Phocée (Asie Mineure) s'étaient établis à Marseille dès le septième siècle avant Jésus-Christ. Les plus anciennes monnaies de Marseille portent l'image d'un phoque, par allusion au nom des Phocéens.

lit sur les monnaies le nom d'une cité ou d'un peuple de la Gaule, celui d'un magistrat monétaire ou politique, écrit d'abord en caractères grecs, plus tard en lettres latines. Mais il arrive trop fréquemment que les monnaies n'offrent aucune légende, ce qui en rend le classement et l'attribution fort difficiles. Au point de vue de l'art, elles sont généralement médiocres ou mauvaises, bien que les types, en particulier les têtes chevelues, soient dessinés avec une barbarie originale.

On peut voir d'excellentes gravures des monnaies gauloises dans le meuble à volets de la salle de Comparaison (plus haut, p. 102).

César vainqueur prohiba l'émission des monnaies d'or; il fit frapper en Gaule, pour son propre compte, des pièces d'or au type de l'éléphant. Le nom des gouverneurs romains paraît alors sur quelques types monétaires. Les menues espèces locales furent frappées à Nîmes, à Vienne et à Lyon pendant le premier siècle après Jésus-Christ. Le monnayage impérial, qui comprenait l'or et l'argent, fut longtemps limité à l'atelier de Lyon; plus tard, au quatrième siècle, il y eut des ateliers à Lyon (cf. p. 49), à Trèves et à Arles. La fabrication monétaire de la Gaule romaine a toujours été centralisée, tandis que celle de la Gaule indépendante paraît avoir été disséminée presque à l'infini. La dissémination reparaît avec la période mérovingienne (1).

Les monnaies mérovingiennes sont presque toutes en or. Ce sont des imitations barbares des monnaies impériales du Bas-Empire (sous d'or et tiers de sou d'Anastase, de Justin et de Justinien). On y trouve les noms des empereurs, des rois (à partir de Théodebert Ier), des ateliers monétaires et des monnayers. De là leur importance comme documents géographiques et historiques; leur valeur artistique est tout à fait nulle.

Vitrine 5. — Ex-voto en argent trouvés à Vichy (Allier). Ils étaient offerts par les malades à la source thermale (cf. p. 32). L'un d'eux porte une dédicace à la divinité orientale Jupiter Sabazius. Remarquez au milieu une statuette d'enfant en argent.

(1) Cf. Charles Robert, *Revue archéologique*, 1885, II, p. 324-329.

Vitrine 6. — Objets en bronze, en or et en verre de l'époque mérovingienne.

L'art de l'époque mérovingienne, qui s'étend depuis la fin du quatrième jusqu'à la fin du huitième siècle après Jésus-Christ, nous est surtout connu par les produits du travail des métaux, les objets d'orfèvrerie et de parure. Les œuvres de l'industrie barbare, à cette époque, présentent, d'un bout à l'autre de l'Europe, un incontestable caractère d'unité. Le trait commun le plus frappant est la verroterie cloisonnée d'or, l'emploi des grenats, des zirconites et d'autres pierres précieuses comme motifs de décoration du métal. La preuve que cet art, dit improprement mérovingien ou germanique, n'est pas d'origine occidentale, c'est qu'on en trouve des monuments dans la vallée du Danube et en Hongrie antérieurement à la période où ils deviennent fréquents en Gaule. On ne peut pas non plus, comme on l'a fait, y voir une dérivation de l'art byzantin, qui, suivant toute apparence, n'existait pas encore à la fin du quatrième siècle. Si l'art des barbares ressemble à celui de la Byzance de Justinien, cela peut s'expliquer plutôt par une communauté d'origine que par un lien direct de dépendance.

Les motifs de la décoration barbare, comme ceux de l'ornementation byzantine, trahissent avec évidence l'influence de l'Orient, en particulier celle de l'art *sassanide*, ainsi nommé d'une dynastie persane qui fut fondée en 226 de Jésus-Christ. Ce courant artistique arriva en Europe en passant par l'Arménie et le Caucase. Le pays sur lequel il se porta principalement est le midi de la Russie actuelle, habité alors par les Goths et les Gépides. Dans cette région, en particulier dans la Crimée, existait depuis des siècles une école d'orfèvres et d'ouvriers en métaux, qui produisit de véritables chefs-d'œuvre au quatrième siècle avant Jésus-Christ, alors que les bords de la mer Noire, couverts de colonies grecques, étaient en relations constantes avec Athènes, qui tirait de là le blé qui lui manquait. Ces ouvriers, en travaillant pour les princes barbares, donnèrent naissance à un style nouveau, où l'influence hellénique s'effaça de plus en plus devant l'élément oriental. A l'époque des grandes invasions, la Grèce et Athènes ne comptaient plus parmi les centres artistiques, leurs communications avec les bords de la mer Noire étaient interrompues et l'art gréco-scythique, devenu barbare, se mit à l'école de l'art sassanide. En 376, l'invasion des Huns détruisit l'empire des Goths et les poussa vers l'occident de l'Europe. Il est probable que les orfèvres de la Russie méridionale, possesseurs des traditions artistiques dont nous avons marqué l'origine, émigrèrent en partie vers Constantinople, qui devenait à ce moment le siège de l'Empire, tandis que d'autres remontèrent la vallée du Danube et portèrent leur art vers l'Occident à la suite des envahisseurs barbares. Ainsi l'orfèvrerie byzantine ne serait pas la mère, mais plutôt la sœur de l'orfèvrerie mérovingienne. (1).

Il faut encore rappeler que certains éléments du style mérovingien se trouvent déjà, bien antérieurement à l'ère chrétienne, dans les objets des nécropoles de Hallstatt (p. 156) et de Koban dans le Caucase (p. 82); cela est particulièrement vrai pour les représentations grossières d'animaux gravés sur métal. Le poignard de Hallstatt est décoré de pierres transparentes comme les armes de luxe et les boucles mérovingiennes. Ces deux courants artistiques analogues semblent avoir passé, à plusieurs siècles de distance, par le Caucase, la Russie méridionale et la vallée du Danube : leur origine commune doit être cherchée en Asie. L'Europe centrale et l'Europe du Nord adoptèrent d'autant plus volontiers le style mérovingien qu'il n'était, pour ainsi dire, qu'un nouveau développement de l'art barbare de la première époque des métaux.

A. Au milieu, aiguière en bronze avec anse et couvercle trouvés à Mackenheim (Alsace); fibules et boutons en bronze; disques de fibules en bronze avec ornements gravés et en relief.

B. 1° Verreries mérovingiennes. A côté de formes ressemblant à celles de l'époque romaine, on voit paraître quelques types nouveaux.

2° Colliers de perles en verres de couleur, en pâtes de verre et en ambre; quelques monnaies sont insérées dans les cha-

---

(1) Comme l'art de Byzance prit un essor très rapide, ses produits se répandirent, dès le cinquième siècle, dans l'Europe occidentale.

pelets. Les verres de couleur, déjà fréquents dans les tombeaux de la Marne (cf. p. 167), étaient très répandus dans la Gaule mérovingienne.

3° Fibules avec grenats cloisonnés ou verres rouges imitant des pierres précieuses; fibules en argent et en or.

C. 1° Verreries mérovingiennes.

2° Colliers en pâtes de verre et en perles d'ambre; remarquez un collier entièrement formé de perles d'ambre.

3° Fibules en argent et en bronze avec grenats cloisonnés. Remarquez une fibule de Suisse avec surface dorée et pierres de couleur enchâssées dans la dorure (29 432).

D. 1° Verreries; 2° colliers; 3° fibules de types analogues aux précédents; l'une* est en argent doré avec cabochon en grenat (musée de Rouen).

E. 1° Verreries; plusieurs proviennent du cimetière mérovingien de Jouy-le-Comte.

2° Colliers de perles diverses, de verre et d'ambre. Remarquez un collier de 32 grains d'ambre irréguliers. — Bout de courroie avec gravures damasquinées d'argent, représentant des chiens courants d'une part, des lions de l'autre; boucle gravée de même avec un griffon et autre semblable représentant des lions? (Sedan et Colombier-sur-Seulles, Calvados).

3° Fibules en bronze doré avec grenats (Compiègne); (27 914) fibule plaquée d'or avec grenats (Poussay, Vosges); (24 000) très belle fibule en or filigrané avec pierre rouge au centre; (24 574) deux grandes fibules en argent ornées de pierres et de filigrane en or (Jouy-le-Comte); style et épingle en argent à tête d'or filigranée (Jouy-le-Comte); (24 573) bague à haut chaton avec pierre verte (Jouy-le-Comte); (24 575) deux fibules en argent avec filigrane d'or représentant grossièrement un cheval (Jouy-le-Comte); pendeloques et fils d'or de broderies (même provenance). — (19 067) Fibule * à sommet arrondi et rayonné, en argent doré, avec grenats cloisonnés (Douvrend en Seine-Inférieure). Au-dessus (24 601), boucle en bronze doré cloisonnée avec verres de couleur (Tressan en Hérault).

F, G, H. 1° Verreries; 2° colliers; 3° fibules de bronze et

d'argent. Remarquez en bas (23 273) une agrafe en argent doré cloisonnée en verre (Tressan en Hérault); des disques-fibules en or avec verres rouges (Mackenheim en Alsace); des fibules en argent avec grenats cloisonnés; une grande fibule* en bronze doré (Hochfelden, Haut-Rhin); deux fibules en argent avec pierres de couleur (Marché-le-Pot, Somme).

Vitrine 7. — (19 789) Bague en or* du roi Childéric, père de Clovis (original perdu); bague en or avec grand chaton de verre bleu et petits verres imitant des pierres précieuses (Barézière, Ille-et-Vilaine); bague en or avec chaton décoré de pâtes cloisonnées (Gaël, Ille-et-Vilaine); bague en or dont le chaton porte un cavalier en creux (Compiègne); bague en argent dont le chaton est orné de verres bleus et rouges (même prov.).

Au-dessous, bagues en bronze dont quelques-unes encore passées autour des phalanges des doigts; d'autres portent des noms en monogrammes. — Boucles d'oreilles en or (Compiègne, Villeneuve-sur-Lot); boucles d'oreilles en argent avec polyèdres ornés de verres rouges (Compiègne).

Bracelets en verre, en fer, en argent et en bronze (Pas-de-Calais, Marne, Aisne).

Épingles* en argent doré avec tête d'oiseau (Doubs); épingles en bronze, quelques-unes avec têtes dorées; pinces à épiler avec anneaux. — Anneaux travaillés à jour avec dessins divers (cavalier, croix, etc.); languettes destinées à garnir l'extrémité de courroies; petits objets en bronze: clous, disques, boutons, anneaux, chaînette; peigne en os (Beauvais).

Vitrine 8. — Ciseaux, anneaux, objets divers en fer, éperon de bronze, peignes en os avec ornements circulaires incisés; pointes de flèche en silex des cimetières mérovingiens de Chelles et de Lizy.

Vitrine 9. — Plaques de ceinturon en fer avec boucles, quelques-unes incrustées d'argent ou munies de clous en bronze.

Vitrine 9 bis *(sera installée en 1887).* — (29 768) Moule* en pierre dure, mobile autour d'une charnière métallique, trouvé à Vézelay; on voit d'un côté un oiseau aux ailes déployées, de l'autre un cheval harnaché et sellé avec un oiseau posé sur sa croupe. — Série de magnifiques bijoux mérovingiens* découverts dans la vallée du Rhin : fibule en or avec filigrane et verroterie cloisonnée (Sprendlingen en Hesse Rhénane, musée de Mayence); autres analogues d'Alsheim (musée de Mayence); de Fridolfing (Wurtemberg), en argent doré, ornée de serpents à têtes d'oiseau (collection Soyter à Augsbourg); de Waiblingen (Wurtemberg, musée de Stuttgard); des environs de Bonn (musée de Mayence); d'Engers (Prusse Rhénane, musée de Wiesbaden). — Petite fibule en forme de rosette, en argent doré, avec filigrane et grenats cloisonnés (Nordendorf en Bavière, musée de Munich); autre analogue de Niederstotzingen (Wurtemberg, musée de Stuttgard). — Fibule en fer avec damasquinures d'argent (Freilaubersheim en Hesse Rhénane, musée de Mayence); fibule en fer ornée de cercles concentriques (Bessungen près de Darmstadt, cabinet du grand-duc de Hesse). — Petite fibule en argent doré, avec grenats cloisonnés, représentant un serpent avec deux têtes d'oiseau (Nordendorf en Bavière, musée de Munich).

Au-dessus, gravures coloriées d'après les tombes mérovingiennes du cimetière d'Arcy-Sainte-Restitue, dans l'Aisne, fouillées par M. Frédéric Moreau; dessins des armes trouvées dans les sépultures.

La coutume païenne d'ensevelir les guerriers avec leurs armes persista en Gaule jusqu'à l'époque carlovingienne. Les Francs, les Burgondes et les Visigoths aimaient la parure et le luxe; leurs nécropoles, dont on connaît plus de 600 en Gaule, en portent témoignage. La conversion des barbares au christianisme n'influa que lentement sur leurs coutumes funéraires; on se contenta de déposer, dans les tombes des convertis, quelque emblème de la nouvelle religion (cf. vitrine 12).

Vitrine 10. — Vase en argent* qui contenait 400 monnaies d'argent gauloises (Eyre dans les Landes); coins en bronze pour frapper des monnaies romaines (Paray-le-Monial); coins de monnaies gauloises (Gergovie, Grenoble). — Rondelles en terre ayant servi de moules de monnaies, avec l'empreinte de têtes d'empereurs romains; ces objets ont peut-être fait partie de l'atelier d'un faux monnayeur.

Vitrine 11. — Objets en or et en cuivre (alliage) des anciens tombeaux de la Colombie (Amérique), antérieurs à la conquête espagnole : figures humaines grossières, quadrupèdes, grenouilles, oiseaux, serpents, boucle de nez avec spirales et boucles d'oreilles; poudre d'or dans un sac, or natif dans sa gangue.

Vitrine 12. — Série de boucles et de plaques de ceinturon mérovingiennes en bronze, ornées de reliefs et de gravures (cimetières de Waben en Pas-de-Calais, de Lizy en Aisne, de Compiègne). Remarquez les spécimens qui portent des croix et ceux où sont figurés des motifs chrétiens (Daniel et Habacuc; Daniel dans la fosse aux lions, sujet fréquent dans le sud-est de la Gaule; cheval avec le monogramme du Christ, etc.).

Vitrines 13 et 14. — Boucles de ceinturon en bronze et en fer. Quelques-unes présentent, outre les gravures, des incrustations d'argent et des clous de bronze.

Vis-à-vis, gravures coloriées représentant les tombes des cimetières d'Arcy-Sainte-Restitue et de Caranda (Aisne), fouillés par M. F. Moreau, et dessins d'ornements divers trouvés dans ces tombes.

Vitrine 15 (plate). — Plat en bronze à deux anses mobiles et pied à jour; mors à cheval incrusté d'argent; ornements en or (boucles, appliques, lions couchants); le tout trouvé à Chiusi (Italie du Nord), dans la tombe d'un chef barbare du septième siècle. Ces bijoux paraissent être de fabrique lombarde.

Vitrine 16. — Poterie mérovingienne grossière des cimetières de Waben (Pas-de-Calais), Luzieau (Aisne), Souain (Marne), Champdolent (Seine-et-Oise), Londinières et Envermeu (Seine-Inférieure), l'Oise, etc. La couverte de ces vases est le plus souvent noirâtre, avec ornements gravés en creux et cercles horizontaux en relief. Remarquez (C, 6°) un petit seau en bronze avec inscription chrétienne et monogramme du Christ, trouvé dans l'Ill (Alsace).

Vitrine 17. — Aux trois rangées supérieures, poteries mérovingiennes de Waben (Pas-de-Calais), Cambronne et Gury (Oise), Luzieau (Aisne); Envermeu et Londinières (Seine-Inférieure), Montdidier (Somme), la Marne, etc. Remarquez (C, 2°) un vase de bronze trouvé à Waben.

C. 3° A gauche, des anneaux et des bracelets de bronze (Marne), des verreries, des perles émaillées de diverses couleurs (Gurzon en Creuse), une poignée d'épée* en os sculpté représentant un guerrier à cheval (Poitiers), un vase à verser avec anse en bronze, trouvé en 1848 à Choisy-au-Bac (forêt de Compiègne). Il contenait environ 3000 monnaies romaines en bronze, la plupart de Constantin. — Pierre verte avec inscription (Gurzon, Creuse); deux grands colliers en perles d'ambre; une grande boucle* en bronze à reliefs (Reims); des débris de peigne en os (Marne); trois pieds de biche en fer dans des manches en os (Marne).

Au-dessous, (A, 4°), haches en fer mérovingiennes appelées *francisques;* plaque de ceinturon avec boucle en fer incrusté d'argent (Yonne); petite boîte cylindrique en bronze* avec longue chaînette (Suisse).

A. 5° Francisques; l'une d'elles contient encore une partie de son manche en bois (19 918).

6° Haches de types divers; à côté de la *francisque,* à profil relevé, on voit la hache à bord supérieur horizontal et la hache double qui s'élargit en éventail.

B. 4° Plaques de ceinturon et boucles en bronze gravées.

5° Lances en fer de différentes grandeurs. Dans quelques-unes, la douille contient des restes du bois emmanché.

6° Haches et *francisques.*

C. 3° *Umbones* de boucliers; poignée d'*umbo* à trois pattes (Envermeu); plaques de ceinturon gravées; (29 433) plaque avec boucle et contre-plaque de ceinturon en fer plaqué d'argent (Suisse).

4° Lances ou framées; la lance longue et étroite, avec fer barbelé, est l'*angon* mérovingien (24 602), qui dérive directement du *pilum* romain (cf. p. 24).

5° Deux garnitures en bronze du sommet de sceaux de bois; épées en fer.

D. 4° Plaques de ceinturon percées à jour, avec figures de

chevaux et ornements divers; remarquez à gauche (19 415) une plaque* en bronze argenté avec inscription et croix (Maynal en Jura). — Petites boucles et plaques de garnitures.

5° et 6° Lances, épées et couteaux à dos arrondi nommés *scramasax*.

E. 4° et 5° Pointes de flèche, de lance et de javelot.

6° *Scramasax*, couteaux divers et serpe en fer à crochet.

Le visiteur redescend par le petit escalier qui aboutit au fond de la salle IV.

FIN

TABLE DES MATIÈRES

ORDRE CHRONOLOGIQUE DES SALLES

SALLE I. — La Gaule avant les métaux. — Alluvions et plateaux. — Cavernes.................... 1ᵉʳ étage, p. 49 à 60

SALLE II. — La Gaule avant les métaux (suite). — Monuments mégalithiques. — Pierre polie............ 1ᵉʳ — 61 à 69

SALLE III. — Monuments mégalithiques (suite). — Apparition des métaux........................ 1ᵉʳ — 70 à 73

SALLE IV. — La Gaule avant les métaux. — Stations lacustres........ 2ᵉ — 131 à 134

SALLE V. — La Gaule après les métaux. — Armes de bronze........ 2ᵉ — 135 à 146

SALLE VI. — Époque gauloise. — Sépultures sous *tumulus*. — Bronzes d'art importés................ 2ᵉ — 147 à 161

SALLE VII. — Époque gauloise. — Cimetières à inhumation de la Marne 2ᵉ — 162 à 169

SALLE VIII. — Cimetière de Chassemy............................. 2ᵉ — 170

SALLE IX. — Sépultures gauloises fouillées scientifiquement. — La Gorge-Meillet.................... 2ᵉ — 171 à 175

SALLES X, XI, XII. — *Ne sont pas encore installées.*

SALLE XIII. — La conquête romaine. Siége d'Alésia................. 1ᵉʳ — 103 à 113

SALLE XIV. — Céramique de l'époque romaine. — Terres cuites et vases gallo-romains.................... 1ᵉʳ — 114 à 118

SALLE XV. — Vases, verreries et bronzes d'art de l'époque romaine..	1ᵉʳ étage, p.	119 à 128
SALLE XVI. — Céramique gallo-romaine. — Cachets d'oculistes. — Couteaux. — Clefs................	1ᵉʳ —	129 et 130
SALLE XVII. — Colonnes milliaires des routes romaines en Gaule.....	Entresol,	39
SALLE XVIII. — Inscriptions romaines relatives à la constitution de la Gaule. — Cités gauloises. — Inscriptions celtiques............	—	36 à 38
SALLE XIX. — Monuments de la mythologie gauloise.............	—	27 à 35
SALLE XX. — Monuments relatifs aux légions romaines stationnées sur les frontières de la Gaule.......	—	40 à 43
SALLE XXI. — Annexe de la salle XX.	—	42
SALLE XXII. — Costumes, arts et métiers des Gaulois.............	—	44 à 47
SALLE A. — Monuments relatifs aux flottes romaines................	Rez-de-ch.,	21
SALLE B. — Bas-reliefs de l'arc d'Orange. — Mosaïque d'Autun....	—	22 à 23
SALLE C. — N'est pas encore installée.		
SALLE D. — Bas-reliefs du mausolée de Saint-Rémy.................	—	24 à 25
SALLES E-Q. — Ne sont pas encore installées.		
SALLE R. — Bas-reliefs de l'arc de Constantin...................	—	19 et 20
SALLE S. — Bas-reliefs de l'arc de Constantin...................	—	18
VESTIBULE...................	—	17
SALLE DE NUMISMATIQUE. — Monnaies gauloises et mérovingiennes. — Bijoux gaulois et mérovingiens. — Armes mérovingiennes.	2ᵉ étage,	176 à 189
SALLE DE COMPARAISON.........	1ᵉʳ —	75 à 102
SALLE D'ÉTUDE ET BIBLIOTHÈQUE	1ᵉʳ —	74

INDEX GÉNÉRAL ALPHABÉTIQUE

N. B. *Les chiffres renvoient aux pages du Catalogue. Les noms géographiques sont suivis de l'indication du département, de la province ou du pays auxquels ils appartiennent.*

A

Aah-Hotep, 84.
Aargau. Voy. *Argovie.*
Abbeville (Somme), 25, 52, 87, 93, 96, 120, 121, 142, 161.
Abeilles, 177.
Abelio *ou* Abellio, 28.
Abinius (divinité), 32.
Ablon (Seine-et-Oise), 112.
Abondance (divinité), 18, 28, 30, 32, 34, 76, 116, 117. Voy. *Cérès, Tutela.*
Abris sous roche, 50, 55. Voy. *Cavernes.*
Abruzzes (Italie), 90.
Acier, 136. Voy. *Fer.*
Acy (d'), 60.
Adam, 94.
Aduatucorum oppidum (Belgique), 112, 113.
Afrique, 47. Voy. *Algérie, Égypte, Maroc, Tunisie.*
Age de la pierre, 49 et suiv.
Ages du bronze et du fer, 135 et suiv.
Age du renne, 55 et suiv.
Agitateur en verre, 127.
Agrafes. Voy. *Fibules.*
Aigles, 34, 94, 98, 121, 122, 126, 160, 178.
Aiguière, 183.
Aiguilles, 55, 58, 59, 93, 97, 108, 136, 166.
Ailes de cavalerie, 40, 41, 42.
Ailerons de bouterolles. Voy. *Bouterolles.*
Ailerons de haches, 136, 137, 138, 140, 145.
Ailerons de Mercure, 28, 33, 125. Voy. *Mercure.*

Aime-en-Tarentaise (Savoie), 34, 38.
Ain (Département de l'), 34, 47, 93, 120, 125, 129, 140, 142, 144, 145, 150, 152, 156.
Ain-Taiba (Algérie), 82.
Aisne (Département de l'), 35, 51, 52, 68, 87, 98, 107, 126, 127, 170, 171, 179, 185, 186, 187.
Aix (Bouches-du-Rhône), 40, 41, 126.
Alais (Gard), 94.
Alaise (Doubs), 151, 153, 154.
Albâtre, 71, 92.
Albinus, 29.
Alésia. Voy. *Alise-Sainte-Reine.*
Alexandre le Grand (?), 126.
Algérie (Afrique), 82, 88, 89, 91, 92, 102.
Alhama (Espagne), 78.
Alignements, 62. Voy. *Carnac.*
Alise-Sainte-Reine (Côte-d'Or), 14, 20, 31, 32, 36, 98, 99, 103, 106, 107, 110, 111, 112, 113, 145, 153, 179, 180. Voy. *Vercingétorix.*
Allées couvertes, 15, 63, 64, 65, 69, 71. Voy. *Dolmens.*
Allemagne. Voy. *Autriche, Bavière, Hanovre, Hesse,* etc.
Allemagne du Nord, 76, 90, 131.
Allemagne du Sud, 80.
Altenhüfen (Suisse), 157.
Allia (Italie), 147.
Allier (Département de l'), 28, 32, 43, 54, 86, 87, 91, 98, 99, 109, 114, 115, 116, 117, 120, 123, 125, 129, 142, 145, 178, 181.
Alliès (Cantal), 145.
Allobroges, 23.
Alluvions, 50, 51.
Alouette, 128.
Alpes, 37.

Alpes (Département des Basses-), 139, 152, 156.
Alpes (Département des Hautes-), 93, 149.
Alpes-Maritimes (Département des), 15, 31, 32, 37, 38, 39, 43, 56, 59, 81, 87, 94, 152.
Alsace, 89, 177, 178, 187. Voy. *Rhin (Bas- et Haut-)*.
Alsheim (Hesse Rhénane), 186.
Altenburg (Bavière), 161.
Amancey (Doubs), 154.
Amazones, 24, 31.
Ambre, 85, 102, 136, 145, 151, 156, 157, 159, 166, 172, 173, 174, 177, 183, 184, 188.
Amentum, 80, 103, 112, 113.
Amérique, 82, 90, 94, 95, 178, 187.
Amfreville (Eure), 149, 168.
Amiens (Somme), 87, 94, 122, 129.
Amondans (Doubs), 154.
Amours (divinités), 33, 35, 76, 94, 95, 125.
Amphores, 43, 44, 75, 87, 92, 101, 103, 104, 110, 112, 148.
Ampoule à huile, 47.
Amulettes, 66, 89, 90, 93, 98, 167, 170, 172, 176, 177. Voy. *Dents percées, pendeloques*.
Anadyomène (Vénus), 115, 116, 117.
Anastase, 181.
Ancon (Pérou), 91.
Andalousie (Espagne), 78.
Andes (pierre tombale d'), 41.
Andrésy (Seine-et-Oise), 120.
Angers (Maine-et-Loire), 126.
Angleterre, 60, 78, 89, 96, 97, 131.
Angon, 188.
Animaux, 79, 81, 102, 121, 129, 179, 183. Voy. *Cheval, chien, lion*, etc.
Animaux domestiques, 62, 132. Voy. *Bœuf, cheval, mouton*, etc.
Anneaux, 32, 40, 63, 65, 66, 68, 71, 72, 77, 80, 87, 88, 89, 90, 96, 97, 99, 102, 105, 108, 109, 111, 112, 130, 134, 135, 136, 137, 138, 139, 140, 141, 143, 145, 150, 151, 152, 154, 155, 156, 158, 159, 164, 165, 167, 168, 170, 172, 173, 178, 179, 185, 188. Voy. *Bagues, bracelets, torques*.
Annecy (Haute-Savoie), 28, 142.
Annibal, 20.
Annone (personnifiée), 18.
Anses d'amphores, 101.
Antéfixe, 92.
Antennes (Épées et poignards à), 79, 84, 96, 145, 150, 154, 169.

Antibes (Alpes-Maritimes), 84.
Antinoüs, 18.
Antonin le Pieux, 176.
Aoste (Isère), 38, 124.
Apamée (Syrie), 29.
Apelles, 115.
Aphanite, 67, 90.
Aplustres, 24.
Apollodore de Damas, 19.
Apollon, 15, 18, 27, 28, 29, 30, 31, 32, 33, 122, 123, 124, 125, 180. Voy. *Abelio*.
Apollon citharède, 28.
Apollon Cobledulitavus, 29.
Apollon Grannus, 28, 29.
Apollon Virotutus, 28.
Appliques, 76, 97, 136, 137, 139, 140, 166, 170.
Apremont (Haute-Saône), 143, 176, 178.
Apis (Ardèche), 176.
Apt (Vaucluse), 91.
Arbalète, 45, 164.
Arbor et Arbores (Sex), 35.
Arc, 46, 132.
Arc de Constantin, 17, 18, 19.
Arc d'Orange, 21, 22, 23.
Arc de Saint-Rémy, 23.
Arc de Saintes, 88.
Arc de Trajan, 18.
Archipel, 83, 90, 91, 101, 177, 178. Voy. *Chypre, Rhodes*, etc.
Architecte, 44.
Arc-sur-Tille (Côte-d'Or), 126.
Arcy-Sainte-Restitue (Aisne), 186, 187.
Ardèche (Département de l'), 56, 59, 60, 67, 141, 142, 176.
Ardennes (Département des), 93, 158, 164, 184.
Arezzo (Toscane), 54.
Argent (Objets en), 29, 32, 76, 85, 89, 90, 92, 93, 97, 100, 107, 122, 124, 125, 126, 176, 177, 178, 179, 180, 181, 184, 185, 186, 187, 188, 189.
Argenteuil (Seine-et-Oise), 64.
Argovie (Suisse), 112.
Ariège (Département de l'), 63.
Aristoklès, 83.
Arixo (Mars), 30.
Arles (Bouches-du-Rhône), 35, 47, 87, 89, 98, 114, 124, 179, 181.
Arménie (Asie Mineure), 20, 182.
Armes, 21, 22, 23, 45, 71, 79, 80, 84, 85, 88, 110, 135, 136, 147, 154, 156, 157, 175, 186. Voy. *An-*

INDEX GÉNÉRAL ALPHABÉTIQUE. 195

gon, couteau, épée, hache, pilum, poignard, scramasax, etc.
Armes de bronze (Introduction des), 71, 135.
Armilles, 40, 167.
Armsheim (Hesse Rhénane), 152, 153, 158, 160.
Arona (Italie), 136.
Arpajon (Seine-et-Oise), 115.
Art byzantin, 182.
Art gaulois, 27, 119, 129, 179.
Art mérovingien, 182, 183.
Arthenay (Loiret), 123.
Arzon (Morbihan), 72.
As, 66.
Ascia, 38.
Asie, 90. Voy. *Arménie, Asie Mineure, Assyrie, Caucase, Inde, Palestine*, etc.
Asie Mineure, 83, 90, 94. Voy. *Arménie, Assyrie, Caucase*, etc.
Assiettes, 103, 121, 122. Voy. *Plats, soucoupes*.
Assyrie, 83, 149, 161.
Astragale, 58.
Asturies (Espagne), 40, 141.
Ateliers monétaires, 43, 181.
Atesmerius ou Atusmerius (Mercure), 23, 76.
Athènes (Grèce), 83, 84.
Athlète, 83.
Athubodua (divinité), 28.
Atlante, 153.
Attelage. Voy. *Char, chariot*.
Attila, 89.
Atys, 76.
Aube (Département de l'), 56, 109, 120, 121, 139, 142, 143, 152, 158, 164, 168.
Aubigny-la-Ronce (Côte-d'Or), 151.
Aude (Département de l'), 35, 38, 47, 59, 140, 145, 158.
Augsbourg (Bavière), 186.
Augure, 31.
Auguste, 20, 35, 36, 37, 38, 179.
Aurensan (Hautes-Pyrénées), 59.
Aurignac (Haute-Garonne), 59.
Aurillac (Cantal), 51, 114, 115.
Auriol (Bouches-du-Rhône), 34.
Aurochs, 57.
Aurore (divinité), 103.
Australie. Voy. *Océanie*.
Autels, 25, 28, 29, 30, 31, 32, 33, 34, 35, 38.
Autriche, 42, 78, 79, 82, 85, 90, 93, 131, 149, 150, 151, 154, 156, 157, 161, 183.

Autun (Saône-et-Loire), 22, 29, 30, 31, 32, 36, 38, 43, 44, 45, 46, 123, 127.
Auve (Marne), 167, 173, 174.
Auvergne, 106, 140. Voy. *Cantal, Haute-Loire, Puy-de-Dôme*.
Auvernier (Suisse), 142.
Auvillers (Somme), 67.
Auxerre (Yonne), 29, 122.
Auxois (Mont, Côte-d'Or), 106.
Auxonne (Côte-d'Or), 144.
Avaricum (Cher), 104, 105, 106.
Avenches (Suisse), 38.
Aveyron (Département de l'), 71, 100, 125, 135, 158.
Avignon (Vaucluse), 35, 36, 47.

B

Bacchanale, 120.
Bacchus, 24.
Bade (Grand-duché de), 30, 80, 161.
Badégols (Dordogne), 57.
Baeserte (divinité), 31.
Bagdad (Turquie d'Asie), 91.
Bagnères-de-Bigorre (Hautes-Pyrénées), 34.
Bagneux près Saumur (Maine-et-Loire), 63.
Bagues, 89, 90, 91, 100, 104, 130, 155, 160, 177, 178, 179, 184, 185. Voy. *Anneaux*.
Baicorix (divinité), 30.
Baidark, 95.
Balance, 76, 94.
Baliste, 19, 20, 105.
Balle (Joueur de), 100.
Baltique (Mer), 102, 107.
Balustrade, 33, 35.
Banassac (Lozère), 115, 119, 120, 121.
Bandeaux, 157, 159.
Banquet, 81, 98, 130.
Baoussé-Roussé (près Menton, Alpes-Maritimes), 59.
Barbet (Camp, Oise), 64.
Burésia (Jura), 144, 150, 150.
Barésière (Ille-et-Vilaine), 185.
Barillets, 124, 125, 126, 127.
Bar-le-Duc (Meuse), 45, 122.
Barrière (Château de, Dordogne), 20.
Barthélemy (Anatole de), 179.
Bartholdi, 105.
Basalte, 67.
Basert (près Huos, Haute-Garonne), 31.

INDEX GÉNÉRAL ALPHABÉTIQUE.

Bassins, 160, 168, 170.
Bateau, 46. Voy. *Navires, pirogues.*
Batelier de la Saône, 47.
Bateliers de la Seine, 33.
Bâtons de commandement, 58, 95.
Bâtonnet de verre, 127.
Battant de cloche, 95.
Bavai (Nord), 87, 120, 123, 129.
Bavière, 77, 80, 122, 126, 137, 145, 149, 159, 160, 161, 186.
Beaulieu (près Villefranche, Alpes-Maritimes), 43, 121.
Beaulieu (Aube), 168.
Beaune (Côte-d'Or), 30, 36, 126.
Beauvais (Oise), 27, 177, 185.
Beauvoisine (Drôme), 179
Belfort (Haut-Rhin), 65.
Belges, 162, 163.
Belgique, 54, 59, 112, 124, 129, 139, 143, 152, 158, 162, 177, 178.
Béliers, 20, 122, 143, 160. Voy. *Serpents.*
Bélière, 140, 141, 152, 166, 170, 176.
Bellérophon, 22.
Belley (Ain), 34, 47.
Bellicus, 47.
Bellicus Surbur, 35.
Belnie, 17.
Belus (divinité), 29.
Benfeld (Bas-Rhin), 29.
Berceau, 116.
Berlin (Prusse), 76, 77.
Berne (Suisse), 125, 153.
Bernières d'Ailly (Calvados), 149.
Berru (Marne), 149, 173, 178.
Berthouville (Eure), 87, 89, 121.
Besançon (Doubs), 41, 122, 124, 125, 126, 154, 158.
Bessingen (pr. Darmstadt, Hesse), 186.
Béthune (Pas-de-Calais), 129.
Beuvray. Voy. *Mont-Beuvray.*
Biberon, 124.
Bibliothèque, 74.
Bibracte (Saône-et-Loire), 104, 106.
Biche, 115, 117, 121, 153, 158.
Bienne (Suisse), 20, 138, 139, 142.
Bijoux, 78, 151, 152, 176, 177, 178, 186, 187.
Billy (Loir-et-Cher), 139, 145, 149.
Binette, 99.
Bingen (Hesse Rhénane), 41, 80.
Bison, 49, 57, 88.
Blain (Loire-Inférieure), 120.
Blangy-sur-Bresle (Seine-Inférieure), 65.
Blé, 132, 136.
Bliesthal (Palatinat de Bavière), 126.

Bligny (Seine-et-Oise), 142.
Blödesheim (Hesse Rhénane), 158.
Blois (Loir-et-Cher), 124.
Blussus (Pierre tombale de), 21, 46.
Bobines, 95, 143.
Bœufs, 49, 50, 51, 52, 55, 56, 58, 59, 60, 76, 81, 86, 115, 122, 132.
Bohême (Autriche-Hongrie), 80, 161.
Bois-Bernard (Pas-de-Calais), 121.
Bois-Colombes (Seine), 53.
Bois de cerf. Voy. *Cerf.*
Bois de renne, 57, 58. Voy. *Gravures, rennes, bâtons de commandement.*
Bois-Gautier (forêt de Fontainebleau, Seine-et-Marne), 83.
Bois peint, 92.
Boîte. Voy. *Cassette et coffret.*
Bologne (Italie), 81, 84, 85, 93, 95, 100.
Bolvinnus (Mars), 31.
Bonn (Prusse Rhénane), 34, 40, 41, 47, 53, 112, 153, 186.
Bordeaux (Gironde), 30, 34, 38, 115.
Bormo (divinité), 32.
Bornes milliaires, 39, 82, 99.
Bornéo (Malaisie), 131.
Borsdorf (près de Nidda, Hesse), 77.
Bosse de bouclier. Voy. *Umbo.*
Bossenay (Aube), 139.
Bossette, 166, 174.
Boucs, 32, 33, 35, 59, 76, 124.
Boucher de Perthes, 14, 50, 51, 54, 95.
Bouches-du-Rhône, 23, 24, 34, 35, 39, 40, 41, 43, 47, 87, 89, 98, 100, 111, 124, 126, 154, 179, 180, 181.
Bouchet (H.), 176.
Boucles, 85, 86, 95, 97, 112, 130, 140, 151, 159, 179, 184, 185, 187, 188, 189.
Boucles de ceinturon, 85, 86, 97, 151, 159.
Boucles de nez, 187.
Boucles d'oreilles, 44, 159, 172, 174, 176, 177, 178, 185, 187.
Boucliers, 21, 22, 34, 44, 77, 78, 80, 99, 100, 107, 108, 111, 112, 113, 157, 167, 168, 188. Voy. *Umbo.*
Bougon (Deux-Sèvres), 65, 66.
Bouhy (Nièvre), 31.
Boule de couleur, 92.
Boulets en pierre, 20, 41, 110.
Boulogne-sur-Mer (Pas-de-Calais), 21, 144.
Bouquetin, 49, 56, 59, 60.
Bourbon-Lancy (Saône-et-Loire), 32, 34, 114.
Bourg (Ain), 120.

INDEX GÉNÉRAL ALPHABÉTIQUE. 197

Bourgeois (Abbé), 51, 145.
Bourges (Cher), 25,33,45,104,105,106.
Bourget (Lac du, Savoie), 136, 137.
Bourse, 28, 33, 34, 45, 46, 115, 123.
Bouteilles, 103, 122.
Bouterolles, 78, 109, 112, 144, 156, 158, 160.
Boutons, 70, 71, 97, 104, 136, 138, 139, 140, 141, 142, 143, 145, 151, 152, 160, 170, 171, 174, 183, 185.
Boviolles (Meuse), 86, 103.
Bracelets, 46, 70, 76, 78, 79, 80, 89, 90, 92, 95, 96, 100, 102, 107, 108, 136, 137, 138, 139, 140, 141, 143, 146, 149, 150, 154, 152, 154, 155, 156, 157, 158, 159, 160, 164, 165, 167, 170, 171, 172, 173, 174, 175, 176, 177, 178, 185, 188. Voy. *Anneaux*.
Brandebourg (Prusse), 77.
Brassards, 154, 155, 159.
Brèche des cavernes, 53, 59, 63.
Breith (Creuse), 94.
Brenne (rivière, Côte-d'Or), 106.
Breslau (Prusse), 161.
Bresle (Oise), 178, 179.
Bretagne, 93, 155, 178. Voy. *Côtes-du-Nord, Ille-et-Vilaine, Finistère, Morbihan, Loire-Inférieure*.
Briançonnet (Alpes-Maritimes), 38.
Bride, 110, 141.
Brig-en-Valais (Suisse), 156.
Brindes (Brindisi en Italie), 19.
Brionne (Eure), 114.
Briques, 43, 81, 86, 90, 92, 94, 103.
Broche, 87. Voy. *Fibules*.
Broderies, 134, 178, 184.
Bronze, 43, 70, 71, 72, 76, 102, 111, 135, 136, 147, 185, 187, 188, 189. Voy. *Armes de bronze, Épées, Haches*, etc.
Bronzes d'art, 84, 95, 96, 99, 119, 120, 121, 122, 123, 124, 125, 126.
Broyeurs, 66, 82, 89, 133, 134, 136.
Brumath (Bas-Rhin), 34, 179.
Bruniquel (Tarn-et-Garonne), 59, 60.
Brunissoir, 133, 136, 141.
Buissonnet (Oise), 87.
Bulbe de percussion, 68.
Bulgarie, 80.
Bulla, 47, 97.
Burgondes, 186.
Bussy (Côte-d'Or), 106.
Bussy-le-Château (Marne), 164, 165, 167, 168, 172.
Bustes, 33, 44, 116, 147. Voy. *Bronzes d'art*.

Butte (La, Côte-d'Or), 148.
Byzantin (Art), 182.

C

Cabanes, 136, 137, 172.
Cabaretier, 144.
Cabochons, 139, 164, 166, 171, 172, 173, 184.
Cachots, 99, 130.
Cachettes, 137, 139, 143.
Cacholong, 52, 64.
Cademène (Doubs), 154.
Cadenas, 93, 130.
Caducée, 28, 33, 115, 123. Voy. *Mercure*.
Cadurques, 36.
Cælius (Pierre tombale de), 40.
Cahors (Lot), 37, 122.
Caire (Le, Égypte), 84.
Calcédoine, 90.
Calfeutrage, 136.
Californie (Amérique), 81, 95, 178.
Callaïs, 65, 68.
Calvados, 36, 149, 184.
Cambron (Somme), 86.
Cambronne (Oise), 187.
Camiros (île de Rhodes, Archipel), 91.
Camp d'Attila (Oise), 89.
Camp Barbet (Oise), 64.
Camp de César (près d'Aps, Ardèche), 176.
Campements gaulois, 173.
Campigny, (près Blangy-sur-Bresles, Seine-Inférieure), 65.
Canards, 70.
Canifs, 130, 167.
Canines, 57.
Canosa (Italie), 90.
Canstadt (Wurtemberg), 54.
Cantal, 51, 114, 115, 140, 145.
Cantalupo-Dardella (Italie), 83.
Captif, 19, 96, 126.
Capuchon, 44, 115, 116.
Caraïbes, 82.
Caranda (Aisne), 187.
Caricatures, 116, 123.
Carlsruhe (Bade), 30, 80, 161.
Carnac (Morbihan), 62, 63, 66, 69, 86.
Carnavalet (Musée), 28, 30, 33, 41, 44, 94.
Carniole (Autriche), 79, 81, 85.
Carnoët (Finistère), 72.
Carnyx, 22.
Carpentras (Vaucluse), 38.

INDEX GÉNÉRAL ALPHABÉTIQUE.

Carquois, 33.
Carreaux de catapulte, 107.
Cartes à jouer, 91.
Cartes géographiques, 39, 60, 69, 82, 111, 118.
Carthage (Tunisie), 46.
Casques, 21, 22, 23, 44, 78, 79, 80, 81, 84, 94, 100, 105, 107, 110, 112, 123, 125, 145, 164, 168, 171, 174.
Casques à cornes, 22, 23.
Casseroles, 78, 100.
Casse-tête, 63, 80, 96.
Cassettes, 45, 46. Voy. *Coffrets.*
Cassius Longinus, 38.
Castel-Sarrazi (Dordogne), 94.
Castione (près Parme, Italie), 90.
Castor (divinité), 33, 117, 132, 180.
Catalauni, 162.
Catapultes, 107, 108, 110, 111.
Catillon *ou* Châtillon (Marne), 153, 172.
Catius Modestus, 43.
Caturix (Mars), 32.
Caucase (Monts), 65, 82, 101, 102, 131, 135, 182, 183.
Caucourt-sur-Somme (Somme), 142.
Caudos (Gironde), 178.
Cavaliers, 40, 41, 42, 79, 90, 91, 117, 120, 123, 128, 130, 185.
Cavernes, 50, 55, 56, 60.
Chzarilh (Hautes-Pyrénées), 44.
Ceintures, 40, 79, 84, 93, 97, 143, 145, 154, 155, 178. Voy. *Ceinturons.*
Ceinturons, 46, 76, 78, 80, 85, 86, 109, 112, 137, 140, 151, 152, 154, 156, 167, 168, 179, 185, 187, 188. Voy. *Ceintures.*
Celtes, 132, 163.
Celtique (Gaule), 162.
Cemenelenses, 39.
Cenabum (Orléans, Loiret), 38.
Cendres, 42, 43.
Cénotaphe, 40.
Centurions, 32, 40, 79, 111.
Céphale, 103.
Céramique, 56, 62, 63, 64, 65, 66, 73, 75, 76, 77, 81, 85, 87, 94, 95, 96, 97, 101, 105, 107, 108, 114, 119, 120, 129, 132, 134, 148, 149, 150, 151, 152, 156, 157, 158, 159, 162, 164, 165, 166, 167, 169, 170, 171, 172, 173, 174, 175, 187.
Céréales, 62. Voy. *Blé.*
Cérès, 34.
Cerfs *et* bois de cerf, 27, 50, 51, 60, 64, 95, 100, 102, 115, 128, 129, 132, 133, 141, 142, 143.
Cerf d'Irlande (Grand), 49, 55.

Cérilly (Côte-d'Or), 179.
Cernunnos (divinité), 27. Voy. *Cornu (dieu).*
Certosa (Italie), 81, 83, 85, 100.
César (Jules), 103, 104, 106, 107, 108, 110, 112, 123, 180, 181.
Cessieu (Isère), 121.
Cétacés, 81.
Ceutrons, 38.
Chaffaux (près Savigné, Vienne), 59.
Chaînes *et* chaînettes, 86, 90, 97, 102, 104, 105, 110, 142, 152, 154, 159, 164, 168, 172, 177, 178, 185, 188.
Chaleux (Belgique), 59.
Châlon-sur-Saône (Saône-et-Loire), 40, 176.
Châlons-sur-Marne (Marne), 127, 148, 166.
Chamois, 49.
Champdolent (Seine-et-Oise), 75, 76, 87, 127, 129, 187.
Champlieu (Oise), 85, 118.
Chandelier, 87, 93.
Chape, 93.
Chapeau, 81.
Chapelle, 14.
Chapiteau, 24.
Char *et* chariot, 31, 44, 45, 77, 79, 96, 99, 148, 150, 153, 162, 164, 170, 171, 173, 174, 177, 180. Voy. *Roues.*
Charente (Département de la), 56, 57, 59, 68.
Charente-Inférieure (Département de la), 28, 34, 64, 87, 97, 114, 120, 125, 127, 129.
Chariot. Voy. *Char.*
Charles V, 14.
Charnières, 98, 130, 167.
Charon (mythologie), 21, 83.
Chartres (Eure-et-Loir), 124.
Chartreuse. Voy. *Certosa.*
Chasse, 18, 24, 45, 120.
Chassemy (Aisne), 68, 87, 170, 171.
Chasseurs, 45.
Chassey (Saône-et-Loire), 68, 107.
Château de Saint-Germain, 14.
Châteauroux (Indre), 28.
Châtellerault (Vienne), 68.
Chat-tigre, 49, 55.
Châtillon-sur-Seine (Côte-d'Or), 148, 152, 177.
Chatons de bague, 179, 185.
Châtre (La, Indre), 42.
Chaume, 136.
Chaume-d'Auvenay (Côte-d'Or), 158.

Chaussures, 105, 112.
Chelles (Oise), 85, 185.
Chelles (Seine-et-Marne), 54.
Chênes, 19, 20.
Cheppe (La, Marne), 167, 172, 173, 174, 175.
Cher (Département du), 38, 43, 45, 91, 104, 105, 106, 137, 144, 156, 160.
Chevaux, 24, 31, 33, 45, 46, 50, 55, 57, 58, 59, 60, 73, 79, 83, 84, 86, 88, 90, 99, 101, 102, 110, 115, 117, 121, 124, 128, 130, 139, 159, 160, 166, 170, 180, 184, 185, 187, 188, 189.
Chevets, 87, 137.
Chevilles, 104, 108.
Chèvre, 50, 117, 128, 132.
Chèvre marine, 121.
Chevreuil, 32.
Chez-Pouré (Corrèze), 55.
Chiens, 34, 45, 46, 47, 117, 121, 130, 132, 184.
Childéric, 185.
Chilly (Jura), 154.
Chimère (mythologie), 22.
Chiromancie, 72.
Chiusi (Italie), 94, 100, 153, 187.
Chloromélanite, 67, 95.
Choisy-au-Bac (Oise), 188.
Choisy-le-Roi (Seine), 94, 143.
Christianisme (Emblèmes du), 186, 187, 188. Voy. Croix.
Christy (H.), 14, 68.
Chypre (Archipel), 81, 90, 91, 177, 178.
Chyprès (Mont, Oise), 76.
Cigogne, 121.
Cimiez (Alpes-Maritimes), 39.
Cippes, 110.
Circonvallation, 106.
Ciseaux, 44, 65, 88, 93, 99, 104, 111, 133, 134, 139, 140, 142, 167, 172, 173, 185.
Ciseleurs en argent, 47.
Cistes. Voy. Seaux.
Cités gauloises, 36.
Cithare, 28. Voy. Lyre.
Claude Ier, 37.
Claude II le Gothique, 38.
Clefs, 88, 89, 104, 108, 130.
Clémence (personnifiée), 18.
Clermont (Oise), 129.
Clermont-Ferrand (Puy-de-Dôme), 87, 114, 115, 119, 120, 121, 123, 124, 142.
Clichy (Seine), 53.
Cloches et clochettes, 95, 96, 121, 137, 138, 143.

Cloisonné, 182, 184, 185, 186. Voy. Émail.
Clos-Raitel (Côte-d'Or), 179.
Clous, 104, 105, 108, 110, 111, 140, 164, 166, 171, 173, 185, 187.
Clovis, 185.
Clucy (Jura), 154.
Cluny (Musée de), 33, 114, 155.
Clusium (auj. Chiusi), 94, 100, 153, 187.
Clutonda (divinité), 32.
Cnide (Asie Mineure), 101.
Cobledulitavus (Apollon), 29.
Coblentz (Prusse Rhénane), 76.
Cochons, 20, 125, 132, 171, 174.
Coffrets, 46, 85, 97, 98, 177, 188.
Cognée, 33, 34.
Coiffures de femmes, 117.
Coin, 140. Voy. Haches.
Coin pour frapper des monnaies, 186.
Colliers, 40, 46, 56, 71, 76, 77, 78, 85, 89, 91, 93, 100, 102, 116, 140, 147, 154, 156, 158, 165, 166, 172, 174, 177, 183, 184, 188. Voy. Anneaux, torques.
Collyres, 129.
Colmar (Haut-Rhin), 54, 161.
Cologne (Prusse Rhénane), 34, 42, 47, 86, 87, 114, 115, 120, 121, 129, 149.
Cologne (Saône-et-Loire), 178.
Colombie (Amérique), 82, 187.
Colombier-sur-Seulles (Calvados), 184.
Colonnes milliaires. Voy. Bornes milliaires.
Colonne Trajane, 15, 17, 18, 19, 20, 47, 105.
Combe d'Ain (Jura), 156.
Combe-Martin (Haute-Marne), 159.
Comnnius, 106.
Commotte (La, Côte-d'Or), 156.
Compiègne (Oise), 25, 31, 43, 45, 75, 76, 81, 85, 86, 88, 89, 94, 97, 98, 99, 106, 108, 114, 116, 118, 119, 120, 121, 122, 123, 124, 125, 127, 128, 129, 130, 176, 177, 178, 179, 184, 185, 188.
Conchoïde de percussion, 68.
Concilium, 36.
Condes (Jura), 154.
Condrieu (Rhône), 122.
Cônes, 95, 149.
Conflans (Loiret), 144.
Conflans-Sainte-Honorine (Seine-et-Oise), 15, 64, 65, 129.
Congés légalisés, 109.
Connantre (Marne), 165.

Constance (Lac de), 132.
Constantin, 17, 18, 19, 188.
Constantinople (Turquie), 80, 183.
Contre-plaque, 188.
Contrepoids, 83, 94, 108, 133.
Contrevallation, 106, 110.
Copenhague (Danemark), 99, 141.
Copiste, 46.
Coq, 33, 35, 41, 116, 117, 122, 124, 125, 128, 148.
Coquilles, 56, 68, 77, 83, 95, 97, 173.
Corail, 164, 165, 166, 171, 172, 173, 174.
Corbeil (Seine-et-Oise), 176.
Corcelettes (Suisse), 142.
Cordes, 136.
Corinthe (Grèce), 94.
Cormoz (Ain), 156.
Cornes, 89, 95, 108, 116, 123.
Corne à boire, 125.
Cornes d'abondance, 30, 34, 46.
Cornu (dieu), 27, 28, 30, 33, 34, 123.
Corrèze (Département de la), 55, 56, 59, 72, 119.
Corroy (Marne), 165.
Cortaillod (Suisse), 142.
Cosne (Côte-d'Or), 150, 151, 157, 158, 160.
Costumes, 44, 147.
Côte-d'Or (Département de la), 12, 20, 30, 31, 32, 34, 36, 37, 76, 86, 87, 98, 99, 106, 107, 108, 110, 114, 119, 126, 140, 142, 143, 144, 148, 149, 150, 151, 152, 155, 157, 158, 160, 163, 168, 177, 179.
Côtes-du-Nord (Département des), 30, 54, 72, 83, 139, 140, 144, 151, 155, 177.
Côte d'Orgemont (Marne), 174.
Cotte d'armes, 41.
Cotte de mailles, 109.
Couleurs, 88, 92.
Couperet, 130.
Coupes, 91, 148, 150, 176, 178.
Couronnes, 40, 176.
Courroie (Extrémité de), 185.
Courtavant (Aube), 142, 143.
Courtisols (Marne), 165.
Couteaux, 70, 71, 73, 85, 88, 95, 108, 111, 113, 130, 136, 140, 143, 151, 167, 170, 171, 172, 173, 174, 189.
Coutelas, 45, 155.
Cracovie (Autriche), 94.
Crans (Épées à), 139, 144.
Crânes, 53, 54, 56, 85, 132.
Cranius, 120.
Créancey (Côte-d'Or), 151.

Crémaillère, 98.
Crémation partielle, 157. Voy. *Incinération.*
Creuse (Département de la), 94, 140, 188.
Creuset, 94, 104.
Crimée (Russie), 182.
Cristal, 68, 86, 176.
Crochet, 63, 98, 104, 129, 130, 140, 164, 168.
Crocodile, 122.
Croisière, 110, 145.
Croissants, 68, 96, 128, 137, 151, 178.
Croix, 86, 101, 171, 172, 185, 187, 189. Voy. *Svastika.*
Croix gammée. Voy. *Svastika.*
Cro-Magnon (Dordogne), 56.
Crons (Les, Marne), 164, 165.
Cucullus. Voy. *Capuchon.*
Cueva de la Muger (Espagne), 78.
Cueva Lobrega (Espagne), 78.
Cuillers, 78, 89, 91, 95, 98, 108, 150, 176.
Cuir, 40, 79, 105, 112, 148, 149.
Cuirasses, 21, 43, 84, 105, 107, 109, 111, 112, 149.
Cuivre, 123, 135, 140, 141, 149, 150, 151, 186.
Culots, 140, 145.
Culte de Rome et d'Auguste, 35.
Cuperly (Marne), 174, 179.
Cupidon, 125. Voy. *Amours.*
Cusey (Haute-Marne), 159.
Cuves, 46.
Cuvettes, 145.
Cybèle, 76, 115, 117.
Cylindres en terre cuite e en os, 92, 98.
Cyzique (Asie Mineure), 183.

D

Daces, 17, 18, 19, 48, 120.
Dalmate (Soldat), 44.
Damona (divinité), 32.
Damasquinure, 80, 85, 184, 186, 187, 188, 189.
Dampierre (Haute-Marne), 28, 35.
Danemark, 85, 86, 96, 97, 99, 100, 101, 141, 163.
Daniel, 187.
Danseur, 100.
Danube, 77, 78, 163, 182, 183.
Dardenay (Haute-Marne), 156.
Darmstadt (Hesse-Darmstadt), 79, 186.

Dauphin, 28, 33, 34, 87, 116, 117, 128.
Dave (Belgique), 158.
Daverzus, 41.
Dax (Landes), 80, 91.
Dés à coudre, 93, 97.
Dés à jouer, 98.
Décébale, 48, 120.
Décharnés (Squelettes), 66.
Dédicaces, 28, 29, 32, 35, 36, 37, 38, 43. Voy. *Ex-voto*.
Déesses-mères, 30, 91, 115, 116, 117.
Delafontaine, 79.
Delphes (Grèce), 147.
Dents, 57, 58, 63, 71, 151, 170, 172.
Dents-pendeloques, 57, 58, 63, 65, 71, 170, 172.
Dents de herse, 99, 108.
Dents de peigne. Voy. *Peignes*.
Deobensis pagus, 38.
Dessins. Voy. *Gravures*.
Diadèmes, 148. Voy. *Couronnes*.
Diane, 18, 33, 124, 128, 153.
Dieppe (Seine-Inférieure), 144.
Dieux Gaulois, 27 et suiv.
Dijon (Côte-d'Or), 34, 37, 114, 144, 158.
Dinan (Côtes-du-Nord), 30.
Diorite, 67.
Dioscures (divinités), 117. Voy. *Castor et Pollux*.
Diplômes militaires, 109.
Dispater (divinité), 29, 125, 126.
Disques, 62, 63, 68, 71, 78, 93, 95, 96, 111, 121, 137, 138, 139, 140, 150, 152, 155, 158, 171, 185.
Djerba (Tunisie), 81.
Doerth (Prusse Rhénane), 151.
Dolichocéphalie, 54.
Dolmens, 32, 61, 62, 63, 64, 65, 69, 70, 71, 78, 132, 157.
Dolmens troués, 65, 69.
Domitius Ahenobarbus, 22.
Donjon du château de Saint-Germain, 14, 74, 176.
Dordogne (Département de la), 29, 53, 56, 57, 58, 59, 90, 94, 140, 145.
Dornach (Haut-Rhin), 28.
Doubs (Département du), 41, 96, 97, 121, 124, 125, 126, 128, 142, 144, 151, 153, 154, 158, 185.
Douelle (Lot), 42, 127.
Douille, 136, 137, 138, 143.
Douvrend (Seine-Inférieure), 184.
Dragon. Voy. *Serpent*.
Drap, 44.
Dreux (Eure-et-Loir), 119.

Drôme (Département de la), 144, 160, 179.
Druides, 31, 33, 44, 61.
Dumias (Mercure), 124.
Durkheim (Bavière), 159.
Dusseldorf (Prusse Rhénane), 53.
Dyaks (Bornéo), 131.

E

Ebersberg (Suisse), 137.
Ecuelles, 103, 151.
Ecureuil, 50.
Edelatus (divinité), 35.
Edicules, 45, 76, 146, 117.
Egrilius, 47.
Egrugeoir, 66.
Eguisheim (Haut-Rhin), 54.
Egypte, 76, 81, 84, 89, 92, 95, 171.
Elbe, 163.
Eléphants, 49, 52, 53, 54, 55, 181.
Email, 77, 79, 97, 103, 104, 128, 153, 159, 166, 188.
Emailleurs, 103, 104.
Emilie (Italie), 90, 101.
Emmanchure, 63, 69, 72, 73, 79, 80, 96, 113, 132, 140, 188.
Emporium (Espagne), 180.
Enceintes fortifiées, 82, 104, 105, 106, 108.
Enclumes, 47.
Enduit, 83.
Enfant emmailloté, 31, 93, 129.
Engel-Dollfus, 28.
Engers (Prusse Rhénane), 186.
Engis (Belgique), 54.
Enseignes, 22, 23, 41, 46, 121, 123.
Enseignes de boutique, 44 et suiv.
Ensisheim (Haut-Rhin), 151, 159.
Entailles, 51.
Entonnoirs, 143.
Entrains (Nièvre), 15.
Entremont (Bouches-du-Rhône), 40.
Envermeu (Seine-Inf.), 85, 187, 188.
Eon (divinité), 31.
Epasnactus, 107.
Epaulières, 105.
Epées à antennes. Voy. *Antennes*.
Epées de bronze, 77, 78, 79, 80, 83, 84, 85, 90, 95, 96, 100, 103, 111, 135, 139, 141, 142, 144, 145, 156, 157.
Epées de fer, 40, 41, 45, 46, 76, 77, 78, 79, 85, 93, 94, 101, 105, 109, 110, 111, 112, 113, 148, 150, 151

9.

154, 156, 157, 158, 159, 160, 162, 167, 168, 169, 170, 171, 172, 173, 174, 180, 188, 189.
Eperons, 86, 108, 111, 112, 185.
Epinal (Vosges), 28, 29, 30, 31, 34, 35, 44, 45, 125, 142.
Epine (Tireur d'). Voy. *Tireur d'épine.*
Epineuse (Ferme de l', Côte-d'Or), 111.
Epingles, 79, 90, 97, 100, 102, 108, 136, 140, 142, 143, 150, 154, 156, 158, 166, 176, 184, 185.
Epona (divinité), 31, 115, 117.
Epoque des Cavernes, 55 et suiv.
Eporédorix, 106.
Equateur (Amérique), 82.
Equilibriste, 100.
Ere celtique, 147.
Ere gauloise, 147.
Erumus (divinité), 31.
Esculape (divinité), 100.
Esmonnot, 118.
Espagne, 78, 84, 85, 89, 141, 180.
Esquimaux, 95.
Essarois (Côte-d'Or), 32.
Essenheim (Hesse Rhénane), 112.
Essieux, 148, 164, 171.
Estampilles, 92.
Esus (divinité), 33, 125.
Etain, 86, 135, 136, 140.
Etampes (Seine-et-Oise), 114, 179.
Etaples (Pas-de-Calais), 120.
Etats-Unis d'Amérique, 82.
Etau, 44.
Etoffes, 112, 132, 133, 148, 171, 172.
Etrechy (Marne), 165, 168.
Etrurie (Italie), 94, 96, 160.
Etrusques, 82, 84, 101, 153, 155, 158, 159, 160.
Etui, 93.
Esumus (divinité), 31.
Eubée (Archipel), 90.
Eure (Département de l'), 37, 87, 89, 101, 114, 121, 126, 140, 144, 149, 168.
Eure-et-Loir (Département d'), 51, 56, 86, 87, 88, 119, 121, 123, 124.
Eve, 94.
Eventail, 44, 45.
Evreux (Eure), 37, 114, 126.
Excideuil (Dordogne), 57.
Ex-voto, 29, 30, 31, 35, 65, 67, 97, 112, 115, 134, 138, 181. Voy. *Dédicaces.*
Eygenbilsen (Belgique), 152, 158.

Eyres (Landes), 186.
Eyzies (Dordogne), 53, 59.

F

Fahlize (Belgique), 112.
Faisan, 116, 128.
Falaise (Calvados), 149.
Faon (Finistère), 109.
Faucilles, 78, 96, 112, 136, 138, 140, 143.
Faune (divinité), 120, 126.
Faune quaternaire, 49, 55.
Faussaires, 52, 91.
Fausse monnaie, 186.
Fausse-Rivière (près d'Alésia, Côte d'Or), 107, 111.
Faustine jeune, 177.
Fauteuil d'osier, 46, 115, 116, 117.
Faux, 88, 112.
Faux-samien, 120.
Fécamp (Seine-Inférieure), 86, 87, 124, 129.
Fenêtres, 86, 88.
Fenouillat (Haute-Garonne), 155.
Fer, 43, 69, 149, 151, 154, 156, 161, 164, 165, 166, 168, 169, 173, 175, 185, 186, 188. Voy. *Armes, épées, poignards,* etc.
Fer à cheval, 110. Voy. *Hipposandales.*
Fermeture, 88.
Fermoir, 178.
Fertans (Doubs), 154.
Ferté-Hauterive (Allier), 142.
Fertigny (Marne), 155.
Feuilles de congé, 109. Voy. *Diplômes militaires.*
Fours (Loire), 38, 125, 126.
Feutre, 133.
Fibrolithe, 64, 65.
Fibules (agrafes), 70, 76, 79, 86, 89, 90, 91, 92, 93, 95, 96, 97, 100, 102, 104, 107, 108, 114, 128, 137, 140, 141, 143, 147, 150, 151, 152, 153, 154, 155, 156, 157, 158, 159, 162, 164, 167, 168, 170, 171, 172, 173, 174, 175, 176, 177, 183, 185, 186.
Figurines en terre cuite, 114, 115, 116, 117.
Fils de bronze, 111, 137, 146, 150, 154.
Filets, 136.
Filigrane, 151, 178, 179, 184, 186.
Fillinges (Haute-Savoie), 142.

INDEX GÉNÉRAL ALPHABÉTIQUE. 203

Finistère (Département du), 59, 70, 71, 72, 97, 109, 114, 140, 151, 155, 177, 178.
Fins-d'Annecy (Haute-Savoie), 88.
Flagey (Doubs), 154.
Flavigny (Côte-d'Or), 106.
Fléau de balance, 76.
Flèches. Voy. *Pointes de flèche*.
Florence (Italie), 54, 96.
Florentinus, 38.
Flottes romaines, 21.
Flûtes, 91, 98, 123.
Fonderie, 161.
Fondeur, 137, 139, 143.
Fontainebleau (Seine-et-Marne), 83.
Forage, 90, 133.
Forclaz (La, Haute-Savoie), 37.
Forgerons, 47, 103.
Fortune (divinité), 34, 87, 117.
Fossiles, 49. Voy. *Crânes* et *faune*.
Fouet, 34.
Foulon, 44.
Four à potier, 119.
Fourche, 99.
Fourdrignier, 171.
Fourgon, 20.
Fourneaux, 99, 103.
Fourreaux, 77, 78, 96, 97, 100, 109, 112, 139, 144, 151, 154, 158, 167, 169, 170, 174.
Foyer, 110.
Framée, 188.
France. Voy. les noms des différents départements.
Francfort-sur-le-Mein, 144.
Franche-Comté, 122, 157. Voy. *Haute-Saône, Doubs, Jura*.
Francisques, 85, 188.
François 1er, 14.
Francs, 186. Voy. *Mérovingien*.
Frauenberg (Moselle), 123.
Frédéric VII, 86.
Freilaubersheim (Hesse Rhénane), 186.
Frémiet, 130.
Frère, 89. Voy. *Hoxne*.
Freyming (Moselle), 123.
Fridolfing (Wurtemberg), 186.
Frontal (Trou du, Belgique), 53, 56.
Frouard (Meurthe), 139.
Fruits, 46, 47, 125. Voy. *Pommes*.
Fumerault (Yonne), 53.
Funérailles, 74. Voy. *Sépultures*.
Furfooz (Belgique), 54.
Fusaïoles (pesons de fuseau), 91, 93, 94, 95, 98, 104, 108, 136, 145, 156.
Fuseaux, 47, 91, 93, 98, 104, 136.

G

Gabals, 119.
Gâche, 105.
Gaël (Ille-et-Vilaine), 186.
Galates, 149.
Galeries couvertes, 104.
Galgal, 73.
Galicie (Autriche), 93.
Galles (René), 73.
Gand (Belgique), 129.
Ganymède, 98.
Gard (Département du), 29, 35, 36, 38, 39, 47, 71, 78, 94, 130, 145, 179, 181.
Garde-joues, 149.
Garenne (La, Côte-d'Or), 151, 155.
Garonne (Département de la Haute-), 29, 30, 31, 32, 35, 38, 54, 56, 67, 120, 121, 142, 145, 155.
Gaule, 36, 135, 147. Voy. *France*.
Gaule cisalpine, 148. Voy. *Italie*.
Gaulois, 22, 24, 44, 45, 46, 84, 104, 105, 106, 113, 132, 157, 162, 167.
Gavr'inis (Morbihan), 71, 72, 73.
Geminus, 44.
Genabum. Voy. *Cenabum*.
Genay (Côte-d'Or), 60.
Gépides, 182.
Gergovie (Puy-de-Dôme), 110, 122, 186.
Géromont (près Liège, Belgique), 124.
Gers (Département du), 34, 70, 140, 179.
Gesoriacum (Pas-de-Calais), 21.
Gimmeldingen (Bavière Rhénane), 137.
Gironde (Département de la), 30, 34, 38, 115, 178.
Gissey-sur-Ouche (Côte-d'Or), 37.
Gizeh (Egypte), 81.
Glaçure, 114, 119, 120.
Gladiateurs, 84, 117, 120, 123.
Glaive recourbé, 41.
Glands, 136, 178.
Glanon (Côte-d'Or), 119.
Glanum Livii. Voy. *Saint-Rémy*.
Glanville (Collection), 149.
Godet, 166.
Gogad Patereu, 93.
Golasecca (Italie), 79, 83, 84, 100.
Gonds de portes, 98.
Gorge d'Enfer (Dordogne), 57.
Gorge-Meillet (Marne), 149, 171, 172, 177, 178.

Gorille, 53.
Goths, 182, 183.
Gouges, 142.
Gourdan (Haute-Garonne), 142.
Gourdes, 75, 160.
Gourillach-en-Plounevez-Lochrist (Finistère), 71.
Gouvernail, 34.
Goyet (Belgique), 59.
Gradins, 125.
Graechwyl (Suisse), 153.
Grains de colliers, 52, 53, 56, 65, 68, 71, 140, 154.
Gramat (Lot), 140, 156.
Grand (Vosges), 23.
Grande-Brière (Loire-Inférieure), 178.
Grand-Pressigny (Indre-et-Loire), 68, 70.
Granit, 72.
Grannus (Apollon), 29.
Grattoirs, 57, 59, 68, 71, 94, 132.
Gratz (Autriche), 79.
Gravures, 58, 59, 70, 71, 72, 73, 101, 112, 153, 155, 156, 158, 160, 172, 187, 188.
Gray (Haute-Saône), 124.
Gréau (Collection), 122, 125.
Grèce, 77, 83, 84, 85, 90, 91, 94, 95, 155. Voy. *Archipel.*
Grelots, 151, 152, 154.
Grenade (Espagne), 78.
Grenaille de bronze, 137.
Grenaille de plomb, 123.
Grenats, 78, 86, 182, 184, 185, 186.
Grenoble (Isère), 35, 38, 126, 186.
Grenouilles, 126, 160, 187.
Grès, 67.
Grésine (Savoie), 137.
Griffons, 18, 24, 80, 98, 121, 155, 184.
Grille, 99, 110.
Groenland, 95.
Groseau (Vaucluse). Voy. *Mataucène.*
Grozon (Jura), 123.
Grue, 33.
Guadeloupe (La, Antilles), 82.
Guern-en-Floch (Côtes-du-Nord), 155.
Guerriers, 33, 79, 83, 95, 100, 120, 123, 130, 167, 188.
Guerrier gaulois, 167.
Guerrier dit de Marathon, 83.
Gui, 33, 34.
Gury (Oise), 187.
Gurzon (Creuse), 188.
Guyansvennes (Doubs), 154.

H

Habacuc, 187.
Haches en bronze, 77, 96, 100, 101, 111, 136, 137, 138, 139, 140, 141, 142, 145, 146, 157.
Haches en cuivre, 140.
Haches en fer, 44, 45, 94, 99, 104, 112, 187, 188. Voy. *Francisques.*
Haches en pierre, 51, 52, 55, 62, 63, 64, 65, 66, 67, 68, 70, 78, 79, 80, 81, 82, 83, 85, 86, 89, 90, 94, 95, 96, 103, 132, 133, 141.
Haches emmanchées. Voy. *Emmanchure.*
Haches gravées, 69, 71, 73,
Haches percées, 67. Voy. *Forage.*
Hadrumète (Tunisie), 91, 92.
Haguenau (Bas-Rhin), 151, 154.
Halle (Saxe), 78.
Hallein (Autriche), 79.
Hallstatt (Autriche), 78, 79, 82, 85, 149, 150, 151, 154, 156, 157, 183.
Hameçons, 91, 93, 136, 140, 143.
Hampe de lance, 100.
Hampe de *pilum*, 113. Voy. *Pilum.*
Hamy (T.), 54.
Han du Diable (Marne), 164.
Hanovre, 76, 77, 96, 145.
Harnachement, 41, 86, 139, 170, 185.
Harpons, 57, 58, 95.
Hassi-Rhatmaïa (Algérie), 82.
Hastière (Belgique), 59.
Heidolsheim (Bas-Rhin), 177, 178.
Hellouin (X.), 74.
Hérault (Département de l'), 86, 89, 184, 185.
Herculanum (Italie), 84.
Hercule, 31, 34, 35, 43, 77, 95, 96, 98, 99, 100, 117, 123, 125.
Hercule Saxanus, 31, 43.
Hérisson, 50.
Hermaphrodite, 125.
Hermes (Oise), 37.
Herminette, 88. Voy. *Haches.*
Herse, 99.
Hesdigneul (Pas-de-Calais), 51.
Hespérides, 99.
Hesse, 32, 33, 35, 38, 41, 43, 46, 47, 62, 77, 80, 86, 93, 94, 97, 98, 99, 105, 109, 112, 126, 129, 145, 148, 152, 153, 155, 158, 159, 160, 171, 176, 186.

Hibon, 121.
Hildesheim (Hanovre), 62, 76, 77.
Hillion (Côtes-du-Nord), 80.
Hippocampe, 159, 160.
Hippopotame, 49, 53, 128.
Hipposandales, 46, 86, 111, 112.
Hissarlik (Asie Mineure), 94.
Historique du château de Saint-Germain, 14.
Hochfelden (Haut-Rhin), 185.
Hollande, 34, 35.
Holstein, 77.
Hombourg (Hesse), 86.
Hongrie, 78, 79, 80, 90, 100, 141, 182.
Hoxne (Angleterre), 60, 89.
Hradiste (Bohême), 161.
Humes (Haute-Marne), 145.
Huns, 183.
Huos (Haute-Garonne), 31.
Huy (Belgique), 112.
Hyène, 60.
Hyères (Iles d', Var), 30, 82.

105, 109, 113, 116, 117, 119, 127, 129, 165, 177, 181, 185, 188.
Inscription celtibérienne, 84.
Inscriptions celtiques, 36, 143.
Inscriptions grecques, 29, 83, 90, 91, 101, 105.
Inscription hébraïque, 17.
Inscriptions sur vases et terres cuites, 87, 101, 116, 117, 119, 127, 129, 165.
Irisation, 124, 126.
Irlande, 89, 96.
Isère (Département de l'), 35, 38, 47, 67, 87, 88, 94, 115, 117, 120, 126, 137, 140, 152, 184, 186.
Isocrase, 133.
Italie, 17, 18, 19, 20, 21, 25, 36, 77, 81, 83, 84, 85, 87, 90, 92, 93, 94, 95, 96, 97, 100, 101, 102, 123, 131, 136, 139, 150, 152, 153, 160, 187.
Ituréens, 42.
Ivoire, 59, 78, 79, 95, 96.
Ivrée (Italie), 102.
Ivry (Côte-d'Or), 151.

I

Idaea mater, 30.
Idole péruvienne, 91.
Igel (près Trèves, Prusse Rhénane), 98.
Igharghar (Algérie), 82.
Ilixo (divinité), 30.
Ill (Alsace), 187.
Ille-et-Vilaine (Département de l'), 38, 138, 155, 185.
Imbros (Archipel), 83.
Imola (Italie), 90.
Incinération, 42, 70, 94, 147, 156, 161.
Incisions, 51. Voy. *Gravures*.
Incrustations, 79, 85, 97. Voy. *Damasquinure*.
Inde, 65, 135.
Indiens, 82.
Indo-Chine, 135.
Indre (Département de l'), 28, 42.
Indre-et-Loire (Département de l'), 52, 68, 70, 140, 145.
Ingeviller (Bas-Rhin), 130.
Inhumation, 43, 70, 147, 154, 156, 161, 162.
Inscriptions, 15, 17, 21, 22, 28, 29, 34, 35, 36, 37, 38, 41, 45, 47, 71, 83, 84, 87, 89, 90, 91, 93, 101,

J

Jade et jadéite, 61, 64, 65, 67, 68, 80, 82, 83, 90, 132, 133, 134.
Jägersweiler (Suisse), 158.
Jais ou Jayet, 71, 89, 98, 107, 154, 156, 157, 159, 165.
Jambières, 84, 155.
Jansiers (Basses-Alpes), 156.
Janzé (collection), 121.
Jargeau (Loiret), 36, 99.
Jason, 95.
Jaspe, 57, 59, 90.
Java (Océanie), 90.
Javelots, 103, 111, 112, 113, 168, 170, 171, 172, 173, 189.
Jonchery-sur-Suippes (Marne), 127, 173, 174.
Jongleur, 100.
Joueur de balle, 100.
Jouy-le-Comte (Seine-et-Oise), 184.
Jublains (Mayenne), 24.
Jugulaire, 109, 111.
Julia Paulina, 38.
Julianus, 47.
Julius Florus, 22.
Julius Martianus, 38.
Junon, 31, 33, 35.
Jupiter, 25, 29, 33, 35, 98, 117, 125, 126, 181. Voy. *Dispater*.

INDEX GÉNÉRAL ALPHABÉTIQUE.

Jura (Département du), 94, 123, 139, 140, 141, 143, 144, 145, 150, 154, 156, 160, 161, 178, 189.
ustice (Dolmen de la, Seine-et-Oise), 66.
Justin, 181.
Justinien, 181.

K

Kabyles, 91, 92.
Keller, 131, 133.
Kerkado (Morbihan), 63.
Kervadel (Finistère), 72.
Kervazouen (Morbihan), 177, 178.
Kerviltré (Finistère), 146, 155.
Khamissa (Algérie), 88.
Kjökkenmöddings, 97, 104.
Koban (Caucase), 82, 101, 102, 183.
Kondourmapouk, 91.
Korkono. Voy. *Krukenho.*
Kreuznach (Prusse Rhénane), 152.
Krukenho (Morbihan), 69.

L

Laconia (Grèce), 95.
Lacustres (Stations), 20, 26, 101, 111, 112, 131, 132, 133, 134, 135, 136, 137, 148.
Lafaye (Tarn-et-Garonne), 60.
Lahé (déesse), 30, 35.
Laie, 122.
Lambèse (Algérie), 102.
Lames de silex, 53, 55, 56, 57, 59, 70, 71, 82.
Lames de poignard. Voy. *Poignards.*
Lampes, 43, 84, 85, 86, 87, 88, 90, 91, 92, 93, 101, 122.
Lances, 21, 33, 34, 41, 52, 56, 66, 68, 71, 78, 85, 95, 96, 100, 110, 111, 173, 188, 189. Voy. *Pointes de lance.* —
Lancettes, 129.
Landes (Département des), 54, 68, 80, 91, 155, 157, 186.
Landouzy-la-Ville (Aisne), 126.
Langenlonsheim (Prusse Rhénane), 112.
Langres (Haute-Marne), 28, 44, 148.
Langues de chat, 52.

Lapins, 115, 116, 117, 123, 128.
Lapons, 93.
Laraire, 115, 125.
Lares, 28, 125.
Larmes de verre, 127.
Larnaud (Jura), 139, 144, 145.
Lartet (E.), 14, 50, 68.
Latium (Italie), 101.
La Tour d'Auvergne (Puy-de-Dôme), 93.
Laugerie-Basse (Dordogne), 58.
Laugerie-Haute (Dordogne), 57.
Laumes (Plaine des, Côte-d'Or), 106, 107, 110.
Laurium (Grèce), 85.
Lausanne (Suisse), 32.
Lavaratus (divinité), 31.
Lectoure (Gers), 34.
Légions romaines, 40, 41, 43, 105, 109.
Leherennus (divinité), 32.
Léopard, 128.
Lepic (Vicomte), 49, 136.
Lépine (Marne), 120.
Léry (Eure), 32.
Levallois (Seine), 53.
Lezoux (Puy-de-Dôme), 33, 35.
Leugny (Vienne), 68.
Leyde (Hollande), 34, 35.
Licou, 93.
Liège (Belgique), 54, 124.
Lierre, 122.
Lieue gauloise, 39.
Lièvre, 47, 129, 130, 153.
Lifremont (Seine-Inférieure), 35.
Lignite, 151, 154, 158, 159.
Lillebonne (Seine-Inférieure), 44, 121, 123, 125, 129.
Limoges (Haute-Vienne), 38, 47.
Lin, 81, 132.
Linceul de momie, 92.
Lingots, 104, 139, 177, 178.
Lion, 18, 31, 35, 40, 49, 115, 117, 120, 128, 130, 153, 158, 184, 187.
Lionne, 121.
Lisières (Deux-Sèvres), 70.
Lissoirs, 108, 133.
Lit, 42.
Livie, 20.
Livres de beurre, 70.
Lizy (Aisne), 185.
Lochrist (Finistère), 71.
Locras (Suisse), 133.
Loire (Département de la), 125, 126.
Loire (Département de la Haute-), 37, 38, 45, 152.
Loire-Inférieure (Département de la), 63, 93, 142, 144, 145, 155, 178.

Loiret (Département du), 36, 38, 86, 89, 99, 114, 123, 144.
Loir-et-Cher (Département du), 35, 51, 54, 75, 86, 87, 115, 120, 121, 124, 125, 127, 129, 139, 143, 145, 149.
Lokmariaker (Morbihan), 63, 64, 65, 67, 71.
Lombardie (Italie), 84.
Lombards (Bijoux), 152, 187.
Lombrive (Ariège), 63.
Londinières (Seine-Inférieure), 187.
Longinus, 38.
Longwy (Moselle), 122.
Lot (Département du), 37, 42, 59, 105, 122, 127, 144, 150, 156.
Lot-et-Garonne (Département de), 121, 185.
Lotophages (Ile des), 81.
Louis (Saint), 14.
Louis XIV, 14.
Loups, 58, 60.
Lour, 99.
Loutre, 58.
Louve, 84, 149.
Lozère (Département de la), 70, 71, 98, 115, 119, 143.
Lubersac (Corrèze), 119.
Lune, 109.
Lutteurs, 77, 123.
Luxembourg, 123.
Luynes (Duc de), 30, 82.
Luzieau (Aisne), 187.
Lyaudy (Haute-Savoie), 121.
Lyon (Rhône), 35, 36, 37, 38, 45, 47, 86, 87, 96, 116, 120, 121, 123, 126, 179, 181.
Lyre, 33, 87, 158.

M

Macédoine, 77, 95, 131.
Machines de guerre, 19, 20, 105. Voy. *Balistes, catapultes, onagre, scorpion.*
Mâchoire, 54.
Mackenheim (Bas-Rhin), 183, 185.
Mackenzie (rivière), 95.
Mâcon (Saône-et-Loire), 97, 128, 158.
Mâconnais, 93, 141. Voy. *Saône-et-Loire.*
Madeleine (La, Dordogne), 57, 59.
Madrid (Espagne), 84, 125.
Maël-Pestivien (Côtes-du-Nord), 151, 155.

Magny-Lambert (Côte-d'Or), 150, 154, 157, 178.
Maillet, 44, 126.
Main, 58, 72, 116.
Maine-et-Loire (Département de), 54, 63, 87, 115, 126.
Maismy (Oise), 67.
Maître (Abel), 66, 167.
Majurrus (divinité), 31.
Malaucène (Vaucluse), 36.
Malmaison (Aisne), 30.
Malmaison (Meuse), 45.
Mamelles, 32.
Mammouth, 49, 51, 52, 53, 54, 55, 58, 59, 60.
Manche (Département de la), 36, 139, 144.
Manche de couteau. Voy. *Couteaux.*
Manche de faucille, 138. Voy. *Faucilles.*
Manche de francisque, 188.
Manche de hache. Voy. *Emmanchure.*
Manche de patère, 122. Voy. *Patère.*
Manche de poignard, 58, 109, 150, 169, 170. Voy. *Poignard.*
Manchon de fer, 91.
Mandach (Argovie), 112.
Mandeure (Doubs), 97, 121, 125, 128.
Mané er-H'Rœck (Morbihan), 63, 64, 67, 68, 72.
Mané-Lud (Morbihan), 72, 73.
Mans (Le, Sarthe), 129.
Mantes (Seine-et-Oise), 17, 149.
Marais Pontins, 19.
Marbre de Thorigny (Manche), 36.
Marchand de pommes, 47.
Marchands de vins, 47. Voy. *Cabaretier.*
Marché-le-Pot (Somme), 185.
Marettes (Seine-Inférieure), 62.
Mariette-Pacha, 84, 94.
Mario, 22.
Marius, 113.
Marly-le-Roi (Seine-et-Oise), 65.
Marmite, 93.
Marne (Département de la), 27, 30, 52, 75, 76, 86, 87, 97, 98, 115, 120, 122, 123, 125, 127, 129, 148, 153, 155, 162, 163, 164, 165, 166, 168, 169, 171, 172, 173, 174, 175, 177, 178, 179, 185, 187, 188.
Marne (Département de la Haute-), 28, 35, 52, 145, 148, 155, 159, 165, 179.
Maroc (Afrique), 89.
Marosallenses, 36.
Mars (divinité), 18, 30, 31, 32, 33,

INDEX GÉNÉRAL ALPHABÉTIQUE.

34, 76, 95, 99, 100, 109, 123, 179.
Mars Arixo, 30.
Mars Bolvinnus, 31.
Mars Caturix, 32.
Mars Leherennus, 32.
Mars Vorocius, 32, 109.
Marsal (Meurthe), 36.
Marseigne (Allier), 178.
Marseille (Bouches-du-Rhône), 39, 155, 180.
Marson (Marne), 165.
Marteaux, 29, 44, 46, 47, 62, 63, 83, 86, 87, 89, 90, 99, 101, 110, 126, 132, 133, 136, 139, 141, 142, 143.
Marteau de porte, 87.
Marteau-hache, 90, 133. Voy. Haches.
Martianus, 38.
Martre, 50.
Masava, 32.
Mascarons, 126, 127.
Masques, 24, 77, 123, 124, 179.
Massat (Ariège), 58.
Massues, 80, 93, 132.
Mater Idaea, 30.
Matrones, 30.
Maure-de-Bretagne (Ille-et-Vilaine), 138.
Mausolée, 24.
Maximin, 39.
Mayence (Hesse Rhénane), 30, 32, 33, 35, 38, 41, 42, 43, 46, 47, 77, 86, 93, 97, 98, 99, 105, 109, 110, 129, 148, 149, 152, 155, 159, 161, 176, 186.
Mayenne (Département de la), 24.
Maynal (Jura), 189.
Mecklembourg, 77.
Médailles. Voy. Monnaies.
Médaillons, 117, 123, 127.
Médecins, 45, 129, 177.
Méduse, 76, 94, 123, 127.
Mégalithiques (Monuments), 61, 62, 70, 97. Voy. Dolmens, menhirs.
Méloisey (Côte-d'Or), 150, 151.
Menchecourt (Somme), 51, 70.
Menhirs, 61, 62, 67, 71, 72, 73.
Menimani, 46.
Menton (Alpes-Maritimes), 59, 87, 94.
Mercey-sur-Saône (Haute-Saône), 149, 152, 176.
Mercurago (Piémont), 136, 137.
Mercure (divinité), 27, 28, 32, 33, 35, 73, 76, 84, 115, 117, 122, 123, 124, 126.
Mercure Atesmerius, 28, 76.
Mercure barbu, 27.
Mercure Dumias, 124.

Mérimée (P.), 71, 72, 112.
Mérouville (Eure-et-Loir), 88, 121.
Mérovingiens (Objets), 81, 85, 94, 100, 176, 181, 182, 183, 186, 187.
Mesnil-Bruntel (Somme), 66, 69.
Mesves (Nièvre), 32.
Mesvrin (Saône-et-Loire), 32.
Métallurgie (Origine de la), 102.
Métaux, 70, 102, 147.
Métiers, 44, 47, 98, 137.
Metz (Moselle), 35, 36, 38, 46, 124.
Meubles à volets, 34, 35, 38, 39, 41, 47, 102, 141, 156, 165, 167.
Meudon (Seine-et-Oise), 64.
Meulan (Seine-et-Oise), 97.
Meules, 66, 68, 75, 82, 133.
Meurthe (Département de la), 31, 36, 43, 46, 114, 139, 142, 158.
Meuse (Département de la), 45, 86, 98, 108, 122, 123.
Mexique (Amérique), 92, 95.
Milagro (Espagne), 141.
Milan (Italie), 21, 95.
Mille romain, 39.
Millefiori, 108, 127.
Millet (Eugène), 14.
Millet, 136.
Milo (Archipel), 90.
Mines, 79, 85.
Mines de sel, 79.
Minerve, 33, 35, 77, 115, 117, 123, 125.
Miroirs, 88, 96, 97.
Missouri (États-Unis), 95.
Modène (Italie), 90.
Modestus, 43.
Mœringen (Suisse), 138, 139, 141, 142, 143.
Molasse, 133, 136.
Molette, 88.
Momie, 92.
Monceau-Laurent (Côte-d'Or), 29, 150.
Monceau-Milon (Côte-d'Or), 156.
Monnaies (ateliers monétaires), 43, 181.
Monnaies, 15, 43, 66, 96, 102, 107, 108, 137, 147, 157, 176, 177, 178, 179, 180, 181, 183, 186, 188.
Monnayers, 181.
Monsheim (Hesse-Darmstadt), 62, 148.
Montaigle (Belgique), 59.
Montargis (Loiret), 144.
Montaud (Gers), 179.
Montbéliard (Doubs), 96.
Mont-Berny (Oise), 118.
Mont-Beuvray (Saône-et-Loire), 99, 103, 104, 105, 112, 179.

Mont-Chyprès (Oise), 121, 129.
Montdidier (Somme), 188.
Montdragon (Vaucluse), 167.
Monte Aperto (Toscane), 54.
Montélimart (Drôme), 30.
Montguillain (Oise), 52.
Montpellier (Hérault), 86.
Montreuil (Seine), 53.
Montrichard (Côte-d'Or), 151.
Mont-Saint-Jean (Sarthe), 45.
Mont-Saint-Michel (Morbihan), 65, 67.
Mont-Saugeon (Haute-Marne), 159.
Monument des Jules. Voy. *Saint-Rémy*.
Monuments mégalithiques. Voy. *Mégalithiques*.
Morat (Suisse), 38.
Morbihan (Département du), 62, 63, 64, 65, 67, 68, 69, 71, 72, 73, 86, 140, 144, 157, 177, 178.
Moreau (Frédéric), 186, 187.
Morel (Léon), 165.
Morphée (divinité), 125.
Mors, 86, 96, 110, 139, 142, 155, 164, 170, 171, 187.
Mosaïques, 22, 23, 102.
Moselle (Département de la), 36, 38, 99, 122, 123, 124, 130, 145.
Moules, 77, 93, 101, 108, 116, 117, 119, 120, 137, 138, 139, 140, 142, 145, 185, 186.
Moulins (Allier), 43, 120, 125.
Moulin-Quignon (Somme), 54.
Mouriès (Bouches-du-Rhône), 109.
Mousses polaires, 77.
Moustier (Dordogne), 53, 55, 90.
Moutons, 117, 132.
Moyeux, 88, 164, 170.
Mules *et* mulets, 44, 98, 99.
Mulot, 50.
Munich (Bavière), 28, 77, 78, 149, 186.
Munster (Westphalie), 62.
Murs gaulois, 104, 105.
Murs vitrifiés, 94.
Murceens (Lot), 105, 108.
Muret, 118.
Murviel (Hérault), 89.
Musiciens, 42, 45, 120.
Myard (Côte-d'Or), 87.
Mycènes (Grèce), 83.
Myons (Doubs), 154.
Mythologie gauloise, 27 et suiv., 114 et suiv.

N

Nacelle (Haches à), 63, 96.
Nahe (rivière), 112.
Naix (Meuse), 123.
Nancy (Meurthe), 46.
Nantes (Loire-Inférieure), 142.
Naples (Italie), 21, 84, 93, 96.
Narbonne (Aude), 35, 38, 47.
Narcisse (?), 125.
Nassau, 41, 42, 77, 153.
Naulette (La, Belgique), 54.
Navette, 97.
Navigation. Voy. *Pirogues*.
Navires de guerre, 21.
Néanderthal (Prusse Rhénane), 153.
Nègre, 125.
Némée (Grèce), 117.
Némétiales (*Matres*), 35.
Nemetona (divinité), 32.
Néphrite, 68, 82.
Néris (Allier), 28, 91, 115, 117, 125.
Néron (Grotte de, Ardèche), 59.
Nertschinsk (Russie), 83.
Neufchâtel (Suisse), 20, 109, 119, 126, 132, 133, 138, 139, 142, 144, 176.
Neuvy-Deux-Clochers (Cher), 91.
Neuvy-en-Sullias (Loiret), 36, 99.
Neuvy-sur-Barangeon (Nièvre), 33, 35.
Neuwied (Prusse Rhénane), 32, 76.
Nevers (Nièvre), 33, 35.
Nexon (Haute-Vienne), 155.
Niche, 116.
Nidda (Hesse), 77.
Niederstotzingen (Wurtemberg), 186.
Nierstein (Hesse Rhénane), 152, 158.
Nièvre (Département de la), 15, 31, 32, 33, 35, 45, 54, 63, 123, 158.
Nimègue (Hollande), 35.
Nîmes (Gard), 29, 35, 36, 38, 47, 130, 179, 181.
Nogent-sur-Seine (Aube), 120, 121, 108.
Noix, 116.
Nonnenbruch (Bas-Rhin), 155, 159.
Nord (Département du), 87, 123, 129.
Nordendorf (Bavière), 186.
Norique (Autriche), 42.
Normandie, 140. Voy. *Calvados*.

Eure, Manche, Orne, Seine-Inférieure.
Norroy (Meurthe), 31, 43.
Norvège, 93, 96.
Notre-Dame-d'Or (Vienne), 141.
Notre-Dame-du-Bascrt (Haute-Garonne), 31.
Nouvelle-Calédonie (Océanie), 80.
Nouvelle-Guinée (Océanie), 131, 134.
Nouvelle-Zélande (Océanie), 80.
Novare (Italie), 36.
Noyons (Oise), 67.
Nucleus, nuclei, 67, 68, 70, 90.
Nuit (divinité), 23.
Numismatique, 176. Voy. *Monnaies*.
Nuremberg (Bavière), 80.
Nymphe (divinité), 99.
Nyon (Suisse), 93.

O

Oberolm (Hesse Rhénane), 77, 94.
Obsidienne, 90, 95.
Océanie, 80, 131, 134.
Oculistes, 45, 129, 130.
Œil, 98.
Œnochoé, 88, 122, 129, 148, 152, 153, 158, 159, 160, 161, 171, 172, 188.
Œuf, 43, 116, 171.
Ohio (Amérique), 94.
Oise (Département de l'), 27, 31, 37, 43, 45, 54, 64, 67, 75, 76, 84, 85, 86, 87, 88, 89, 97, 98, 99, 106, 108, 119, 120, 121, 122, 123, 124, 125, 127, 128, 129, 130, 137, 139, 140, 145, 176, 177, 178, 179, 184, 185, 187, 188.
Oiseaux, 28, 30, 31, 46, 79, 84, 86, 90, 116, 117, 120, 128, 140, 146, 153, 171, 185, 186, 187.
Oiseleurs, 45.
Olives, 177.
Olmo (Toscane), 54.
Olympie (Grèce), 155.
Onagre (machine de guerre), 20, 105, 110.
Onyx, 90.
Oppermann (Collection), 124.
Oppidum, oppida, 112. Voy. *Murs gaulois*.
Or (Objets en), 78, 79, 85, 89, 90, 96, 100, 109, 143, 145, 146, 148, 149, 151, 152, 153, 159, 160, 166, 171, 172, 176, 177, 178, 179, 180, 182, 184, 185, 186, 187.
Orange (Vaucluse), 21, 22, 23, 43, 87, 88, 89, 94, 114, 120, 121, 124, 129, 137, 176.
Orateur (?), 100.
Ordizau (Hautes-Pyrénées), 92.
Oreilles, 98.
Oreillettes, 140, 143.
Orevaius (divinité), 32.
Orfèvrerie mérovingienne, 182. Voy. *Mérovingiens*.
Orléans (Loiret), 36, 38, 99.
Orne (Département de l'), 86.
Orphée, 122.
Ose (ruisseau), 106.
Oserain (ruisseau), 106, 110.
Os et ossements, 43, 49, 51, 56, 73, 55, 92, 97, 98, 109, 110, 123, 130, 131, 133, 151, 152, 158, 165, 166, 170, 171, 173, 185, 188.
Os brisés, 56, 85.
Os incisés, 51, 151. Voy. *Gravures*.
Os percés, 58, 167. Voy. *Amulettes, pendeloques*.
Osier. Voy. *Fauteuils d'osier*.
Ouargla (Algérie), 82.
Ours, 18, 49, 57, 60, 65.

P

Pagus Deobensis, 38.
Paillasson, 133.
Pain, 92.
Pains en terre réfractaire, 105.
Palafittes. Voy. *Lacustres*.
Palatin (Mont, à Rome), 102.
Palatinat de Bavière, 126, 145. Voy. *Bavière*.
Palefrenier, 45.
Palestine (Turquie d'Asie), 42, 89.
Palettes en marbre, 88.
Pamproux (Deux-Sèvres), 70.
Panthères, 117, 121.
Paons, 117, 121, 128.
Paniers, 46, 92, 166.
Papous, 131.
Parasite, 116.
Parasol, 83.
Paray-le-Monial (Saône-et-Loire), 186.
Parazonium, 109.
Paris (Seine), 28, 29, 30, 33, 41, 44, 52, 58, 87, 115, 119, 121, 137, 139.

INDEX GÉNÉRAL ALPHABÉTIQUE.

Parme (Italie), 90.
Parmesan (Italie), 101.
Parthamasiris, 20.
Parthamaspates, 18.
Pas-de-Calais (Département du), 51, 53, 84, 97, 120, 121, 129, 144, 185, 187, 188.
Passe-lacet, 93, 166.
Passoires, 78, 86, 108.
Pâtes médicinales, 129.
Patères, 37, 46, 77, 78, 100, 101, 116, 122.
Patine, 52, 53, 57, 60, 64, 138, 179.
Paulina, 38.
Pavots, 125.
Pays-Bas. Voy. *Belgique, Hollande.*
Peaussier, 44.
Peccatel (Mecklembourg), 77.
Pecq (Le, Seine-et-Oise), 53, 65.
Pégase, 22.
Peignes, 35, 78, 85, 86, 90, 91, 98, 99, 100, 133, 145, 185, 188.
Peignes pour le chanvre, 99.
Peintre en bâtiments, 45.
Pelles, 98, 99, 102, 104.
Pelote de laine, 47.
Peloton de fil, 134.
Pendeloques, 57, 58, 63, 66, 68, 71, 77, 78, 79, 86, 89, 96, 97, 98, 108, 109, 133, 136, 140, 141, 142, 143, 145, 151, 152, 154, 156, 157, 158, 166, 167, 170, 171, 176, 178, 184. Voy. *Amulettes.*
Pêne de serrure, 130.
Penguilly l'Haridon, 176.
Penhoët (Loire-Inférieure), 63, 145.
Pennevelle (Côte-d'Or), 106.
Pensylvanie (Amérique), 82.
Pépites d'or, 178.
Perçoirs, 55, 57, 59, 68.
Percuteurs, 66, 67, 108, 133.
Perles, 66, 68, 71, 85, 89, 91, 102, 104, 108, 145, 146, 150, 151, 154, 156, 157, 158, 169, 166, 170, 172, 175, 176, 183, 188. Voy. *Ambre.*
Perles en os, 71, 104, 145, 154, 156.
Périgueux (Dordogne), 29, 30.
Pernand (Côte-d'Or), 126.
Péronne (Somme), 66.
Pérou (Amérique), 91, 95.
Pérouse (La, Côte-d'Or), 150.
Pérouse (Italie), 81, 90, 95, 96.
Perse, 155.
Pesons de fuseau. Voy. *Fusaïoles.*
Pesons de métiers, 85, 136.
Petit-Aspergle (Wurtemberg), 88, 151, 161.

Petit-Mont (Morbihan), 72.
Petit-Villatte (Cher), 137.
Pétrosilex, 90.
Peurichard (Charente-Infér.), 64.
Phalères, 40, 41, 79, 138.
Pharmacie, 44.
Phénicie, 135.
Philippe de Macédoine, 180.
Philostrate, 104.
Phocée (Asie Mineure), 180.
Phoque, 180.
Pics, 63, 107.
Picquigny (Somme), 63.
Pied-de-biche, 188.
Piémont (Italie), 127, 136, 137.
Pierres à aiguiser, 79, 88, 100, 133, 155.
Pierres de foudre, 65. Voy. *Haches, pierre polie.*
Pierre écrite (Nièvre), 45.
Pierres gravées, 70, 72, 178, 179.
Pierres-Plates (Allée couverte des, Morbihan), 71, 72.
Pierre polie, 50, 61, 67, 70, 71, 78, 85, 86, 89, 90, 97, 131, 132, 134, 141.
Pierre taillée, 50, 51, 52, 53, 54, 55, 56, 57, 58, 83, 89. Voy. *Haches, silex.*
Pierre Sainte-Radegonde (Somme), 66.
Pierre Turquaise (Seine-et-Oise), 71.
Pigeons, 116, 117, 128.
Pilons, 81, 88.
Pilon (Loire-Inférieure), 142.
Pilotis, 20, 131, 134, 136.
Pilum, pila, 24, 41, 42, 105, 110, 111, 112, 112, 188.
Pinces *et* pincettes, 44, 46, 86, 89, 97, 99, 104, 108, 129, 172, 185.
Pioche, 99.
Pirogues, 19, 20, 21, 95, 102, 109.
Piton, 164.
Placard (Le, Charente), 57.
Plaid, 22, 147, 167.
Plantade (La, Tarn-et-Garonne), 60.
Plaques de poitrine, 41. Voy. *Phalères.*
Plats *et* plateaux, 76, 79, 80, 92, 103, 121, 122, 148, 158, 179, 187.
Plateaux (Silex des), 50, 51.
Plectre, 28.
Plénise (Jura), 178.
Pleurs (Marne), 165.
Pliant, 85, 88.
Plomb, 42, 43, 85, 87, 98, 104, 123, 127, 137, 142.

Plougrescant (Côtes-du-Nord), 144.
Plouharnel (Morbihan), 64, 157.
Pluton, 125. Voy. *Dispater*.
Poêle, 76.
Pogamogan, 95.
Poids, 76, 87, 133.
Poids de métiers. Voy. *Pesons*.
Poignards en bronze, 71, 72, 77, 80, 83, 90, 91, 95, 102, 108, 111, 114, 116, 156, 158.
Poignards en fer, 41, 70, 77, 78, 79, 80, 93, 94, 109, 110, 111, 112, 150, 154, 158, 169, 170, 183.
Poignée de clef, 130.
Poignée d'épée, 78, 90, 105, 109, 111, 138, 145, 150, 156, 187, 188. Voy. *Épées*.
Poinçons, 63, 64, 65, 91, 97, 102, 107, 108, 132, 140, 142.
Pointes, 52, 53, 56, 86. Voy. les suivants.
Pointes de flèche, 56, 57, 58, 66, 68, 71, 72, 76, 82, 83, 85, 89, 90, 94, 95, 96, 107, 108, 111, 133, 136, 140, 143, 154, 185, 189.
Pointes de lance, 52, 56, 68, 64, 78, 85, 95, 96, 100, 111, 112, 136, 137, 138, 140, 143, 157, 160, 168, 170, 171, 172, 174, 189.
Poissons, 58.
Poissy (Seine-et-Oise), 53, 93.
Poitiers (Vienne), 28, 35, 38, 76, 115, 125, 177, 188.
Polissoirs, 66, 68, 69, 71, 133.
Pologne, 90, 94, 96.
Pollux, 83, 117, 180.
Polypiers, 52, 53.
Pommes, 33, 34, 35, 47, 96, 136.
Pommes de pin, 114.
Pommiers (Aisne), 107.
Pomone (divinité), 126.
Pompe, 19.
Pompéi (Italie), 87.
Pont du Rhin, 110.
Pontil (Hérault), 63.
Pontlevoy (Loir-et-Cher), 53.
Porc. Voy. *Cochon*.
Porphyre, 90.
Porrentruy (Suisse), 76, 108.
Porte-aigle, 41.
Porte-enseigne, 41, 42.
Portefaix, 98.
Porte Noire (Besançon), 41.
Porte Noire (Trèves), 101.
Porto-Rico (Antilles), 84.
Portugal, 89.
Portz-ar-Saoz (Côtes-du-Nord), 72.

Postumus, 179.
Poterie. Voy. *Céramique*.
Potin, 108, 180.
Pouancé (Maine-et-Loire), 51.
Poudre d'or, 187.
Poule, 116.
Pourtalès (Collection), 84.
Poussay (Vosges), 184.
Poutres, 105, 108.
Praxitèle, 116.
Presles (Seine-et-Oise), 66.
Preslong (Vienne), 68.
Pressigny-le-Grand. Voy. *Grand Pressigny*.
Prêtres. Voy. *Druides*.
Priape, 122.
Primus, 46.
Priscilla, 46.
Prisonnier, 19, 96, 126.
Professeur, 47.
Proue de navire, 21.
Proxumes (Divinités), 30.
Prusse *et* Prusse Rhénane, 32, 34, 38, 40, 41, 42, 47, 76, 77, 86, 87, 98, 101, 112, 114, 120, 121, 129, 138, 139, 143, 145, 149, 152, 153, 159, 161, 178, 179, 181, 186.
Puy (Le, Haute-Loire), 37, 45.
Puy-de-Dôme (Département du), 33, 35, 42, 93, 114, 115, 120, 121, 122, 123, 124, 142, 186.
Puy d'Issolud (Lot), 108.
Pygmée, 122.
Pyramides de Gizeh, 81.
Pyrénées, 29, 30, 31, 32, 59, 93.
Pyrénées (Hautes-), 34, 44, 59, 92, 141.
Pyrmont (Waldeck), 77.

Q

Quartz hyalin, 55, 57.
Quartz (Sable de), 66.
Quaternaire, 51, 54.
Quatrefages (de), 54.
Questembert (Morbihan), 144.
Quiberon (Morbihan), 144.
Quiquerez, 161.

R

Rabutin (rivière), 106.
Races quaternaires, 54, 56, 63.
Racloirs, 52, 55, 56, 85, 86. Voy. *Strigiles*.
Raisins, 46, 176.
Rambert, 118.
Ramsauer, 156.
Rancon (Haute-Vienne), 38.
Rasoirs, 90, 96, 100, 136, 139, 141, 150, 151, 156, 167.
Rats, 27, 50.
Ratamagus (Oise), 37.
Réa (Mont, Côte-d'Or), 106.
Ruallon (Hautes-Alpes), 93, 143.
Rebuts de cuisine, 97, 101.
Redessan (Gard), 39.
Refranche (Doubs), 154.
Reffye (de), 19, 20, 110, 113.
Reggianais (Italie), 101.
Reims (Marne), 27, 30, 97, 115, 123, 125, 129.
Remi, 162.
Rémois, 119, 162.
Remus, 84.
Renard, 57, 58, 60, 130.
Rênes, 139. Voy. *Bride*.
Renier (Léon), 91.
Rennes, 53, 55, 56, 57, 58, 59, 60, 63, 93, 95, 131.
Rennes (Ille-et-Vilaine), 38.
Renne de Thayngen, 57.
Ressort, 143.
Réticulé, 127, 154.
Retkin-Lager (Transcaucasie), 82.
Rhin (fleuve), 77, 87, 110, 115, 122, 163, 186. Voy. *Prusse Rhénane*.
Rhin (Département du Bas), 28, 29, 30, 31, 34, 35, 41, 43, 110, 129, 130, 140, 144, 145, 151, 154, 155, 159, 178, 183, 185.
Rhin (Département du Haut-), 28, 31, 54, 65, 114, 149, 151, 155, 159, 161, 179.
Rhoda (Espagne), 180.
Rhodes (Archipel), 90, 91, 101.
Rhône (Département du), 20, 35, 36, 37, 38, 45, 47, 86, 87, 96, 116, 121, 122, 123, 126, 179, 181.
Rian (Allier), 125.
Ribeauvillé (Haut-Rhin), 31.
Ribemont (Aisne), 142, 144, 145.
Richner, 68.
Ritter (Collection), 109.
Rivanet (Côte-d'Or), 150.
Rivets, 112, 141, 144, 150, 160, 166, 167.
Rivière personnifiée, 24.
Robenhausen (Suisse), 132, 133, 134.
Roch (Morbihan), 157.
Rocquencourt (Seine-et-Oise), 64.
Rocroy (Ardennes), 93.
Rodenbach (Bavière), 160.
Rodez (Aveyron), 100.
Roknia (Algérie), 63.
Rome (Italie), 17, 18, 19, 20, 25, 36, 89, 96, 102.
Rome et Auguste (Culte de), 36, 37.
Romulus, 84.
Rondelles, 96, 97, 98, 108, 156, 159, 178.
Roppe (Haut-Rhin), 65.
Rosace, 41.
Rosmerta (divinité), 28, 33.
Rouen (Seine-Inférieure), 35, 44, 76, 78, 85, 87, 93, 94, 98, 115, 116, 122, 139, 140, 144, 149, 184.
Roues, 136, 140, 145, 148, 154, 160, 164, 170, 171, 173, 174.
Rouelles, 89, 93, 97, 98, 104, 137, 143, 166, 178.
Rouleau, 42.
Roulette, 120.
Roumanie, 48.
Rouvray (Eure-et-Loir), 87.
Rouvroy (Pas-de-Calais), 129.
Ruban, 140.
Rudianus (divinité), 30.
Rudiobus (divinité), 31, 99.
Russie, 83, 182. Voy. *Caucase*, *Pologne*.

S

Saalburg (Prusse Rhénane), 86, 87.
Sabazius (divinité), 181.
Sabinianus, 44.
Sabinus, 38.
Sabotier, 46.
Sacoche, 45, 46.
Sacrifices, 18, 20, 31, 73, 78, 81, 122, 144.
Sacrovir, 23.
Sagum, 22, 100, 147, 167.
Sahara algérien, 82.
Saïc, 47.
Saint-Acheul (Somme), 51, 52, 53, 54, 55, 60, 89, 90.

Saint-Albin (Haute-Saône), 19, 93.
Saint-André-le-Désert (Saône-et-Loire), 126.
Saint-André-les-Alpes (Basses-Alpes), 139.
Saint-Barthélemy-de-Beaurepaire (Isère), 87, 126.
Saint-Bernard (Ain), 120, 125, 129, 150, 152.
Saint-Bernardin (Italie). Voy. San-Bernardino.
Saint-Bertrand-de-Comminges (Hte-Garonne), 33, 45.
Saint-Brieuc (Côtes-du-Nord), 177.
Sainte-Colombe (Côte-d'Or), 148, 155.
Sainte-Colombe (Rhône), 123.
Saint-Etienne-au-Temple (Marne), 164, 165, 168, 169, 178.
Saint-Genouph (Indre-et-Loire), 145.
Saint-Germain-du-Plain (Saône-et-Loire), 149.
Saint-Germain-en-Laye (Seine-et-Oise), 65.
Saint-Germain-les-Corbeil (Seine-et-Oise), 120.
Saint-Hilaire-au-Temple (Marne), 173.
Saint-Hilaire-le-Grand (Marne), 173.
Saint-Jean-de-Maurienne (Savoie), 156.
Saint-Jean-des-Bois (Italie), 102.
Saint-Jean-sur-Tourbe (Marne), 167, 172, 173, 174, 177.
Saint-Jean Trolimon (Finistère), 114, 146, 155.
Saint-Landry (Paris), 30, 33.
Saint-Lô (Manche), 35.
Saint-Lubin-des-Joncherets (Eure-et-Loir), 123.
Saint-Martin-de-Bossenay (Aube), 139.
Saint-Michel-de-Valbonne (Var), 30, 82.
Saint-Nazaire (Loire-Inférieure), 93, 144.
Saint-Pierre-en-Châtre (Oise), 108, 179.
Saint-Pourçain-sur-Besbre, 117.
Saint-Prest (Eure-et-Loir), 51.
Saint-Quantin (Eure), 101.
Saint-Rémy (Bouches-du-Rhône), 23, 24, 43.
Saint-Rémy (Marne), 164, 168.
Saint-Révérien (Nièvre), 123.
Saint-Usire (Vienne), 66, 69.

Saint-Viâtre (Loir-et-Cher), 143.
Saint-Wendel (Prusse Rhénane), 152.
Saintes (Charente-Inférieure), 28, 31, 87, 88, 97, 114, 120, 125, 127, 129.
Saisons (personnifiées), 102.
Sakkarah (Egypte), 81.
Salle de Comparaison, 15, 75 et suiv.
Salle d'Etude, 15, 74.
Salle de Mars. Voy. Salle de Comparaison.
Salon (Aube), 109.
Salvius Julianus, 47.
Salzbourg (Autriche), 78, 149.
San-Bernardino (Italie), 36.
Sangliers, 18, 22, 23, 24, 46, 63, 86, 100, 121, 122, 124, 128, 130, 151.
Sanglier-enseigne, 22, 23, 46, 121.
San-Isidro (Espagne), 89.
Saône (rivière), 86, 144.
Saône (Département de la Haute-), 19, 93, 114, 124, 148, 149, 176, 178.
Saône-et-Loire (Département de), 22, 29, 30, 31, 32, 34, 36, 38, 40, 43, 44, 45, 46, 56, 57, 59, 68, 97, 99, 103, 104, 105, 106, 107, 112, 122, 123, 124, 126, 127, 128, 142, 143, 144, 158, 176, 178, 179, 186.
Sarcophages, 17, 43.
Sarment de vigne, 40.
Sarraz (Doubs), 154.
Sarre (rivière), 158, 159.
Sarrelouis (Prusse Rhénane), 138.
Sarthe (Département de la), 129, 144.
Sarzeau (Morbihan), 67.
Sassanide (Art), 182.
Satyre, 126.
Saula (Tarn-et-Garonne), 155.
Sauley (de), 22.
Saulzais-le-Potier (Cher), 43.
Saumons de métal, 85, 140, 161.
Saumur (Maine-et-Loire), 63, 87, 145.
Soussaye (Landes), 57.
Saussurite, 133.
Sauville (Vosges), 159.
Saverne (Bas-Rhin), 43.
Savigné (Vienne), 150.
Savigny-sous-Beaune (Côte-d'Or), 28, 34.
Savoie (Département de la), 38, 134, 135, 136, 140, 156.
Savoie (Département de la Haute-), 28, 35, 37, 85, 88, 93, 124, 137, 140, 142, 143.
Saxanus (Hercule), 31, 43.
Saxe, 77.
Saxon-Sion (Meurthe), 142.
Scanie, 96.

Scarabée, 62.
Sceaux (Loiret), 89, 114.
Sceaux (Maine-et-Loire), 115.
Scey-sur-Saône (Haute-Saône), 19, 93.
Schaflouse (Suisse), 57.
Schirrhein (Bas-Rhin), 159.
Schiste, 68, 71, 89, 159.
Schleswig, 77.
Schliemann (H.), 94.
Schüssenried (Wurtemberg), 77.
Schwarzenbach (Birkenfeld, Prusse Rhénane), 153, 159.
Schwarzenacker (Palatinat de Bavière), 126.
Schwerin (Mecklembourg), 77.
Scies, 44, 66, 68, 70, 71, 85, 96, 98, 132, 133.
Scopas, 18.
Scories, 104.
Scramasax, 85, 189.
Seaux, 77, 84, 100, 122, 150, 152, 156, 158, 159, 167, 170, 187, 188.
Secundinii, 98.
Sedan (Ardennes), 184.
Seine (fleuve), 32, 93, 94, 137, 144, 159, 178.
Seine (Département de la), 28, 29, 30, 33, 41, 44, 52, 53, 58, 87, 115, 119, 121, 137, 139, 145, 149, 155.
Seine-et-Marne (Département de), 83, 140.
Seine-et-Oise (Département de), 15, 17, 51, 59, 64, 65, 66, 67, 75, 76, 87, 93, 97, 112, 114, 115, 120, 127, 137, 139, 140, 141, 142, 143, 144, 149, 155, 176, 179, 184, 187.
Seine-Inférieure (Département de la), 35, 44, 65, 76, 78, 85, 86, 87, 93, 94, 98, 99, 115, 116, 121, 122, 123, 125, 129, 139, 140, 144, 149, 184, 187, 189.
Sel gemme, 79.
Selles, 22, 41, 185.
Semaine (Divinités des jours de la), 35.
Semur (Côte-d'Or), 60, 106.
Sénart (Forêt de, Seine-et-Oise), 67.
Sennius Sollemnis, 36.
Senons (Cité des, Yonne), 37.
Sens (Yonne), 37, 44, 45, 46, 76, 121, 122, 142.
Septime Sévère, 29.
Sépultures, 42, 56, 66, 73, 147, 156, 157, 162, 165, 171, 178, 186, 187.
Sequana (divinité), 32.
Serpes, 88, 99, 125, 189.

Serpents, 27, 28, 30, 34, 35, 58, 84, 95, 123, 125, 127, 153, 179, 186, 187.
Serpents à tête de bélier, 27, 30, 34, 35, 95, 123, 127.
Serpentine, 67, 91, 133.
Serre-malice, 93.
Serrures, 88, 130.
Sesto-Calende (Italie), 84.
Seurs (Côte-d'Or), 119.
Sèvres (Département des Deux-), 65, 66, 70, 125, 158.
Sex arbor et *Sex arbores*, 35.
Sextantio (Hérault), 86.
Seyssel (Haute-Savoie), 35.
Sicile, 180.
Sifflet, 58.
Sigean (Aude), 145.
Signatures. Voy. *Inscriptions sur terre cuite*.
Silésie (Prusse), 77.
Silex, 51, 53, 55, 57, 58, 59, 61, 63, 67, 68, 70, 71, 72, 73, 85, 89, 90, 91, 97, 108, 132, 133, 151, 152, 158.
Silvain (divinité), 18, 125.
Sinaï, 81.
Singes, 116, 117, 130.
Sinquatus (divinité), 31, 32.
Sirènes, 116.
Sirona (divinité), 28, 30.
Sistres, 96, 143.
Situles. Voy. *Sceaux*.
Soie d'épée, 141, 142, 143, 144, 145, 160. Voy. *Épées*.
Soissons (Aisne), 35.
Soleil, 98, 109.
Soliciæ (Vosges), 38.
Solimariaca (Vosges), 38.
Sollemnis, 36.
Solutré (Saône-et-Loire), 53, 56, 57, 96.
Somme (Département de la), 51, 52, 53, 54, 55, 56, 60, 66, 67, 69, 70, 87, 89, 90, 93, 94, 95, 96, 120, 121, 122, 129, 140, 142, 144, 145, 161, 185, 188.
Somme-Bionne (Marne), 165.
Sommeil (divinité), 125.
Somme-Tourbe (Marne), 171, 174.
Somsois (Marne), 165.
Sordes (Landes), 177.
Sorrente (Italie), 96.
Souain (Marne), 187.
Soucoupes, 121, 122.
Soulosse (Vosges), 38.
Sousse (Tunisie), 91.
Soyons (Ardèche), 56, 60, 67.

Soyter (Collection), 186.
Spalt (Bavière), 80.
Spatules, 97, 98, 140.
Spiennes (Belgique), 62.
Spirales, 72, 78, 79, 96, 100, 102, 137, 138, 139, 140, 142, 143, 155, 157, 161, 164, 177, 178, 187.
Spire (Bavière), 122, 126, 137, 159, 160.
Sprendlingen (Hesse Rhénane), 186.
Statères, 180.
Stations lacustres. Voy. *Lacustres.*
Statilius Taurus, 38.
Statuettes, 91, 101, 123. Voy. *Bronzes d'art, figurines.*
Stéatite, 71, 96.
Stimulus, stimuli, 110, 111.
Stonehenge (Angleterre), 97.
Strasbourg (Bas-Rhin), 28, 30, 31, 35, 40, 41.
Strigiles, 47, 88.
Stuttgard (Wurtemberg), 31, 54, 88, 99, 186.
Styles *et* stylets, 86, 91, 97.
Styrie (Autriche), 79.
Suède, 96.
Suèvres (Loir-et-Cher), 35, 75, 86, 87, 115, 120, 121, 125, 127, 129.
Suippes (Marne), 168.
Suisse, 28, 32, 38, 57, 76, 93, 101, 108, 109, 111, 112, 125, 126, 131, 132, 133, 134, 136, 137, 138, 139, 140, 141, 142, 144, 145, 148, 150, 153, 155, 158, 184, 188.
Suovetaurilia, 20.
Soriauville (Vosges), 159.
Survivances, 92.
Svastikas, 29, 86, 87, 90, 95, 96, 100, 102, 128, 130, 137, 151, 178.
Sviatovid, 93.

T

Tables, 38, 42.
Table de César. Voy. *Table des marchands.*
Tables de Claude, 37.
Table des marchands (Morbihan), 65, 69.
Tabliers de cuir, 40, 105.
Tailleur, 44.
Talon de hache, 54, 55.
Tanagre (Grèce), 90.
Tannkirch (Haut-Rhin), 114.
Tarentaise, 34, 38.

Tarente (Italie), 94.
Tarn-et-Garonne (Département de), 60, 71, 155.
Tarquimpol (Finistère), 114.
Tarquinies (Étrurie), 94.
Tarvos-tri-garanus, 33.
Tasses, 121, 122.
Taupe, 50.
Taureaux, 20, 27, 33, 34, 35, 58, 100, 117, 122, 128, 179.
Taurus (T. Statilius), 38.
Tenailles, 34.
Tène (La, Suisse), 114, 112.
Terme, 122.
Terramares, 97, 101.
Terrasse, 104, 108.
Terres cuites, 78, 91, 92, 93, 101, 114, 115, 116, 117. Voy. *Céramique.*
Tertiaire (Époque), 51, 56.
Tessin (Italie), 80.
Têtes coupées, 22, 40, 82.
Têtes de béliers, 27.
Tétricus, 179.
Teutobourg, 40.
Thasos (Archipel), 101.
Thayngen (Suisse), 57.
Thèbes (Égypte), 81.
Theil (Le, Loir-et-Cher), 139, 145, 149.
Thenay (Loir-et-Cher), 51.
Thennes (Somme), 52.
Théodebert, 181.
They-sous-Montfort (Vosges), 159.
Thièle (La, Suisse), 20.
Thuisy (Marne), 172, 173.
Thurgau *ou* Thurgovie (Suisse), 158.
Tiare, 140.
Tibère, 22, 33, 39.
Tiers état, 44.
Tigre, 121.
Tigresse, 128.
Timbres de potier, 97.
Timon, 86, 161.
Tintinnabula, 137, 138, 143.
Tirelire, 126.
Tireur d'épine, 116, 117.
Tissus, 134, 148, 150.
Titus, 36.
Todi (Italie), 36.
Tombeaux, 40, 41, 42, 43. Voy. *Sépultures.*
Tombeau des Jules, 24.
Tondeur de drap, 44.
Tongres (Belgique), 158.
Tonnelier, 44.
Tonneau, 44.

INDEX GÉNÉRAL ALPHABÉTIQUE. 217

Torche, 33, 34.
Torques, 28, 34, 40, 44, 45, 79, 89, 96, 100, 123, 124, 125, 146, 147, 151, 154, 155, 156, 157, 158, 159, 162, 166, 167, 170, 172, 173, 174, 175, 178.
Torsberg (Schleswig), 77.
Tortue, 116.
Toscane, 51, 54, 141.
Toulon-sur-Allier (Allier), 114, 117, 120.
Toulouse (Haute-Garonne), 29, 30, 31, 32, 35, 120, 121, 145, 155.
Tournai (Belgique), 177.
Tourelles (Les, Oise), 129.
Tours, 104, 108, 110.
Tour de police, 62, 136.
Tours (Indre-et-Loire), 145.
Traîneau, 124.
Trajan, 13, 17, 18, 19, 20, 47, 48, 120.
Tranchets, 68, 90, 100, 130, 140, 141. Voy. *Couteaux*.
Transcaucasie, 82.
Trépieds, 18, 86, 104, 151, 155, 160.
Tressan (Hérault), 184, 185.
Tresse, 47, 136.
Trèves (Prusse Rhénane), 38, 42, 101, 179, 181.
Trévoux (Ain), 145.
Treytel (Suisse), 132.
Triade gauloise, 27, 30.
Tricéphales (divinités), 30, 123.
Tri-garanus, 33.
Trinité-sur-Mer (Morbihan), 157.
Triquètre, 77.
Tritons, 24, 83.
Triumpilini. Voy. *Trumpilini*.
Troglodytes, 59. Voy. *Cavernes*.
Troie (Asie Mineure), 90, 94.
Trompe, 99.
Trompettes, 21, 22, 23, 84, 87, 100, 159.
Trophées, 21, 22, 37, 41, 123.
Trophée des Alpes, 37.
Trous de loups, 110.
Trou du Frontal (Belgique), 53, 56.
Trou du Renard (Ardèche), 56.
Trou Magrite (Belgique), 59.
Trousse de médecin, 97, 129.
Troyes (Aube), 152, 158.
Truelle, 44.
Trumpilini, 37.
Tubes de bronze, 139, 140, 142, 143.
Tuiles, 76, 91, 92.
Tumiac (Morbihan), 65, 67.
Tumulus, tumuli, 71, 72, 73, 77, 88, 95, 144, 147, 148, 149, 150,
151, 153, 154, 155, 156, 158, 159, 160, 161, 172, 176, 178.
Tunisie (Afrique), 81, 82, 91, 92.
Turbie (La, Alpes-Maritimes), 15, 37.
Turquie d'Asie, 42, 81, 83, 89, 90, 91. Voy. *Archipel*.
Turquie d'Europe, 101, 183.
Turquoise, 65. Voy. *Callais*.
Tutela (divinité), 30, 116.
Tuyau en plomb, 104.
Tyne (La, Angleterre), 78.

U

Ulm (Wurtemberg), 148, 158.
Umbo (*umbones*) de boucliers, 77, 78, 100, 105, 107, 108, 111, 112, 157, 158, 167, 168, 188.
Urnes, 42, 89, 101, 120, 124, 127, 158, 163, 170.
Utah (Amérique), 95.
Uxellodunum (Lot), 108.
Uzès (Gard), 145.

V

Vaches, 58, 100, 122.
Vacquer (Collection), 36.
Vaison (Vaucluse), 24, 29, 30, 36, 38, 43, 75, 88, 97, 115, 119, 121, 123, 124, 125, 126, 127, 128, 179.
Valais (Suisse), 156.
Valence (Vaucluse), 142.
Valve, 138.
Vannerie, 134, 136.
Vannes (Morbihan), 67.
Var (Département du), 30, 82.
Varennes (Allier), 125.
Varus, 40, 76.
Vases, 28, 44, 56, 62, 64, 71, 76, 77, 79, 80, 81, 82, 83, 84, 85, 86, 87, 88, 89, 90, 91, 93, 94, 100, 101, 103, 105, 107, 111, 113, 116, 117, 119, 120, 121, 122, 124, 134, 136, 144, 146, 148, 149, 152, 153, 156, 157, 158, 159, 160, 161, 162, 163, 164, 165, 166, 167, 168, 169, 170, 171, 172, 173, 174, 175.
Vases d'argent, 76, 77, 107, 186.
Vases de bronze, 76, 77, 79, 82, 84, 87, 88, 89, 121, 122, 152, 153, 155

218 INDEX GÉNÉRAL ALPHABÉTIQUE.

156, 157, 158, 159, 172, 183, 186, 187, 188. Voy. *Œnochoés et Seaux*.
Vase d'or, 176.
Vases peints, 88, 103, 151, 160, 161.
Vaucluse (Département de), 21, 22, 23, 24, 29, 30, 35, 36, 38, 43, 47, 75, 86, 87, 88, 89, 91, 94, 97, 114, 115, 119, 120, 121, 123, 124, 125, 126, 127, 128, 137, 142, 167, 176, 178, 179.
Vaudrevanges (Prusse Rhénane), 138, 139, 145.
Vaudricourt (Pas-de-Calais), 52.
Vétanidéza (Grèce), 83.
Vence (Alpes-Maritimes), 31, 38, 39.
Vendée (Département de la), 140.
Vendœuvres (Indre), 28.
Venise (Italie), 93.
Vénus, 32, 33, 35, 94, 115, 116, 117, 120.
Vénus Anadyomène. Voy. *Anadyomène*.
Vénus de Médicis, 116.
Vénus pudique, 32, 94.
Vercingétorix, 106, 107, 180.
Vergano (Piémont), 127.
Vermand (Aisne), 127.
Vernis, 114. Voy. *Glaçure*.
Verres *et* verreries, 42, 43, 66, 67, 85, 86, 89, 91, 92, 98, 102, 104, 108, 124, 125, 127, 136, 145, 146, 150, 151, 154, 156, 157, 159, 165, 167, 170, 172, 173, 175, 176, 177, 182, 183, 184, 185, 186, 188.
Verrier, 47.
Verrines (Deux-Sèvres), 125.
Verroterie cloisonnée, 182.
Vertault, (Côte-d'Or), 108.
Vertou (Loire-Inférieure), 94.
Vésinet (Le, Seine-et-Oise), 64.
Vesoul (Haute-Saône), 114.
Vespasien, 37.
Vestibule, 47.
Vétérinaire, 46.
Veuxhaulles (Côte-d'Or), 155.
Vézelay (Yonne), 185.
Vézère, 59.
Vichy (Allier), 32, 43, 86, 87, 91, 98, 99, 109, 114, 115, 116, 117, 119, 120, 121, 123, 181.
Victoire (personnifiée), 24.
Viducasses, 36.
Vie de Baigneux (Côte-d'Or), 150.
Vieille-Castille (Espagne), 78.
Vieille-Toulouse (Haute-Gar.), 57.
Vienne (Département de la), 28, 35, 38, 54, 59, 70, 125, 150, 177, 188.

Vienne (Département de la Haute-), 38, 47, 155.
Vienne en Dauphiné (Isère), 35, 36, 38, 47, 56, 68, 69, 71, 76, 101, 115, 117, 120, 123, 144, 181.
Vienne (Autriche), 79, 85, 96.
Viennois, 38.
Vieux (Calvados), 36.
Vieux-Poitiers, 36, 71, 101.
Vigne, 40.
Vignes (Les, Aube), 139.
Villaines-en-Duesmois (Côte-d'Or), 149, 151, 152, 158.
Villanova (Italie), 100.
Villefosse (H. de), 39.
Villefranche (Alpes-Maritimes), 43.
Villeneuve-le-Roi (Haute-Marne), 179.
Villeneuve-Saint-Georges (Seine-et-Oise), 112, 137, 139, 141, 142.
Villeneuve-sur-Lot (Lot-et-Garonne), 185.
Ville-vieille (près de Nice, Alpes-Maritimes), 32.
Vin. Voy. *Marchands de vins*.
Vintienses, 38.
Vintimille (Italie), 120.
Vintius (Mars), 31.
Virecourt (Meurthe), 31.
Viridomarc, 106.
Virole, 114.
Visière, 80.
Visigoths, 186.
Vitres, 86.
Vitry-le-François (Marne), 122, 169.
Vitry-les-Reims (Marne), 164, 167, 173, 174, 175.
Vitteaux (Côte-d'Or), 30.
Voie Appienne, 19.
Voitures, 45, 99. Voy. *Chars*.
Voiturier, 45.
Volgut (Saône-et-Loire), 56.
Volnay (Côte-d'Or), 36.
Vorocius (Mars), 32, 109.
Vosges (Département des), 23, 28, 29, 30, 31, 34, 35, 38, 44, 45, 125, 142, 159, 176, 184.
Voûtes, 92.
Vulcain, 33, 34.
Vulci (Italie), 160.

W

Waben (Pas-de-Calais), 81, 187, 188.

INDEX GÉNÉRAL ALPHABÉTIQUE. 219

Waiblingen (Wurtemberg), 186.
Waldalgesheim (Prusse Rhénane), 153, 158, 159, 178.
Waldeck, 77.
Wallerfangen. Voy. *Vaudrevanges*.
Wangen (Suisse), 132, 134.
Watsch (Carniole), 79, 81, 85.
Weisenou près Mayence (Hesse Rhénane), 46.
Weisskirchen (Prusse Rhénane), 152, 153, 158.
Westphalie, 80.
Wiesbaden (Nassau), 41, 42, 77, 153, 186.
Witham (Angleterre), 109.
Worms (Hesse Rhénane), 41, 62, 145.
Worsae, 141.
Wurtemberg, 31, 77, 79, 80, 88, 93, 145, 148, 151, 158, 161, 186.

Y

Yonne (Département de l'), 29, 37, 44, 45, 46, 53, 76, 120, 121, 123, 142, 158, 185, 188.

Z

Zarzis (Tunisie), 81.
Zirconites, 78, 182. Voy. *Grenats*.
Zodiaque, 99.
Zug (Suisse), 133.
Zufftgen (Luxembourg), 123.
Zurich (Suisse), 111, 131, 137, 142, 148, 155, 158.

FIN DE L'INDEX.

CONCORDANCE DES NUMÉROS D'INVENTAIRE CITÉS AVEC LES PAGES DU CATALOGUE (1)

N. B. *Le numéro entre parenthèses désigne la page du Catalogue où l'on trouvera l'objet dont le premier chiffre est le numéro d'inventaire.*

350 (33).	7061 (52).	9601 (38).	13 345 (126).
352 (33).	7062 (52).	9645 (28).	13 346 (126).
353 (33).	7287 (115).	9684 (75).	13 357 (127).
354 (33).	7293 (116).	9741 (115).	13 407 (126).
355 (33).	7600 (144).	9746 (116).	13 409 (127).
764 (89).	7758 (83).	9811 (115).	13 437 (128).
1190 (67).	8096 (121).	9814 (115).	14 060 (127).
1224 (42).	8111 (145).	10 205 (112).	14 072 (127).
1225 (28, 29, 33).	8146 (58).	10 598 (30).	14 243 (31).
1583 (115).	8150 (58).	10 800 (25).	14 401 (124).
1588 (115).	8155 (58).	11 058 (29).	14 422 (89).
2071 (116).	8162 (58).	11 264 (115).	14 658 (30).
2151 (67).	8163 (58).	11 284 (85).	14 706 (115).
2230 (42).	8166 (58).	11 366 (46).	14 785 (145).
2251 (40).	8227 (44).	11 374 (28).	14 791 (143).
2253 (41).	8276 (44).	11 376 (30).	14 841 (29).
2731 (35).	8277 (45).	11 379 (89).	14 843 (29).
2807 (30).	8278 (45).	11 632 (68).	14 844 (29).
2810 (31).	8280 (30).	11 698 (109).	14 870 (58).
2811 (30).	8281 (44).	11 710 (43).	14 872 (58).
3275 (44).	8283 (30).	11 879 (72).	14 877 (58).
4203 (41).	8284 (44).	11 880 (72).	14 880 (58).
4219 (68).	8286 (46).	11 881 (72).	14 881 (58).
4744 (76).	8289 (32).	11 882 (72).	14 883 (58).
4772 (93).	8290 (59).	11 921 (89).	15 140 (91).
4781 (29).	8291 (59).	12 006 (164).	15 179 (145).
4782 (32).	8292 (59).	12 083 (45).	15 181 (144).
4921 (165).	8354 (124).	12 186 (112).	15 252 (145).
5046 (67).	8550 (125).	12 567 (76).	15 571 (80).
5047 (67).	8636 (142).	12 568 (76).	15 847 (86).
6865 (116).	8640 (142).	12 617 (217).	15 977 (120).
6873 (116).	9014 (88).	12 964 (164).	15 992 (164).
6881 (116).	9015 (127).	13 190 (165).	16 281 (111).
6896 (116).	9296 (88).	13 342 (127).	16 591 (79).

(1) Un grand nombre d'objets du Musée de Saint-Germain étant cités dans les ouvrages d'archéologie sous leurs nos d'inventaire, cette table de concordance nous a paru indispensable.

CONCORDANCE DES NUMÉROS.

16 607 (79).	20 373 (32).	23 937 (44).	25 140 (38).
16 616 (79).	20 374 (32).	23 938 (46, 47).	25 471 (38).
17 023 (29).	20 375 (43).	23 940 (45).	25 482 (31).
17 043 (54).	20 424 (96).	23 941 (46).	25 483 (31).
17 240 (90).	20 687 (29).	23 942 (45, 46).	25 484 (38).
17 302 (17).	20 719 (79).	23 944 (45).	25 487 (32).
17 320 (44).	20 770 (58).	23 945 (44).	25 488 (31).
17 321 (35).	20 964 (43).	23 946 (44).	25 190 (38).
17 402 (116).	21 031 (125).	23 948 (45).	25 192 (45).
17 493 (115).	21 032 (126).	23 950 (44).	25 194 (30, 45).
17 508 (127).	21 052 (122).	23 951 (45).	25 324 (66).
17 638 (124).	21 066 (145).	23 953 (46).	25 327 (28, 34).
17 721 (144).	21 087 (145).	23 954 (46).	25 428 (45).
17 727 (144).	21 111 (104).	23 955 (46).	25 429 (45).
17 790 (90).	21 157 (90).	23 956 (46).	25 431 (39).
17 793 (95).	21 166 (90).	23 957 (46).	25 469 (116).
18 250 (76).	21 386 (54).	23 960 (76).	25 482 (115).
18 251 (76).	21 427 (144).	24 000 (184).	25 485 (116).
18 579 (35).	21 441 (143).	24 013 (64).	25 487 (115).
18 708 (34).	21 553 (90).	24 023 (145).	25 488 (116).
18 709 (35).	21 556 (90).	24 033 (126).	25 489 (116).
18 745 (30).	21 645 (199).	24 106 (116).	25 492 (115).
18 716 (32).	21 712 (144).	24 298 (119).	25 493 (116).
18 738 (54).	21 726 (144).	24 308 (37).	25 500 (116).
18 742 (168).	21 702 (84).	24 402 (142).	25 503 (116).
18 870 (52).	21 862 (64).	24 414 (27).	25 744 (30).
18 875 (52).	21 863 (64).	24 416 (46).	25 772 (41).
18 877 (52).	21 864 (64).	24 424 (41).	25 773 (44).
18 883 (52).	21 888 (93).	24 425 (41).	25 775 (33).
18 915 (52).	21 914 (71).	24 426 (41).	25 777 (33).
18 968 (67).	22 079 (71).	24 427 (91).	25 779 (28).
18 973 (67).	22 231 (90).	24 428 (41).	25 780 (28).
18 977 (67).	22 390 (143).	24 430 (40, 42).	25 814 (109).
19 067 (184).	22 012 (58).	24 436 (33).	25 815 (109).
19 413 (86).	22 656 (45).	24 437 (46).	25 825 (38).
19 415 (189).	22 773 (84).	24 438 (42).	25 826 (35).
19 418 (89).	22 774 (82).	24 444 (41, 42).	25 849 (44).
19 515 (127).	22 876 (33).	24 510 (34).	25 850 (44).
19 524 (127).	22 926 (67).	24 567 (27).	25 851 (28).
19 789 (185).	23 077 (45).	24 573 (184).	25 902 (44).
19 918 (188).	23 078 (45).	24 574 (184).	25 904 (28).
19 938 (45).	23 166 (64).	24 575 (184).	25 926 (44).
20 053 (58).	23 273 (185).	24 601 (184).	25 934 (44).
20 055 (58).	23 412 (144).	24 602 (188).	26 002 (142).
20 219 (30).	23 488 (51).	24 624 (58).	26 163 (82).
20 301 (138).	23 489 (91).	24 644 (127).	26 220 (116).
20 323 (37).	23 830 (124).	24 686 (37, 38).	26 244 (28).
20 324 (32).	23 844 (144).	24 686 (31).	26 245 (40).
20 325 (40, 41).	23 883 (32).	24 700 (29).	26 249 (35).
20 326 (40).	23 918 (46).	24 710 (168).	26 250 (35).
20 327 (40).	23 919 (46).	24 726 (88).	26 251 (42).
20 328 (40).	23 920 (46).	24 880 (29).	26 267 (91).
20 332 (45).	23 922 (28).	24 928 (28).	26 548 (89).
20 337 (32).	23 930 (37).	25 021 (43).	26 584 (43).
20 339 (32).	23 931 (47).	25 039 (145).	26 640 (127).
20 350 (43).	23 933 (47).	25 057 (43).	26 879 (45).
20 355 (24).	23 934 (45).	25 107 (37).	26 880 (38).

CONCORDANCE DES NUMÉROS.

26 991 (32).	27 953 (117).	28 133 (117).	29 668 (127).
27 048 (81).	27 962 (117).	28 135 (117).	29 682 (68).
27 271 (125).	27 973 (117).	28 216 (109).	29 686 (52).
27 291 (145).	28 006 (117).	28 218 (45).	29 693 (79).
27 294 (28, 76).	28 007 (117).	28 260 (85).	29 704 (58).
27 312 (34).	28 015 (117).	28 301 (86).	29 749 (81).
27 313 (28).	28 023 (117).	28 729 (45).	29 749 (84).
27 314 (45).	28 025 (117).	28 731 (45).	29 760 (54).
27 354 (30).	28 027 (117).	29 374 (138).	29 762 (58).
27 462 (41).	28 031 (117).	29 433 (188).	29 763 (58).
27 517 (45).	28 040 (117).	29 468 (124).	29 765 (58).
27 590 (28).	28 055 (117).	29 506 (125).	29 767 (58).
27 591 (35).	28 104 (117).	29 518 (125).	29 768 (185).
27 914 (184).	28 111 (117).	29 587 (79).	
27 921 (44).	28 128 (117).	29 665 (176).	
27 950 (32).	28 131 (117).	29 667 (127).	

ERRATUM. — Page 32 et à l'index, lire : *Abinius* (nom de divinité) et non *Albinius*.

7013. — BOURLOTON. — Imprimeries réunies, A, rue Mignon, 2, Paris.

www.ingramcontent.com/pod-product-compliance
Lightning Source LLC
Chambersburg PA
CBHW051901160426
43198CB00012B/1703